W0176802

365 x GESUNDE SCHNELLKÜCHE

Gertrud Reiger

365 x GESUNDE SCHNELLKÜCHE

Köstliche Gerichte im Handumdrehen

WIEN • MÜNCHEN • ZÜRICH

Die Autorin:
Gertrud Reiger, die leider viel zu früh verstarb, war diplomierte Diätassistentin und Ernährungsberaterin für verschiedene Gesundheitsinstitutionen. In ihrer Arbeit legte sie stets großen Wert auf die praxisnahe Umsetzung theoretischer Richtlinien und hat es immer verstanden, idealistische Ziele mit einer angenehmen Bodenständigkeit zu verbinden. Sie schrieb mehrere sehr erfolgreiche Ernährungs- und Kochbücher, zuletzt „365 × gesunde Schnellküche".

Bildquellennachweis:
„Das Foto", Graz (120, 174); Photo Ulrike Köb, Wien (66); Photostudio Barci, Wien (101, 102, 192); Photostudio Trizeps, Wien (84, 119); Studio Stefan Liewehr, Wien (65, 83, 137, 138, 155, 156, 173, 191) – alle aus dem GUSTO-Fotoarchiv

ISBN 3-7015-0398-2
Copyright © 1998 by Verlag Orac im Verlag Kremayr & Scheriau, Wien
Alle Rechte vorbehalten
Einbandgestaltung: Zembsch' Werkstatt, München
Fotos auf dem Einband: Photostudio Barci, Wien (oben) und „Das Foto", Graz (unten)
Grafische Gestaltung des Innenteils: Fritz Gnan
Lektorat: Sibylle Pühringer
Satz und Film: Digitalsatz Robitschek, Wien
Druck und Bindung: Tlaciarne, Slowakei

INHALT

Vorwort

Sie haben wenig Zeit zum Kochen, möchten aber trotzdem gut und gesund essen? Dann wird dieses Buch möglicherweise zu Ihrem Lieblingskochbuch.

Für jeden Tag des Jahres enthält es köstliche Rezepte, die in weniger als 30 Minuten zubereitet sind. Vorspeisen, Hauptgerichte und Desserts, kleine Zwischenmahlzeiten, festliche Menüs – nie wieder müssen Sie sich die Frage stellen: „Was koche ich heute?"

Die Rezepte sind auf das jahreszeitliche Angebot auf den Märkten abgestimmt, denn ausgereiftes Obst und Gemüse ist vitaminreicher und hat einen intensiveren, vollmundigeren Geschmack. Und sie sind nach den Regeln der modernen Ernährungswissenschaft ausgewählt – die Gerichte sind vollwertig, fettarm und ballaststoffreich.

Alle Rezepte – die selbstverständlich vorher ausprobiert wurden – sind auch für Anfänger leicht nachzukochen, gelingen im Handumdrehen und schmecken so gut wie „Mutters Küche".

Damit Sie ohne langes Herumblättern das passende Rezept finden, führt Sie ein einfaches Leitsystem durch das Buch: Kopfleisten mit dem jeweiligen Tagesdatum und Symbole für besonders schnell zubereitete (Blitz) und besonders festliche (Drei Sterne) Gerichte ermöglichen die rasche Auswahl, sei es für eine kleine Zwischenmahlzeit oder ein Festmenü, das keiner langen Vorbereitungszeit bedarf.

Im ausführlichen Register-Anhang sind für alle Gerichte die Joule-/Kalorienwerte sowie der Kohlenhydrat-, Fett-, Cholesterin- und Eiweißgehalt angegeben, und – wichtig für Diabetiker – die Broteinheiten.

Überzeugen Sie sich nun selbst davon, welche schmackhaften und bekömmlichen Anregungen dieses Buch für Sie bereithält. Schlagen Sie einfach beim heutigen Datum nach: Was kommt bei Ihnen heute auf den Tisch?

REZEPTTEIL

Sämtliche Rezepte verstehen sich,
soweit nicht anders angegeben,
für **zwei Portionen.**

 Das Blitz-Symbol bedeutet, daß die betreffenden Rezepte besonders zeitsparend zubereitet werden können.

 Die drei Sterne bedeuten, daß die betreffenden Gerichte auch für festliche Anlässe geeignet sind.

KARTOFFELSUPPE MIT SAURER SAHNE/SAUERRAHM
ÜBERBACKENE CHAMPIGNONTOASTS
ANTI-KATER-TEE

KARTOFFELSUPPE MIT SAURER SAHNE/SAUERRAHM

1 kleine Stange Lauch
2 Möhren/Karotten
2 Kartoffeln
1/2 l Gemüsebrühe
1/8 l saure Sahne/Sauerrahm
Salz, weißer Pfeffer, Paprikapulver
Schnittlauchröllchen

Lauch, Möhren/Karotten und Kartoffeln putzen, waschen und kleinschneiden. In die Gemüsebrühe geben und zum Kochen bringen. Bei schwacher Hitze ca. 20 Minuten weichkochen. Anschließend die Suppe im Mixer pürieren und mit saurer Sahne/Sauerrahm verrühren. Würzen, vor dem Servieren mit Schnittlauchröllchen bestreuen.

ÜBERBACKENE CHAMPIGNONTOASTS

4 Vollkorntoastscheiben

Brotscheiben toasten.

CHAMPIGNONSAUCE:
150 g Champignons
1 Eßlöffel gehacktes Petersiliengrün
Salz, Pfeffer
1 Kaffeelöffel Öl
1 Eßlöffel gehackte Zwiebel
1 Kaffeelöffel Reibkäse
1 Kaffeelöffel Weizenvollmehl
einige Tomatenscheiben

Zwiebel in Öl leicht anrösten, blättrig geschnittene Champignons mitrösten, mit Petersilie, Salz und Pfeffer würzen. Reibkäse und Weizenvollmehl unter die Champignons rühren und auf die Toastbrotscheiben auftragen. Mit dünnen Tomatenscheiben belegen.
Im vorgeheizten Backofen bei starker Oberhitze überbacken.

ANTI-KATER-TEE

Rosmarin und Melisse zu gleichen Teilen

Von dieser Mischung pro Tasse 2 Teelöffel mit heißem Wasser überbrühen und 5 Minuten ziehen lassen. Am besten schluckweise und ungesüßt trinken.

QUARK-/TOPFEN-HAFERFLOCKEN-SCHEIBEN
MIT KRÄUTERN
ENDIVIENSALAT MIT ROTER BETE/ROTER RÜBE

QUARK-/TOPFEN-HAFERFLOCKEN-SCHEIBEN MIT KRÄUTERN

250 g Quark/Topfen
2 Eier
120 g Haferflocken
1/8 l Milch
Öl für die Masse
Schnittlauch, Petersilie
Öl oder Kokosfett zum Braten

Passierten Quark/Topfen mit Eiern und Salz verrühren. Abwechselnd Haferflocken und Milch einrühren, feingehackte Kräuter daruntermischen. In einer Pfanne Fett erhitzen, Teighäufchen einlegen, zu Scheiben verstreichen und beiderseits goldbraun backen. Die Kräuterscheiben heiß servieren und Tomatensauce oder Salat dazu reichen.

ENDIVIENSALAT MIT ROTER BETE/ROTER RÜBE

300 g geputzte Endivie
1 Rote Bete/Rote Rübe

MARINADE:
4 Eßlöffel Zitronensaft
2 Eßlöffel Öl
1 Eßlöffel Senf
Salz
2 Zehen Knoblauch
etwas Meerrettich/Kren

Die Endiviensalatblätter putzen, im ganzen waschen, abtropfen lassen. Feinnudelig schneiden, mit der Marinade vermengen und mit der geraffelten Roten Bete/Roten Rübe verziert anrichten.

SPINATAUFLAUF

300 g Blattspinat
30 g Margarine
150 g Grahambrot oder 4 Stück Weizen-
schrotbrötchen/Grahamweckerln
evtl. etwas Milch
1 Ei
Salz, Hefe-Extrakt

Den gewaschenen Spinat in Margarine weichdünsten, herausnehmen und fein hacken. Im verbliebenen Spinatsaft, eventuell mit etwas Milch verlängert, das Brot einweichen. Eingeweichtes Brot und Eigelb unter den Spinat mischen, mit Salz und Hefe-Extrakt würzen.
Zum Schluß das steifgeschlagene Eiweiß untermischen. Diese Masse in eine kleine feuerfeste Form füllen und bei Mittelhitze 30 Minuten backen.

ROQUEFORTSAUCE

50 g feinst zerdrückter Roquefort
1 Eßlöffel kleingeschnittener Schnittlauch
oder frische Petersilie
1/8 l Buttermilch
1/2 Becher Hüttenkäse
etwas Salz

Alle Zutaten gut verrühren.

WEINGELEE

1/4 l Rotwein
1/8 l Orangensaft
1 Eßlöffel Honig
2 Nelken, 1 Zimtstange
3 Blatt in kaltem Wasser eingeweichte Gelatine
3 Orangen

Rotwein, Orangensaft, Honig, Nelken und Zimtstange erhitzen, ausgedrückte Gelatine in durchgeseihtem Wein auflösen. Vor dem Stocken über die filierten Orangen gießen.

FILIEREN VON ORANGEN:
Schale und die weiße Haut entfernen, Filets aus den Bindehäuten schneiden, Saft aus den Bindehäuten drücken.

BUTTERMILCH MIT KRÄUTERN

Ein halbes Päckchen tiefgekühlte Kräutermischung mit einem halben Liter Buttermilch mischen. Buttermilch mit wenig Salz, frisch gemahlenem Pfeffer und Muskat abschmecken. Gut gekühlt servieren.

SCHWEIZER KARTOFFELN

Kleine rohe Kartoffeln sauber waschen, in 1 cm dicke Scheiben schneiden, auf ein erhitztes, mit Öl bestrichenes Blech geben, mit zerlassener Margarine beträufeln und 30 Minuten im Rohr backen. Nach 10 Minuten die Kartoffelscheiben wenden, mit etwas Tomatenmark bestreichen, mit feingehackten Zwiebeln belegen und 2 Minuten vor dem Anrichten mit geriebenem Käse bestreuen.

CHICORÉESALAT MIT MÖHREN/KAROTTEN

3 Chicoréestangen waschen und in breite Streifen schneiden, 2 große Möhren/Karotten dazuraspeln, mit 1 Eßlöffel geriebenen Mandeln oder Nüssen bestreuen.

SALATMARINADE:
1 Becher Joghurt
Zitronensaft
Salz
1 feingehackte Zwiebel

Alle Zutaten verrühren und getrennt zum Salat reichen.

ZUCCHINIGEMÜSE

1 Zwiebel
2 Eßlöffel Öl
500 g Zucchini
1/8 l Weißwein
Salz, Pfeffer
2 Eßlöffel Zitronensaft
1 Eßlöffel gehackte Walnüsse
feingehackte Kräuter

Zwiebel schälen, ringelig schneiden. Öl in einem Topf erhitzen, Zwiebel darin glasig braten.
Zucchini waschen, abtropfen lassen, in fingerdicke Scheiben schneiden und zu den Zwiebeln geben. Mit Weißwein begießen, mit Salz und Pfeffer würzen. Zugedeckt 10 Minuten dünsten lassen. Topf vom Herd nehmen, Zitronensaft, Nüsse und Kräuter einrühren. Mit Salz und Pfeffer abschmecken.
Sofort servieren.

PERLWEIZEN MIT MÖHREN/KAROTTEN

50 g Perlweizen
2 Möhren/Karotten
1 Zwiebel
Salz, Sojasauce, Petersilie

Perlweizen in der doppelten Menge gesalzenem Wasser 20 Minuten kochen lassen. Die Zwiebel und die Möhren/Karotten in sehr feine Scheiben schneiden, in einer Pfanne mit etwas Öl dünsten und mit dem gekochten Perlweizen vermischen. Mit gehackter Petersilie und Salz würzen. Vor dem Servieren gießt man etwas Sojasauce darüber.

KAFFEECREME

2 Becher Joghurt
Vanillearoma
1 Teelöffel frisch gemahlener Kaffee
1— 2 Teelöffel Honig
1 Banane

Alle Zutaten mit der Schneerute kurz durchschlagen, die Banane in kleine Würfel schneiden und hinzufügen.

ÜBERBACKENER RADICCHIO

4 Köpfe (ca. 600 g) Radicchio

Radicchioköpfe von den Wurzelenden befreien und, falls nötig, die äußeren Blätter entfernen. Die Köpfe halbieren und gründlich abspülen. Für eine Minute in kochendes Salzwasser geben, dann eiskalt abschrecken und in einem Sieb gut abtropfen lassen.

ZUM ÜBERBACKEN:
1 Becher saure Sahne/Sauerrahm
50 g geriebener Emmentaler
1 Eßlöffel geriebene Haselnüsse
Salz, Pfeffer, Muskat

Saure Sahne/Sauerrahm mit geriebenen Haselnüssen und Emmentaler mischen. Die Sauce mit Salz, Pfeffer aus der Mühle und frisch geriebener Muskatnuß würzen.
Die Radicchiohälften nebeneinander in eine befettete Form legen, salzen, pfeffern und die Käsecreme gleichmäßig darauf verteilen. Im auf 180 Grad vorgeheizten Backrohr 20 Minuten goldgelb überbacken.

MEERRETTICH-/KRENAUFSTRICH

250 g Magerquark/-topfen
1/8 l Joghurt
1 Eßlöffel geriebener Meerrettich/Kren
einige Tropfen Zitronensaft
Kümmel
Schnittlauch

Quark/Topfen mit Joghurt glattrühren, mit den übrigen Zutaten vermischen und auf Vollkornbrot servieren.

TOPFENKNÖDEL (ÖSTERREICHISCHE SPEZIALITÄT)
BUTTER-ZIMT-SAUCE
FEIGENKOMPOTT MIT INGWER

TOPFENKNÖDEL

250 g Magerquark/-topfen
2 Eier
100 g Dinkelgrieß
Salz

Quark/Topfen mit Eiern, Dinkelgrieß und Salz gut vermengen, 1/2 Stunde stehen lassen. Danach Knödel formen, in Salzwasser vorsichtig 10 Minuten kochen, abseihen und mit Butter-Zimt-Sauce beträufeln.

BUTTER-ZIMT-SAUCE

20 g Butter, Zimt, 1 Eßlöffel Honig oder Fruchtzucker und 3 Eßlöffel Wasser erwärmen. Knödel zerteilen und mit der Sauce übergießen.

FEIGENKOMPOTT MIT INGWER

250 g getrocknete Feigen
Zitronensaft und -schale
gehackter, kandierter Ingwer
1 Eßlöffel Honig oder Fruchtzucker
1 Eßlöffel trockener Sherry

Feigen entstielen und mit etwa 1/4 Liter kaltem Wasser bedecken. Den Saft und die Schale einer Zitrone und etwas gehackten, kandierten Ingwer hinzufügen. Nach 20 Minuten etwas Honig oder Fruchtzucker und Sherry beigeben. Darin die Feigen abkühlen lassen.

TOFULAIBCHEN
WURZELSAUCE
SONNENBLUMENKERNBRÖTCHEN

TOFULAIBCHEN

250 g Tofu
1 geriebene Möhre/Karotte
1 kleine Stange Lauch
Petersilie, Schnittlauch, Sojasauce
Zitronensaft, Salz, Pfeffer, Knoblauch
Fett oder Backpapier für ein Backblech

Tofu mit der Gabel zerdrücken, Lauch in feine Ringe schneiden, Möhre/Karotte fein raspeln, etwas Zitronensaft, Petersilie, Schnittlauch, Sojasauce und frisch gepreßten Knoblauch zugeben, vermengen, mit Salz und Pfeffer würzen. Diese Masse zu Laibchen formen und bei 200 Grad auf einem befetteten Backblech 30 Minuten knusprig backen.

WURZELSAUCE

3 Möhren/Karotten
1 Petersilienwurzel
1/4 Sellerieknolle
Knoblauchzehen
500 g Tomaten (evtl. geschälte Tomaten aus der Dose)
1 Eßlöffel Öl
Gemüsebouillon (Instantwürfel)
1 Eßlöffel Weizenschrot
1 Eßlöffel Honig
1/4 l saure Sahne/Sauerrahm

Möhren/Karotten, Petersilienwurzel und Sellerie fein hacken oder grob reiben, mit grobgehackten Tomaten und Knoblauch in Öl rösten, mit Gemüsebouillon aufgießen und 15 Minuten dünsten. Mit Weizenschrot binden, Honig dazugeben und zuletzt saure Sahne/Sauerrahm unterrühren.
Zu den Tofulaibchen mit der Wurzelsauce Sonnenblumenkernbrötchen servieren.

VOLLKORNNUDELN MIT CHAMPIGNON-KÄSE-CREME

200 g Vollkornspaghetti

Vollkornnudeln 4 Minuten in Salzwasser sprudelnd kochen lassen, beiseite stellen und noch 2 Minuten ziehen lassen.

K Ä S E C R E M E :
20 g Butter oder Margarine
40 g geriebener Käse
Salz, weißer Pfeffer, Muskatnuß

Butter oder Margarine schmelzen, Käse einrühren, mit Salz, Pfeffer und Muskat abschmecken.

C H A M P I G N O N S :
1 Eßlöffel Öl
1 zerdrückte Knoblauchzehe
10 Champignons
Salz, Pfeffer, Muskat, feingehackte Petersilie

Öl und Knoblauch erhitzen, die in feine Scheiben geschnittenen Champignons beigeben, würzen und 5 Minuten dünsten.
Vollkornspaghetti abseihen, in vorgewärmter tiefer Schüssel anrichten, mit Käsesauce übergießen, mit Champignons garnieren, mit Petersilie bestreuen und sofort servieren.

MÖHREN-/KAROTTEN-SELLERIE-SALAT

200 g Möhren/Karotten
200 g Sellerie

Möhren/Karotten und Sellerie putzen, waschen und in die Marinade reiben.

M A R I N A D E :
1 Eßlöffel Öl
2 Eßlöffel Joghurt
Salz, Pfeffer
1 Eßlöffel grobgehackte Haselnüsse oder
1 Eßlöffel gehackte Kräuter

Alle Zutaten verrühren. Marinierten Salat mit Nüssen oder gehackten Kräutern bestreuen.

TOMATENAPERITIF

3/8 l Tomatensaft
Salz, Pfeffer
1 Teelöffel Sojasauce
1 Teelöffel geriebener Meerrettich/Kren
2 Eßlöffel süße Sahne/Schlagobers

Alle Zutaten verquirlen, auf 2 Gläser aufteilen, mit Zitronenscheiben und Petersilie schmücken. Man kann in jedes Glas noch 1 — 2 Eiswürfel geben.

ÜBERBACKENES LAUCHGEMÜSE

4 Stangen Lauch
Gemüsebrühwürfel

Lauch in 10 cm lange Stücke schneiden, der Länge nach halbieren, unter fließendem Wasser waschen und in etwas Gemüsebrühe kernig weich dünsten.

S A U C E :
250 g Quark/Topfen
50 g geriebener Käse
50 g gehackter Schinken
1 Ei
Salz, Muskat

Dünstflüssigkeit in einen kleinen Topf abgießen, mit Quark/Topfen, Ei, Käse, Schinken und Gewürzen verrühren, abschmecken, über das Gemüse streichen. Im vorgeheizten Ofen bei 225 Grad ca. 20 Minuten überbacken (nicht grillen).

GEFÜLLTE, GEBACKENE SCHROTBRÖTCHEN/KORNWECKERLN

2 Schrotbrötchen/Kornweckerln
40 g Butter oder Margarine
1 Kaffeelöffel Senf
1 kleine gehackte Zwiebel
1 gehackte Paprikaschote
gehackte Petersilie
Sesamsamen
Alufolie

Schrotbrötchen/Kornweckerln der Länge nach halbieren. Butter oder Margarine, Senf, Zwiebel, gehackte Paprikaschote und Petersilie verrühren, Brötchenhälften damit bestreichen und mit Sesam bestreuen. Jede Hälfte einzeln in Alufolie einwickeln und 15 Minuten im Ofen grillen.

DINKELGRIESSSUPPE
VOLLKORNSCHNITTEN MIT WEICHKÄSE
FENCHELFRISCHKOST

DINKELGRIESSSUPPE

1 kleine Zwiebel
1 Kaffeelöffel Öl
200 g Dinkelgrieß oder 50 g Dinkelflocken
1/2 l Wasser
1 Gemüsebrühwürfel
200 g Gemüse (Möhren/Karotten, Lauch,
Sellerie, Blumenkohl/Karfiol u.ä.)
2 Eßlöffel saure Sahne/Sauerrahm
2 Eßlöffel Weißwein
Majoran, Muskatnuß, Salz
gehackte Petersilie

Zwiebel schälen, würfelig schneiden. Öl erhitzen und Zwiebelwürfel darin rösten. Dinkelgrieß oder Dinkelflocken über die Zwiebel streuen, kurz mitrösten. Wasser und Gemüsebrühwürfel beifügen, 10 Minuten kochen lassen. Gemüse putzen, waschen, fein zerkleinern und in die heiße Suppe geben, einmal aufkochen lassen. Sahne/Rahm und Wein darunterziehen, mit Gewürzen abschmecken und mit gehackter Petersilie bestreuen.

VOLLKORNSCHNITTEN MIT WEICHKÄSE

Vollkornbrotschnitten mit Weichkäse (z. B. Camembert) oder Schmelzkäseecken belegen und 5 Minuten lang im vorgeheizten Rohr backen, bis der Käse geschmolzen ist. Brotschnitten auf vorgewärmte Teller legen.

FENCHELFRISCHKOST

300 g Fenchel
1 Rote Bete/Rote Rübe
1 Apfel

Fenchelknollen putzen, in Scheiben schneiden, Rote Bete/Rote Rübe und Apfel samt Schale raffeln.

M A R I N A D E :
Saft einer Zitrone
2 Eßlöffel Öl, Salz, 1 Prise Zucker

Alle Zutaten verquirlen und über die Frischkost gießen.

ROTE-BETE-/ROTE-RÜBEN-APFEL-COCKTAIL
HIRSEFLAMMERI
APFEL-ORANGEN-SALAT

ROTE-BETE-/ROTE-RÜBEN-APFEL-COCKTAIL

1/4 l Rote-Bete-/Rote-Rüben-Saft
1 geriebener Apfel

Den geriebenen Apfel in den Rote-Bete-/Rote-Rüben-Saft einrühren.

HIRSEFLAMMERI

180 g Hirse
3/4 l Milch
abgeriebene Zitronenschale
1 kleine Stange Zimt, Salz
2 Eßlöffel Fruchtzucker oder Honig
1 Eigelb
1 Eiweiß

Hirse mit kochendem Wasser überbrühen, nach 5 Minuten abgießen. Milch, Zitronenschale, Zimtstange, Salz und Zucker oder Honig kurz aufkochen, Hirse dazugeben und 20 Minuten auf kleiner Flamme ziehen lassen, anschließend etwas auskühlen lassen. Eigelb mit 2 Teelöffel kaltem Wasser verrühren und unter die Hirsemasse rühren. Eiweiß zu Schnee schlagen und unterheben.

APFEL-ORANGEN-SALAT

2 Äpfel
2 Orangen

Äpfel und Orangen schälen, in dünne Scheiben schneiden, lagenweise in Kompottschüsseln legen.

S A U C E :
1/8 l Apfelsaft
2 Kaffeelöffel Honig
1 Kaffeelöffel geriebene Haselnüsse

Honig mit Apfelsaft vermischen, über die Früchte träufeln, mit geriebenen Nüssen garnieren.

GRATINIERTE FORELLEN
CHICORÉE MIT KNOBLAUCH
VOLLKORNGEBÄCK

GEMÜSE-KARTOFFEL-PUFFER
WEISSKOHL-/-KRAUTSALAT
MIT MÖHREN/KAROTTEN

GRATINIERTE FORELLEN

2 Forellen
1/4 l Weißwein
100 g blättrig geschnittene Champignons
feingehackte Petersilie
2 Eßlöffel geriebener Käse
Salz, Pfeffer
20 g Butterflöckchen

Die Forellen in eine befettete, feuerfeste Form legen, mit Weißwein übergießen. Champignons, Petersilie, Käse, je nach Geschmack Salz und Pfeffer sowie Butterflöckchen darüberstreuen.
Im Ofen ca. 30 Minuten backen, bis die Kruste schön braun ist.

CHICORÉE MIT KNOBLAUCH

4 Stangen Chicorée
1 Eßlöffel Öl
1 zerdrückte Knoblauchzehe
Saft und Schale einer halben Zitrone
Salz, Pfeffer, Cognac

Chicoréestangen 15 Minuten auf kleiner Flamme in wenig Salzwasser dämpfen. Öl, Knoblauch, Zitronenschale und -saft, Salz, Peffer und einen Schuß Cognac verrühren und über das heiße Gemüse gießen.
Zu Fisch und Gemüse Vollkorngebäck servieren.

GEMÜSE-KARTOFFEL-PUFFER

1 Päckchen Kartoffelpufferpulver
1 Ei
1/8 l Milch
Wasser
2 Kartoffeln
3 Möhren/Karotten oder 1 Stange Lauch
Öl

Ei und Milch in einen Meßbecher geben und bis zu 1/2 Liter mit Wasser auffüllen. In eine Schüssel gießen und Kartoffelpufferpulver unterrühren. Geschälte Kartoffeln fein reiben. Möhren/Karotten oder Lauch putzen und in feine Streifen schneiden oder hobeln.
Öl in einer Pfanne erhitzen.
Pro Kartoffelpuffer 2 Eßlöffel von der Kartoffelmasse in die Pfanne geben. Sofort Lauch- oder Möhren-/Karottenstreifen darüberstreuen.
Sind die Kartoffelpuffer auf einer Seite knusprig, wenden und die andere Seite fertigbraten. Mit Petersilie garniert servieren.

WEISSKOHL-/-KRAUTSALAT MIT MÖHREN/KAROTTEN

300 g Weißkohl/-kraut
2 Äpfel
1 Becher Joghurt
Saft einer Blutorange
Salz, Pfeffer

Weißkohl/-kraut und ungeschälte Äpfel sehr fein hobeln. Beides mit Joghurt vermischen. Den Saft einer Blutorange dazugeben.
Nach Geschmack salzen und pfeffern.

QUARK-/TOPFENBRATEN

125 g Magerquark/-topfen
einige Eßlöffel Milch
1 Ei
50 g Getreideflocken
Kümmel, Salbei, 1 Zwiebel, Salz, Margarine
Paniermehl/Brösel und Fett für die Form

Quark/Topfen mit Milch, Ei sowie Getreideflocken verrühren und mit Kümmel, Salz, gehackter Zwiebel und Salbei gut vermischen. Diese Masse in eine befettete, mit Paniermehl/Bröseln bestreute Auflaufform füllen, mit Milch bestreichen und den Braten 30 Minuten bei 200 Grad im Backrohr garen.

DILLSAUCE

20 g Butter oder Margarine
30 g Weizenvollmehl
1/2 l Gemüsebouillon
1 Bund feingehacktes Dillkraut
feingehackte Petersilie
2 Eßlöffel saure Sahne/Sauerrahm

Weizenvollmehl in wenig Wasser versprudeln und in die kochende Gemüsebrühe einrühren. Kurz kochen lassen. Alle übrigen Zutaten ebenfalls einrühren (nicht mehr kochen!) und ziehen lassen.

FRÜCHTEBECHER

1 Apfel
1 Birne
1 Banane
1 Mandarine

Obst waschen, entkernen und zerkleinern.

SAUCE:
1 Eßlöffel Honig
Saft einer Zitrone
1/8 l saure Sahne/Sauerrahm
1 Eßlöffel geschroteter Leinsamen
oder gehackte Nüsse

Obst, Honig und Zitronensaft vermischen.
In Portionsschalen verteilen, mit saurer Sahne/Sauerrahm überziehen (nicht unterrühren) und mit Leinsamen oder Nüssen bestreuen.

ROSENKOHL/KOHLSPROSSEN, ÜBERBACKEN

500 g Rosenkohl/Kohlsprossen
Salz, Kümmel

Rosenkohl/Kohlsprossen putzen, waschen und mit Kümmel in wenig Salzwasser weichkochen.

SAUCE:
100 g gekochter magerer Schinken
1 Ei
1 Eßlöffel Speisestärke
250 g Magerquark/-topfen
20 g geriebener Käse
Pfeffer, Salz, Paprika

Speisestärke in einem Eßlöffel Wasser auflösen. Das geschlagene Ei, den Quark/Topfen und den kleingeschnittenen Schinken hinzugeben, würzen.
Rosenkohl/Kohlsprossen in eine feuerfeste Form legen. Mit der Sauce übergießen, mit geriebenem Käse bestreuen und im heißen Backrohr 20 Minuten überbacken.

MÖHREN-/KAROTTEN-APFEL-KNÄCKEBROT

4 Möhren/Karotten
2 Äpfel
1 Eßlöffel gemahlene Haselnüsse
etwas Zitronensaft
Salz, gehackte Kräuter
2 Eßlöffel saure Sahne/Sauerrahm
gehackte Kräuter
4 Scheiben Knäckebrot

Die Möhren/Karotten putzen und waschen. Die Äpfel schälen, vierteln und vom Kerngehäuse befreien. Die Zutaten grob raspeln, Haselnüsse und Zitronensaft hinzufügen.
Den Salat abschmecken, auf den Knäckebrotscheiben verteilen, darüber etwas saure Sahne/Sauerrahm geben, mit Kräutern garniert servieren.

DINKELGRIESSAUFLAUF

1/2 l Wasser
Vanillemark
50 g Fruchtzucker oder 2 Eßlöffel Honig
60 g Dinkelgrieß
Zitronenschale
250 g Quark/Topfen
2 Eier
2 Eßlöffel Rosinen
2 blättrig geschnittene Äpfel
Fett und Paniermehl/Brösel für die Form

Dinkelgrieß in Wasser mit Vanillemark aufkochen, anschließend etwas ziehen lassen. In der Zwischenzeit Quark/ Topfen, Eidotter, Fruchtzucker oder Honig und Zitronenschale schaumig rühren.
Rosinen, Äpfel und die überkühlte Grießmasse unterrühren und Eischnee aus 2 Eiweiß unterheben.
In einer befetteten, mit Paniermehl/ Bröseln bestreuten Auflaufform im vorgeheizten Backrohr bei 180 Grad ca. 45 Minuten backen.
Dazu Pflaumenmus/Powidlsauce servieren.

PFLAUMENMUS/POWIDLSAUCE

4 Eßlöffel Pflaumenmarmelade/Powidl
2 Eßlöffel Rum
2 Grapefruits

Marmelade mit Wasser, Rum und würfelig geschnittenem Grapefruitfleisch verrühren.

GEMÜSEKARTOFFELN

100 g Zucchini
100 g Lauch
100 g Sellerie
100 g Möhren/Karotten
250 g Kartoffeln
2 Eßlöffel Öl
Gemüsebouillon (Instant)
Basilikum, Thymian, Petersilie

Lauch ringelig, Möhren/Karotten blättrig, Zucchini in große Würfel und Sellerie sowie Kartoffeln in kleine Würfel schneiden. Gemüse in einer Pfanne in Öl andämpfen, mit wenig Gemüsebouillon ablöschen, mit den Kräutern verfeinern und zugedeckt bis zum Garpunkt dünsten.

RUMPSTEAKS

2 Rumpsteaks (je 150 g)
Senf, Salz, Pfeffer
2 Eßlöffel Öl

Rumpsteaks mit Senf bestreichen und pfeffern. In einer Pfanne Öl erhitzen und die Steaks auf beiden Seiten 2 — 4 Minuten braten, salzen. Rumpsteaks zusammen mit den Gemüsekartoffeln anrichten.

FRUCHTCREME

2 große Bananen
2 große, saftige Äpfel

Bananen mit einer Gabel zerdrücken, Äpfel ungeschält reiben.
CREME:
3 Eßlöffel Weißwein
2 Becher Joghurt
1/2 Teelöffel Zimt
1 Messerspitze Vanille
2 Kaffeelöffel Honig
1 Eßlöffel Mandelblättchen

Wein, Joghurt, Zimt, Honig und Vanille mit der Schneerute schaumig rühren. Bananen und Äpfel unter die Creme heben, mit Mandelblättchen bestreuen.

SPINATPFANNKUCHEN
WARMER MÖHREN-/KAROTTENSALAT

TOMATEN-ORANGEN-MIX
BLUMENKOHL/KARFIOL MIT KÄSESAUCE
KNOBLAUCHVOLLKORNBRÖTCHEN/-WECKERLN

SPINATPFANNKUCHEN

Photo auf Seite 66
150 g Vollweizenmehl
2 Eßlöffel Sojamehl
1 Ei
3/16 l Milch
3/16 l Wasser
Salz
Öl zum Backen

Vollmehl mit Salz, Sojamehl, Ei und Milch-Wasser-Mischung verrühren. Pfannkuchen backen, mit Fülle bestreichen.

F Ü L L E :
500 g Blattspinat
20 g Butter
Knoblauch, Salz, Muskat

Spinat putzen, waschen und im Abtropfwasser weichdünsten. In Butter schwenken, mit Salz, Knoblauch und Muskat abschmecken.

WARMER MÖHREN-/KAROTTENSALAT

500 g Möhren/Karotten
3 — 4 Knoblauchzehen, Salz

In Scheiben geschnittene Möhren/Karotten mit geschnittenen Knoblauchzehen und etwas Salz kernig weich kochen, abseihen.

M A R I N A D E :
milder Weinessig
Pfeffer
1 Eßlöffel gehackte Petersilie
1 Eßlöffel Olivenöl

Möhren/Karotten mit Weinessig, frisch gemahlenem Pfeffer, Petersilie und Olivenöl vermischen, warm servieren.

TOMATEN-ORANGEN-MIX

1/2 l Tomatensaft
1/8 l Orangensaft
Saft einer halben Zitrone
etwas Worcestersauce
1 Kaffeelöffel Honig oder Fruchtzucker

Alle Zutaten verrühren, würzen und in 2 Gläser füllen.

BLUMENKOHL/KARFIOL MIT KÄSESAUCE

1 Blumenkohl/Karfiol
Salz, Zitronensaft

Blumenkohl/Karfiol putzen, waschen und in Salzwasser mit Zitronensaft garen. Abgetropften Blumenkohl/Karfiol mit der Sauce übergießen.

S A U C E :
1/2 l Wasser
50 g Weizenvollmehl
1/8 l Wasser
100 g Emmentaler
4 Eßlöffel saure Sahne/Sauerrahm
50 g Schinkenstreifen
Instant-Gemüsebrühe
Schnittlauch

Das Vollweizenmehl mit 1/8 Liter Wasser anrühren und in das kochende Wasser einrühren, 1 Minute kochen lassen und von der Feuerstelle nehmen. Geriebenen Käse, Schinkenstreifen und saure Sahne/ Sauerrahm unterziehen, mit Gemüsebrühe und Schnittlauch abschmecken.

ÜBERBACKENE KNOBLAUCH-VOLLKORNBRÖTCHEN/-WECKERLN

4 Vollkornbrötchen/-weckerln
40 g Butter
Salz, einige Knoblauchzehen
Alufolie

Vollkornbrötchen/-weckerln in 1 1/2 cm dicke Scheiben schneiden, aber so, daß sie an der Unterseite noch zusammenhängen. Aus Butter, Salz und Knoblauch die Knoblauchbutter zubereiten, zwischen die Brotscheiben einstreichen. Die Brötchen/Weckerln in Alufolie wickeln und 15 bis 20 Minuten im heißen Rohr backen.

CAMEMBERT IN WEIZENTEIG

2 Stück Camembert zu je 100 g
Öl oder Kokosfett zum Braten

Camembert halbieren und durch den Weizenteig ziehen. In heißem Fett braten.

WEIZENTEIG:
60 g Vollweizenmehl
1/16 l Milch
1/16 l Bier
1 Eßlöffel Wasser
2 Eßlöffel Sojamehl
Salz

Aus allen Zutaten den Teig herstellen.

RADICCHIO-ENDIVIEN-SALAT MIT MANDARINEN

150 g Radicchio
150 g Endivie
100 g frische Mandarinenstückchen

Salat putzen, Mandarinenspalten teilen und alles in einer Salatschüssel vermischen.

MARINADE:
20 g geschroteter Leinsamen
1 Becher Joghurt
1 Prise Zucker
1 Prise Salz
1 Eßlöffel gehackte Kräuter
1 Teelöffel Zitronensaft

Joghurt mit Zucker, Salz, Kräutern, Zitronensaft und Leinsamen vermischen, damit den Salat marinieren. Kurz durchmischen und sofort servieren.

FISCHFILET AUF SPINAT

2 Dorschfilets
Salz, Zitronensaft

Fischfilets mit Zitronensaft beträufeln, leicht salzen.

SPINAT:
500 g Spinat
1 kleine Zwiebel
10 g Butter oder Margarine
Salz, Pfeffer, Muskat
Tomatenscheiben und Zwiebelringe
Alufolie

Spinat in einem Sieb mit kochendem Wasser überbrühen. Feingehackte Zwiebel in Butter oder Margarine andünsten. Spinatblätter beifügen und zugedeckt 5 Minuten garen. Mit Salz, Pfeffer und Muskatnuß abschmecken. Den Spinat in eine feuerfeste Form füllen, mit Tomatenscheiben und Zwiebelringen belegen.
Fischfilets auf das Gemüse legen. Die Form mit Alufolie abdecken, in das auf 200 Grad vorgeheizte Rohr schieben. 20 Minuten garen.

SAUCE:
1 Kaffeelöffel Vollmehl
10 g Butter oder Margarine
1/8 l Milch
50 g Edamer

Vollmehl in zerlassene Butter oder Margarine streuen, hellgelb anlaufen lassen. Milch kräftig einrühren. Sauce bei geringer Hitze köcheln lassen, Edamer in die Sauce reiben, umrühren. Gegarte Fischfilets übergießen, in offener Form 10 Minuten überbacken.

KARTOFFELSCHNEE

400 g Kartoffeln
Wasser
Salz
gehackte Petersilie

Geschälte Kartoffeln in Würfel schneiden, weich kochen, gut verdampfen lassen, noch heiß durch die Kartoffelpresse auf eine vorgewärmte Platte geben. Salzen und mit Petersilie bestreuen.

FRUCHTSALAT

1 Banane
1 Orange
1 Apfel
1/2 Ananas
je 1 Eßlöffel Rosinen und gehackte Mandeln
8 Stück entkernte Dörrpflaumen

Die geschälten Früchte in Würfel oder Scheiben schneiden, in eine Schüssel geben.

M A R I N A D E :
Zitronensaft
1 Eßlöffel Honig oder Fruchtzucker
1 Eßlöffel Rum

Früchte mit Marinade vermischen und kühlstellen.

LAUCHCREMESUPPE

250 g Lauch
50 g Weizenvollmehl
500 ml Gemüsebrühe
20 g Margarine
1/8 l saure Sahne/Sauerrahm
Hefeflocken
gehackte Petersilie
1/8 l Weißwein
Salz

Lauch putzen, waschen, in Ringe schneiden und in der Margarine andünsten. Das Mehl in wenig Wasser anrühren. Den Lauch mit Gemüsebrühe und Wein auffüllen, aufkochen lassen und das angerührte Mehl dazugeben. Hefeflocken mit saurer Sahne/Sauerrahm abrühren, in die Suppe einsprudeln, würzen. Mit gehackter Petersilie bestreuen.

ÜBERBACKENE KÄSETOASTS

8 Scheiben Vollkorntoast

K Ä S E C R E M E :
100 g geriebener Emmentaler
10 g Butter oder Margarine
1/16 l Weißwein
geriebene Haselnüsse
2 Eßlöffel saure Sahne/Sauerrahm

Emmentaler mit Butter oder Margarine und Weißwein zu einer dicken Masse verrühren. Diese Masse auf Vollkorntoastscheiben streichen, mit geriebenen Haselnüssen bestreuen und mit wenig saurer Sahne/ Sauerrahm beträufeln.
Bei starker Hitze schnell überbacken.

SEMMELSCHMARREN
(ÖSTERREICHISCHE SPEZIALITÄT)
GESUNDHEITSBECHER ODER ANDERES KOMPOTT

SEMMELSCHMARREN

250 g Vollkornknödelbrot
1/2 l Milch
2 Eier
1 Eßlöffel Honig
1 Eßlöffel Sojamehl
1 Prise Salz
100 g Rosinen
40 g Butter

Milch, Eidotter, Honig, Sojamehl und Salz versprudeln und über das Vollkornknödelbrot gießen, 30 Minuten weichen lassen. Eischnee und Rosinen unterziehen. Butter in einer Auflaufform zerlaufen lassen, die Knödelbrotmasse hineingeben und bei 200 Grad 40 Minuten backen. Anschließend mit einer Gabel auflockern.

GESUNDHEITSBECHER

getrocknete Aprikosen, Feigen, Dörrpflaumen,
Datteln, Rosinen usw.
einige Nüsse
2 Eßlöffel Quark/Topfen
Rum, Orangensaft, Honig

Trockenfrüchte über Nacht einweichen. Dann alles mixen, mit Rum und Orangensaft abschmecken.

GETREIDEFLOCKEN-GEMÜSE-LAIBCHEN
MÖHREN-/KAROTTENSALAT
MIT ROSINEN UND KRÄUTERSAUCE

GETREIDEFLOCKEN-GEMÜSE-LAIBCHEN

100 g Fünfkornflocken
1 kleine Stange Lauch
2 Möhren/Karotten
Gemüsebrühwürfel
2 Eßlöffel Sojamehl
2 Eßlöffel geriebener Käse
Salz
Backpapier oder Fett für ein Backblech

Fünfkornflocken in wenig Wasser ca. 15 Minuten einweichen.
In der Zwischenzeit Lauch ringelig und Möhren/Karotten würfelig schneiden. Beide Gemüse in wenig Wasser mit Suppenwürze 10 Minuten dünsten. Die eingeweichten Getreideflocken mit dem Gemüse, dem geriebenen Käse, Sojamehl und Salz vermengen und kleine Laibchen formen.
Auf einem befetteten Backblech 20 Minuten bei 200 Grad backen, mit geriebenem Käse und frischem Salat oder gedünstetem Gemüse servieren.

MÖHREN-/KAROTTENSALAT MIT ROSINEN UND KRÄUTERSAUCE

200 g Möhren/Karotten
100 g Sellerie
1 Eßlöffel Rosinen
Salz, Pfeffer
grüne Salatblätter

Möhren/Karotten, Sellerie, Rosinen mischen und wenig würzen.

S A L A T S A U C E :
1 Becher Joghurt
1 Teelöffel Paprika
1 Prise Pfeffer
abgeriebene Zitronenschale
gehackte Petersilie
gehackter Schnittlauch
Senf
einige Apfelstückchen

Joghurt mit allen übrigen Zutaten vermischen, Salat damit marinieren, auf frischen Salatblättern anrichten und mit Apfelstückchen garnieren.

RINDFLEISCH, GESCHNETZELT
NATURREIS
APRIKOSENJOGHURT

MÖHREN-/KAROTTEN-BANANEN-COCKTAIL
GEMÜSEEINTOPF MIT TOFU
VOLLKORNGEBÄCK

RINDFLEISCH, GESCHNETZELT

250 g Rindfleisch von der Keule
1 Eßlöffel Öl
1 Zwiebel
250 g Austernpilze
1 Stange Lauch
2 Möhren/Karotten
2 Eßlöffel herber Sherry
Pfeffer, Salz

Rindfleisch kurz kalt abspülen, danach mit Haushaltspapier abtrocknen. Schräg zur Faser in sehr dünne Scheiben schneiden (das Fleisch fast abschaben). Öl in einer Pfanne erhitzen, das Fleisch darin 10 Minuten braten, beiseite stellen.
Zwiebel schälen, hacken und in Margarine erhitzen.
Pilze in breite Streifen, Lauch und Möhren/Karotten in feine Scheibchen schneiden. Alles zur Zwiebel geben und unter Rühren 5 Minuten dünsten, würzen, den Sherry dazugeben und noch einige Minuten leicht kochen lassen. Fleisch unterrühren. Sofort servieren.

NATURREIS

1 Tasse Naturreis
2 Tassen Wasser
1 Zwiebel
3 Nelken, Salz
4 Eßlöffel Öl

Reis in Öl anrösten, Wasser und Salz hinzugeben. Nelken in die geschälte Zwiebel stecken und alles 25 Minuten, bis nach Erscheinen des 2. Ringes, im Schnellkochtopf garen.

APRIKOSENJOGHURT

100 g Trockenaprikosen
1 Eßlöffel Honig
2 Becher Joghurt
Vanillearoma
1 Kaffeelöffel gehackte Haselnüsse
1 Eßlöffel Weizenkeime

Die Trockenfrüchte einweichen und kleinschneiden, mit Joghurt, Honig, Vanillearoma vermischen und in Dessertgläsern anrichten. Mit Weizenkeimen und Haselnüssen bestreut servieren.

MÖHREN-/KAROTTEN-BANANEN-COCKTAIL

200 g Möhren/Karotten
50 g Banane
1 Eßlöffel Honig
Saft einer halben Zitrone
1 Becher Kefir

Möhren/Karotten pressen, Banane mit Honig, Zitronensaft und Möhren-/Karottensaft im Mixer mixen und mit Kefir vermengen.

GEMÜSEEINTOPF MIT TOFU

2 Kohlrüben
4 Möhren/Karotten
1 Zwiebel
2 Zucchini
1 Kaffeelöffel Öl
Majoran
1/2 l Gemüsebrühe
200 g Tofu

Gemüse putzen (einige zarte Kohlrübenblätter aufheben) und waschen. Kohlrüben, Möhren/Karotten, Zucchini und Zwiebel würfelig schneiden. Im heißen Öl kurz anbraten, würzen und mit Gemüsebrühe aufgießen. Im zugedeckten Topf ca. 15 Minuten garen, in den letzten Minuten gewürfelten Tofu und Kohlrübenblättchen dazugeben.
Mit Vollkorngebäck servieren.

ZUCCHINI-QUARK-/-TOPFEN-PUFFER

1 (200 g) Zucchini
2 Eßlöffel Magerquark/-topfen
3 Eßlöffel Haferflocken
2 Eßlöffel Weizenvollkornmehl
1 Ei
2 Knoblauchzehen, Salz, Pfeffer
Öl oder Kokosfett

Zucchini grob raffeln. Quark/Topfen, Haferflocken, Mehl, Ei, zerdrückte Knoblauchzehen und Gewürze zufügen. Alles gut verrühren, würzen. Fett erhitzen, nacheinander 8 — 10 kleine Puffer backen.
Dazu schmeckt am besten Kräuterquark/-topfen.

KRÄUTERQUARK/-TOPFEN

200 g Magerquark/-topfen
1 Becher Joghurt
3 Eßlöffel Wasser
1 Paket tiefgefrorene 8-Kräuter-Mischung
1 Eßlöffel Senf, Salz, Pfeffer

Alle Zutaten miteinander verrühren.

BANANENCREME

1 Apfel
1 Banane
1/8 l Weißwein
1 Eßlöffel Honig
1/8 l Schlagsahne/-obers
Saft einer halben Zitrone

Apfel schälen, vierteln, Kerngehäuse ausschneiden. Mit Honig, Zitronensaft und Weißwein weichdünsten, mit der Banane passieren. Erkalten lassen, geschlagene Sahne/Obers unterziehen.
In Schüsserln füllen, mit Bananenscheiben garnieren.

KAISERSCHMARREN

100 g Vollweizenmehl
1 Eßlöffel Honig
1 Eßlöffel Rosinen
1 Eßlöffel Weizenkeime
3/16 l Milch
2 Eidotter
2 Eiweiß
1 Prise Salz
1 Päckchen Vanillezucker oder
das Mark von 1/4 Vanilleschote
Öl zum Backen
Fruchtzucker zum Bestreuen

Mehl und Weizenkeime mit der Milch zu einem dickflüssigen Teig anrühren und dann erst die Eidotter, den Honig, das Salz und Vanille zugeben. Alles gut durchmischen und das zu festem Schnee geschlagene Eiweiß unterheben.
Öl in einer Pfanne erhitzen, Teig etwa 2 cm dick hineingießen, die Rosinen darüberstreuen und den Schmarren von beiden Seiten backen. Kurz vor dem Servieren mit der Gabel auseinanderreißen und mit wenig Fruchtzucker bestreut anrichten.

APFEL-ZWETSCHKEN-KOMPOTT

1 Zitrone
250 g ungeschwefelte Dörrzwetschken
2 Schnapsgläser Slibowitz
1 Eßlöffel Honig
1/8 l Weißwein
1/2 Zimtstange
3 (250 g) Äpfel

Zwetschken waschen, mit Slibowitz übergießen. Den Wein — 2 Eßlöffel davon zurückbehalten — mit Honig und der Zimtstange heiß werden lassen, bis der Honig flüssig ist. Die Mischung über die Zwetschken gießen und diese zugedeckt ziehen lassen.
Äpfel schälen, in dünne Spalten schneiden, mit Zitronensaft und dem restlichen Wein einmal aufkochen, zugedeckt halbweich dünsten lassen. Zimtstange entfernen, Zwetschken mit dem Apfelkompott vorsichtig vermischen.

FISCH IN LAUCH-CHAMPIGNON-GEMÜSE
NATURREIS ODER PETERSILIENKARTOFFELN
CHICORÉESALAT MIT TOMATEN

GEMÜSESUPPE
KARTOFFELGRATIN

FISCH IN LAUCH-CHAMPIGNON-GEMÜSE

500 g Rotbarsch oder Seezunge
1 Lauchstange
20 g Margarine
100 g Champignons
1/16 l Weißwein
1/8 l saure Sahne/Sauerrahm
Salz, weißer Pfeffer
feingehackte Petersilie

Fisch würfelig, Lauch in feine Streifen schneiden. Beides in der Margarine 10 Minuten dünsten. Blättrig geschnittene Champignons und Wein hinzufügen und nochmals 5 Minuten dünsten, würzen und nicht mehr kochen. Sahne/Rahm untermischen, mit reichlich feingehackter Petersilie bestreuen und mit Naturreis oder Petersilienkartoffeln servieren.

CHICORÉESALAT MIT TOMATEN

300 g Chicorée
300 g Tomaten

Chicorée und Tomaten waschen, den bitteren Strunk des Chicorées herausschneiden. Beides in Streifen schneiden.

M A R I N A D E :
1 Becher Joghurt
Zitronensaft nach Geschmack
Salz, Petersilie

Alle Zutaten verrühren, abschmecken und mit dem Salat vermischen. Mit Petersilie verziert anrichten.

GEMÜSESUPPE

1 kleine Zwiebel
1 Möhre/Karotte
1 Zucchini
2 Tomaten
2 Champignons
1 Selleriestange
2 Kohlblätter
Thymian, 1 Knoblauchzehe, Basilikum
Salz
Gemüsebrühwürfel

Geschnittenes Gemüse und Salz in eine Kasserolle geben. So viel Wasser dazugeben, daß das Gemüse bedeckt ist. 30 Minuten kochen lassen, abschließend Gemüsebrühwürfel, zerdrückten Knoblauch, Thymian und Basilikum dazugeben.

KARTOFFELGRATIN

500 g mehlige Kartoffeln
Knoblauch, Salz, Pfeffer, Muskat
50 g geriebener Käse
1/8 l Milch

Kartoffeln schälen und fein hobeln. Feuerfeste Form mit Knoblauch ausreiben, Kartoffeln einlegen und schichtweise mit Salz, Pfeffer, Muskat und geriebenem Käse bestreuen. Mit Käse abschließen. Kochende Milch darübergießen.
Im vorgeheizten Backrohr bei 200 Grad 40 Minuten backen.
Dazu schmecken in Scheiben geschnittene Essig- oder Salzgurken.

GRAPEFRUIT CARDINALE

1 Grapefruit
1 kleine Rote Bete/Rote Rübe
1 kleine Birne
1 Kaffeelöffel Öl
1 Kaffeelöffel gehobelte Mandeln

Die Grapefruit gut waschen, halbieren und ringsherum mit einem Messer einschneiden. Mit einem Löffel das Innere herausnehmen. Das Fleisch der Grapefruit fein würfeln.
Die Rote Bete/Rote Rübe und die Birne schälen, fein reiben und mit wenig Öl vermengen, in die ausgehöhlten Grapefruithälften füllen und mit gehobelten Mandeln garnieren.

FRÜHLINGSROLLEN

1/2 Packung Strudelblätter
(tiefgekühlt oder getrocknet)
1 Ei

Strudelblätter nach der Beschreibung vorbereiten.
Vierecke von 12 x 12 cm mit einem Teigrad ausschneiden.

F Ü L L E :
2 Möhren/Karotten
1 kleine Stange Lauch
10 g Margarine
Salz

Gemüse waschen, putzen und in feine Streifen schneiden. In Margarine andünsten, salzen.
Gemüse in die Mitte der Quadrate geben, Ränder mit versprudeltem Ei bestreichen, zum Rechteck überklappen, mit dem restlichen Ei bestreichen. Auf einem befetteten Backblech im vorgeheizten Rohr ca. 15 Minuten bei 250 Grad auf der Mittelschiene backen, warm servieren.

RINDFLEISCH-GEMÜSE-TOPF

200 g mageres Rindfleisch
1 Eßlöffel Öl
2 Stangen Lauch
250 g Möhren/Karotten
100 g Rosenkohl/Kohlsprossen
300 g Kartoffeln
Liebstöckel, Salz
gehackte Petersilie
geriebener Meerrettich/Kren

Fleisch in kleine Würfel schneiden, in einem Schnellkochtopf in Öl anrösten.
Gemüse in größere Stücke schneiden und mit 1/4 Liter Wasser zu dem Fleisch geben. Zuletzt die Kartoffelwürfel zufügen. Deckel schließen und nach Erscheinen des 2. Ringes des Ventils 15 Minuten garen.
Anschließend abschmecken, mit gehackter Petersilie und geriebenem Meerrettich/Kren bestreut servieren.

GEFÜLLTE BRATÄPFEL

2 gleich große Äpfel
2 Kaffeelöffel Rosinen
2 Kaffeelöffel Calvados oder Rum
1 Eßlöffel geriebene Nüsse
1 Eßlöffel Himbeermarmelade
einige Butterflöckchen
Alufolie

Rosinen mit Calvados oder Rum, Haselnüssen und Marmelade mischen. Das Kerngehäuse der Äpfel mit einem Apfelausstecher herausholen.
Zwei quadratische Folienstücke schneiden. Äpfel auf die Folienstücke setzen, füllen und mit Butterflocken belegen.
Die vier Enden der Folie zur Mitte hin hochnehmen und zusammendrehen.
Äpfel im Rohr bei 200 Grad 30 Minuten garen.

CHAMPIGNONSAUCE

250 g Champignons
50 g feingehackte Zwiebel
20 g Margarine
40 g Vollweizenmehl
etwas Thymian und Zitronensaft
1/2 l Gemüsebouillon
Salz
3 Eßlöffel saure Sahne/Sauerrahm
gehackte Petersilie

Champignons putzen, blättrig schneiden und mit der Zwiebel in Margarine dünsten. Mehl in Gemüsebouillon verquirlen und Champignons damit aufgießen. Einmal aufkochen und 10 Minuten ziehen lassen.
Abschmecken, saure Sahne/Sauerrahm einrühren, mit gehackter Petersilie bestreuen.

WIENER SEMMELKNÖDEL

100 g Vollkornknödelbrot
1 Eßlöffel Öl
1/8 l Milch
1 Ei
1 Eßlöffel Sojamehl
Petersilie, Salz
ca. 2 Eßlöffel Vollweizenmehl
Salzwasser

Pro Person werden ungefähr 50 g Vollkornknödelbrot gerechnet.
Die Hälfte der Würfel in Öl knusprig rösten. Die Milch mit dem Ei und dem Sojamehl absprudeln, die gehackte Petersilie und das Salz beigeben und über die 2. Hälfte Knödelbrot gießen. Die knusprigen Würfel und das Mehl dazugeben.
1/4 Stunde stehen lassen, wenn notwendig noch etwas Mehl beigeben und anschließend Knödel formen.
In kochendem Salzwasser ca. 15 — 20 Minuten, je nach Größe der Knödel, kochen.

ORANGENCREME

1/4 l Orangensaft
1/4 l Buttermilch
Vanillearoma
1 Eßlöffel Honig oder Fruchtzucker
1 gehäufter Kaffeelöffel Agar-Agar (8 g)
1 Orange

Orangensaft, Buttermilch, Vanillearoma und Honig oder Fruchtzucker miteinander verrühren. Agar-Agar in wenig kaltem Wasser anrühren, auf ca. 80 Grad erwärmen, leicht abkühlen lassen und in das Buttermilch-Saft-Gemisch einrühren. Im Kühlschrank festwerden lassen. Mit Orangenscheiben garnieren.

DINKELSPÄTZLE MIT KÄSE

Photo auf Seite 173
150 g Dinkel- oder Vollweizenmehl
1 Ei
1 Eßlöffel Sojamehl
1/2 Teelöffel Salz
1/16 l Wasser oder Milch
etwas gemahlener Kümmel, Muskat

Alle Zutaten gut miteinander verrühren und zu einem dickflüssigen Teig rühren. Dann entweder durch ein Spätzlesieb, das vorher in Wasser getaucht wurde, in das kochende Salzwasser drücken oder portionsweise auf ein mit kaltem Wasser abgespültes Holzbrett streichen und mit einem breiten Messer dünne Teigstreifen in das leicht kochende Salzwasser abstreifen.
Wenn die Spätzle hochsteigen, herausnehmen, kurz in warmes Wasser legen, auf einem Sieb abtropfen lassen und danach auf vorgewärmte Teller geben.

ZUM BESTREUEN:
50 g geriebener Käse
Schnittlauchröllchen

Spätzle mit Käse und Schnittlauch bestreuen.

RADICCHIOSALAT

3 Stück Radicchio

Die Radicchioblätter gut waschen und abtropfen lassen.

MARINADE:
2 Eßlöffel Öl
2 Eßlöffel Weinessig
etwas Paprikapulver, Salz, Pfeffer
gehackte Petersilie
1 gehackte Knoblauchzehe

Salat mit der Marinade vermischen.

EINFACHE HAFERFLOCKENLAIBCHEN

1 Eßlöffel Öl
1 kleine feingehackte Zwiebel
gehackte Petersilie
100 g Haferflocken
Salz, Pfeffer
Gemüsebrühe (Instant)
1 Ei
Vollkornpaniermehl/-brösel
Öl oder Kokosfett zum Backen

In Öl Zwiebel, Haferflocken, Salz und Pfeffer anrösten, mit 1/4 Liter Gemüsebrühe aufgießen und das Ganze unter Rühren mit der Petersilie dick einkochen lassen. Nach dem Erkalten das Ei und soviel Paniermehl/Brösel unterrühren, daß eine formbare Masse entsteht. Davon 4 Laibchen formen, in Paniermehl/Brösel tauchen und von beiden Seiten in Öl oder Kokosfett goldgelb backen.

MÖHREN-/KAROTTENGEMÜSE

500 g Möhren/Karotten
Salz, 1 Knoblauchzehe
1 Eßlöffel Olivenöl
1 Becher Joghurt
1/2 Teelöffel Kümmel
Schnittlauchröllchen

Möhren/Karotten in 1/2 cm dicke Scheiben schneiden, in etwas Wasser kernig dünsten, abseihen, mit Salz und Knoblauch würzen, in Olivenöl schwenken und anrichten. Das warme Joghurt darübergeben, mit Kümmel und Schnittlauch bestreuen.

BANANEN-NUSS-CREME

2 Bananen
1 Teelöffel Honig
2 Teelöffel Zitronensaft
evtl. etwas Milch
1 Eßlöffel geriebene Nüsse
2 halbe Nüsse
Bananenscheiben

Die Bananen mit Honig und Zitronensaft pürieren, mit den geriebenen Nüssen vermengen, eventuell etwas Milch dazugeben.
In zwei Schälchen füllen, mit Bananenscheiben und einer halben Nuß garnieren.

BUTTERMILCH MIT APFELESSIG

3/8 l Buttermilch
1 Eßlöffel Fruchtzucker
2 Eßlöffel Apfelessig

Alle Zutaten gut verrühren und sofort in 2 Gläsern anrichten.

HIRSELAIBCHEN

125 g Hirse
1/2 l Wasser
1 mittelgroße Zwiebel
2 Lorbeerblätter
1 Gemüsebrühwürfel
1 Ei
1 Eßlöffel Sojamehl
2 Eßlöffel Vollkornpaniermehl/-brösel
1 Eßlöffel Hefeflocken
gehackte Petersilie
etwas geriebener Käse
Tomatenscheiben

Hirse, Wasser, gehackte Zwiebel, Lorbeerblätter und Gemüsebrühwürfel zusammen 10 Minuten leicht kochen, dann 10 Minuten quellen lassen. Ei, Sojamehl, Vollkornpaniermehl/-brösel, Hefeflocken und Petersilie gut mit der Hirse vermengen, flache Laibchen formen und auf einem befetteten Blech im Backrohr backen.
Die Laibchen lassen sich auch in der Pfanne backen, benötigen dann aber wesentlich mehr Fett:
In einer Bratpfanne in Öl oder Kokosfett gut zugedeckt backen, bis die Laibchen auf der Unterseite goldgelb sind, wenden und ohne Deckel auf der zweiten Seiten backen.
Die fertigen Laibchen mit geriebenem Käse bestreuen, mit Petersilie und Tomatenscheiben garnieren. Sofort servieren.

ROHER ROTKOHL-/-KRAUTSALAT

1 kleiner Kopf Rotkohl/-kraut

Rotkohl/-kraut fein hobeln.

MARINADE:
2 Äpfel
3 Eßlöffel Öl
2 Eßlöffel Zitronensaft
etwas Meerrettich/ Kren
6 Eßlöffel saure Sahne/Sauerrahm
evtl. gehackte Zwiebel, Salz

Äpfel fein reiben, mit den anderen Zutaten gut vermischen und unter den gehobelten Kohl ziehen.

SEELACHSFILETS MIT KARTOFFELN IN FOLIE

pro Person 150 g Seelachsfilet
Zitronensaft
1 Kaffeelöffel Öl
1 kleine Zwiebel
1/2 Päckchen tiefgekühlte 8-Kräuter-Mischung
pro Person 2 bis 3 Kartoffeln
4 Eßlöffel saure Sahne/Sauerrahm
Salz
Alufolie

2 Stück Alufolie mit Öl bestreichen. Seelachsfilets darauflegen, mit Zitronensaft gut beträufeln, leicht salzen, Kräuter und sehr fein gehackte Zwiebel auf den Fisch geben, die Alufolie zusammenfalten, andrücken. Die gut gewaschenen, rohen Kartoffeln mit der Schale in mit Öl bestrichene Folie wickeln. Fisch und Kartoffeln im Rohr bei 200 Grad 25 Minuten backen. Portionsweise auswickeln, Kartoffeln erst dann salzen, auf dem Fisch saure Sahne/Sauerrahm verteilen.

CHINAKOHLSALAT MIT MEERRETTICH/KREN

1 Chinakohl
2 Äpfel

Chinakohl feinnudelig schneiden, Äpfel grob raffeln.

S A L A T S A U C E :
1 Becher Joghurt
2 Eßlöffel Apfelessig
1/2 Teelöffel Honig
1 Eßlöffel geriebener Meerrettich/Kren
Salz, gehackte Petersilie

Alles miteinander verrühren und mit Chinakohl und Äpfeln gut durchmischen.

GRIESSSCHMARREN

100 g Vollweizengrieß
1/4 l Milch
etwas Salz
1 Eßlöffel Sojamehl
20 g Margarine
evtl. 1 Eßlöffel Honig

In die kochende, gesalzene und eventuell mit Honig gesüßte Milch den mit Sojamehl vermischten Vollgrieß einrühren und zu einem dicken Brei kochen.
In einer Auflaufform die Margarine zerlaufen lassen, den Grießbrei hineingeben und im Rohr bei 200 Grad backen, bis unten eine Kruste entsteht. Mit einer Gabel zerreißen und etwas ausdünsten lassen.

MANDARINENSALAT

6 Mandarinen

Mandarinen schälen, in Spalten teilen und in Würfel schneiden, in Dessertschalen auflegen.

M A R I N A D E :
1 Kaffeelöffel Honig
1 Kaffeelöffel Weinbrand
1 Kaffeelöffel geriebene Haselnüsse
Vanillearoma
1/8 l Orangensaft

Honig mit Weinbrand, Vanillearoma, Haselnüssen sowie Orangensaft vermischen und über die Mandarinen gießen.

SELLERIESUPPE

100 g Sellerie
20 g Butter oder Margarine
1/4 l Milch
1/4 l Wasser
1/8 l saure Sahne/Sauerrahm
1 Eßlöffel Haferflocken
gehackte Petersilie, Salz, Muskat
weißer Pfeffer
Sellerieblätter

Sellerie schälen, in Stücke schneiden, in Salzwasser kochen und pürieren.
Sellerieblätter in Butter oder Margarine anschwitzen, Haferflocken zugeben, mit Milch und Selleriepüree aufgießen. Einmal aufkochen, würzen, mit saurer Sahne/Sauerrahm abschmecken.

LAUCHTOASTS

4 Scheiben Vollkorntoast
15 g Butter oder Margarine
1 Kaffeelöffel Senf

Brot toasten, auskühlen lassen, mit Butter oder Margarine und Senf bestreichen.

TOASTBELAG:
30 g Lauch
1/2 l Wasser
Salz
50 g in Streifen geschnittener Schinken
4 in Streifen geschnittene Goudascheiben

Lauch waschen, in 2 cm dicke Ringe schneiden und in kochendem Salzwasser blanchieren. Herausnehmen, gut abtropfen lassen und auf den getoasteten Broten verteilen. Schinken und Käse darüberlegen und auf mittlerer Schiene bei 220 Grad 10 Minuten überbacken.

MÖHREN-/KAROTTENJOGHURT

1/4 l Joghurt
1/4 l Möhren-/Karottensaft
Saft einer Orange und einer halben Zitrone
1 Eßlöffel Honig

Alle Zutaten rasch und gut verrühren und sofort servieren.

KARTOFFELN MIT CHAMPIGNONS

300 g Kartoffeln
2 Zwiebeln
100 g Champignons
1 Eßlöffel Öl
Pfeffer, Paprika, Muskat, Salz
1 Knoblauchzehe

Kartoffeln und Zwiebeln schälen, Champignons waschen. Kartoffeln, Zwiebeln und Champignons in Scheiben schneiden, dann die Gewürze zugeben und gründlich durchmischen.
Das Gemisch in eine große Pfanne mit heißem Fett geben, gut zudecken und eine Seite nach der anderen braun werden lassen.

BUNTER BLATTSALAT

1 Radicchio
1 Endiviensalat
50 g Rapunzel/Vogelsalat
1 Staude Chicorée

Blattsalate waschen, abtropfen lassen und klein zupfen.

MARINADE:
2 Eßlöffel Öl
1 Eßlöffel Essig
1/8 l Joghurt
Salz, Pfeffer, Senf
30 g passierter Roquefort
1 kleine feingehackte Zwiebel

Roquefort mit Essig, Zwiebel und Öl verrühren, würzen und Joghurt einrühren.

ROASTBEEF MIT CHAMPIGNONS

150 g Champignons
200 g zartes Roastbeef
2 Zwiebeln
1 Becher Joghurt
1/2 Paket tiefgekühlte 8-Kräuter-Mischung
1/16 l trockener Sherry
4 Wacholderbeeren
Salz, Pfeffer, Thymian
Öl zum Rösten

Zwiebeln, Fleisch und Champignons grob würfeln.
Die Zwiebeln in wenig Öl hellgelb dünsten, daraufhin das Fleisch und die Champignons zugeben. Den Fond mit Sherry löschen. Das Ganze mit Wacholderbeeren, Thymian und Salz zugedeckt dünsten lassen. Mit frisch gemahlenem Pfeffer abschmecken, Joghurt und Kräutermischung einrühren.
Dazu reicht man gekochten Naturreis.

MÖHREN-/KAROTTEN-CHICORÉE-SALAT

100 g Möhren/Karotten
100 g Sellerie
100 g Chicoréeblätter
1 kleiner Apfel
1 kleine Zwiebel
etwas Salz, Pfeffer
2 Eßlöffel Joghurt
Zitronensaft

Möhren/Karotten, Sellerie sowie Apfel schälen und raffeln. Dann mit feingeschnittener Zwiebel, Chicoréeblättern, Salz, Pfeffer, Zitronensaft und Joghurt vermischen, abschmecken.

HIRSENUDELAUFLAUF

150 g Hirsenudeln

Hirsenudeln in Salzwasser kochen, abseihen, erkaltet unter die Auflaufmasse rühren.

AUFLAUFMASSE:
10 g Butter oder Margarine
20 g Vollweizenmehl
3/8 l Milch
1 Eidotter
1 Eiweiß
Salz, Muskat
Mehl und Fett für die Form

Aus Butter oder Margarine und dem Vollweizenmehl eine helle Mehlschwitze/Einmach herstellen, mit kalter Milch aufgießen und aufkochen lassen. Dotter und Hirsenudeln einrühren, würzen, Eischnee unterziehen.
Masse in eine feuerfeste, befettete und bemehlte Form füllen und im Rohr bei 220 Grad 20 Minuten backen.

RAPUNZEL-/VOGERLSALAT MIT ROTER BETE/ROTER RÜBE

100 g Rapunzel/Vogerlsalat
1 kleine Sellerieknolle
1 Rote Bete/ Rote Rübe

Salat waschen, die welken Blätter entfernen. Die Sellerieknolle schälen und in dünne Stäbchen schneiden, die Rote Bete/Rote Rübe fein hobeln.

MARINADE:
1 Becher Joghurt
Salz
2 Eßlöffel Zitronensaft
1 Teelöffel geriebener Meerrettich/Kren
2 Teelöffel Senf
2 Eßlöffel gehackte frische Kräuter
(Schnittlauch, Petersilie, Dill etc.)

Joghurt, Senf und Meerrettich/Kren verrühren und mit den anderen Zutaten vermengen. Salat mit den Kräutern bestreut anrichten.

HIRSENUDELAUFLAUF
RAPUNZEL-/VOGERLSALAT MIT ROTER BETE
FEIGEN MIT HONIG

SUPPE „CRÉCY"
GRIESSFLAMMERI
FRUCHTSAUCE

FEIGEN MIT HONIG

20 Stück Kranzfeigen
Saft einer halben Zitrone und Orange
Honig, Rum

Feigen kalt waschen, dann mit kaltem Wasser gerade bedeckt aufgießen, mit Zitronen- und Orangensaft würzen und einige Zeit kaltstellen. Anschließend mit Honig und Rum nach Geschmack würzen.

SUPPE „CRÉCY"

1 kleine Zwiebel
250 g Möhren/Karotten
1 Selleriestange
1 kleiner Lauch (nur weißer Teil)
1/2 l Gemüsebrühe (Instant)
Salz, Pfeffer, gehackte Petersilie
1 Eßlöffel Weizenvollmehl
2 Eßlöffel saure Sahne/Sauerrahm

Das in Würfel geschnittene Gemüse in der Gemüsebrühe 30 Minuten kochen, anschließend im Mixer pürieren. Weizenvollmehl in wenig Wasser versprudeln, unter ständigem Rühren zum Kochen bringen, kurz kochen, würzen, püriertes Gemüse dazugeben. Vor dem Servieren saure Sahne/Sauerrahm beigeben und mit frisch gehackter Petersilie bestreuen.

GRIESSFLAMMERI

1/2 l Milch
1 Eßlöffel Honig oder Fruchtzucker
Zitronenschale
Vanillearoma
50 g geriebene Mandeln
55 g Vollweizengrieß
1 Eigelb
Eischnee aus einem Eiweiß

Milch und Gewürze erwärmen, Grieß einrühren und einmal aufkochen. Anschließend Grieß quellen lassen, Mandeln zugeben, Eigelb und Eischnee unterheben. Erkaltet auf die Fruchtsauce stürzen.

FRUCHTSAUCE

200 g tiefgefrorene Früchte
(z.B. Erdbeeren, Himbeeren usw.)
Saft einer Zitrone
Honig
evtl. etwas Milch

Alle Zutaten im Mixer pürieren, auf Dessertteller verteilen, Grießflammeri daraufstürzen.

ROTE-BETE-/ROTE-RÜBEN-GEMÜSE
BRATKARTOFFELN AUS ROHEN KARTOFFELN

QUARK-/TOPFENSCHMARREN
BIRNENMUS

ROTE-BETE-/ROTE-RÜBEN-GEMÜSE

4 Stück (500g) Rote Bete-/Rote Rüben
1 mittelgroße Zwiebel
1 Eßlöffel Öl
1/4 l Gemüsebrühe
Salz, 2 Gewürznelken
1 Prise Zucker
1/2 Teelöffel Speisestärke
1 Eßlöffel Essig
4 Eßlöffel Rotwein
3 Gewürzgurken

Rote Bete/Rote Rüben waschen und in Streifen schneiden. Zwiebel würfelig schneiden, anrösten, rote Bete dazugeben und etwa 10 Minuten dünsten lassen. Gemüsebrühe erhitzen, zu der Roten Bete gießen, Salz, Zucker und Nelken dazugeben.
Bei schwacher Hitze 30 Minuten dünsten. Speisestärke mit Essig und Rotwein verrühren und das Gemüse binden.
Gurken in dünne Streifen schneiden, dazumischen und noch kurz ziehen lassen.

BRATKARTOFFELN AUS ROHEN KARTOFFELN

500 g Kartoffeln
2 Eßlöffel Öl
1 große Zwiebel
Salz, Pfeffer

Kartoffeln schälen, waschen, trocknen und in feine Scheiben schneiden. Öl in einer großen Pfanne erhitzen, Kartoffeln darin schnell anbraten. Dabei einige Male umdrehen. Zwiebel schälen, fein hacken und auf die Kartoffeln geben, salzen, pfeffern. In 20 Minuten garbraten.

QUARK-/TOPFENSCHMARREN

Photo auf Seite 191
3 Eidotter
1/16 l Milch
Salz
40 g Fruchtzucker
100 g Quark/Topfen
90 g Vollweizenmehl
3 Eiweiß
20 g Rosinen
40 g Margarine

Dotter, Milch, Salz, Fruchtzucker und Quark/Topfen mit dem Vollweizenmehl verrühren. Das steifgeschlagene Eiweiß unterheben.
In einer Pfanne die Margarine erhitzen, den Teig hineingeben und bei kleinster Hitze ca. 5 Minuten stocken lassen.
Die Rosinen darüberstreuen und das Ganze wenden. In Stücke reißen und noch etwas ausbacken lassen.

BIRNENMUS

6 Birnen
Honig

Birnen in Spalten schneiden (mit der Schale), vom Kerngehäuse befreien und im Mixer pürieren, mit Honig abschmecken.
In einer Glasschüssel anrichten und mit einer Birnenspalte garnieren.

APFELESSIGELIXIER
GEBACKENER FISCH MIT KRÄUTERSAUCE
PETERSILIENKARTOFFELN

APFELESSIGELIXIER

2 Teelöffel Apfelessig
2 Teelöffel Bienenhonig
1/4 l Mineralwasser

Apfelessig und Honig in das Mineralwasser einrühren.

GEBACKENER FISCH MIT KRÄUTERSAUCE

4 Möhren/Karotten
1 Stange Lauch
4 mittelgroße Kartoffeln
1 Zwiebel
20 g Margarine
Salz, Pfeffer

Möhren/Karotten und Kartoffeln schälen
und in dünne Scheiben schneiden. Lauch
putzen und waschen. Geschälte Zwiebel
und Lauch in Ringe schneiden. Möhren,
Kartoffeln, Lauch und Zwiebel in heißem Fett bei mittlerer Hitze dünsten.
Das Gemüse würzen und in eine feuerfeste Form geben.

FISCH:
2 Fischfilets à 250 g
(Kabeljau, Seelachs oder Rotbarsch)
1 Zitrone
Salz, Pfeffer

Fischfilets abspülen, trockentupfen, mit
Zitronensaft beträufeln und 10 Minuten
marinieren lassen. Auf beiden Seiten
salzen und pfeffern, auf das Gemüse legen.

SAUCE:
1/8 l saure Sahne/Sauerrahm
1/16 l Milch
frische Kräuter
(oder 8-Kräuter-Tiefkühlmischung)
Salz, Pfeffer, eine Prise Zucker

Kräuter waschen und fein schneiden.
Sahne/Rahm mit Milch verrühren,
Kräuter untermischen, mit Salz, Pfeffer
und Zucker abschmecken.
Sauce über den Fisch gießen. Die Form
in das vorgeheizte Backrohr schieben
und bei 225 Grad 30 Minuten garen.
Als Beilage Petersilienkartoffeln reichen.

SPAGHETTI MIT GORGONZOLASAUCE
APFEL-ENDIVIEN-SALAT
BUNTE FRUCHTSCHALE

SPAGHETTI MIT GORGONZOLASAUCE

Photo auf Seite 174
150 g Vollkornspaghetti

Vollkornspaghetti nicht zu weich kochen, mit Gorgonzolasauce servieren.

SAUCE:
10 g Butter oder Margarine
1 Knoblauchzehe
1/8 l süße Sahne/ Schlagobers
100 g Gorgonzola
frisch gemahlener schwarzer Pfeffer, Salz
2 Jungzwiebeln
Schnittlauchröllchen

Butter oder Margarine erwärmen, die
gehackte Knoblauchzehe und die ringelig geschnittenen Jungzwiebeln darin
leicht anlaufen lassen. Süße Sahne/
Obers aufgießen und etwas einkochen
lassen, den gut zerdrückten Käse hineingeben. Bei sanfter Hitze unter Rühren
schmelzen und cremig einkochen lassen.
Mit Salz und Pfeffer abschmecken.
Nudeln in Tellern anrichten, mit der
Sauce übergießen und mit Schnittlauch
bestreuen.

APFEL-ENDIVIEN-SALAT

1 Endivie
2 würzige Äpfel
1 Orange

Endivie in 1 cm breite Streifen schneiden, das Obst schälen und würfelig
schneiden.

MARINADE:
3 Eßlöffel Apfelsaft
Saft einer Zitrone
2 Eßlöffel Öl
etwas Salz, 1 Prise Zucker

Alle Zutaten verrühren und den Salat
damit durchmischen. Sofort servieren.

SPAGHETTI MIT GORGONZOLASAUCE
APFEL-ENDIVIEN-SALAT
BUNTE FRUCHTSCHALE

PIKANTE BUCHWEIZENLAIBCHEN
KRÄUTERCREME
MÖHREN-/KAROTTENSALAT MIT MEERRETTICH

BUNTE FRUCHTSCHALE

1 Grapefruit
2 Datteln
1 Orange
1 Banane
1/8 l süße Sahne/ Schlagobers
20 g gehackte Haselnüsse
2 Maraschinokirschen

Grapefruit halbieren, das Fruchtfleisch herauslösen und in Stücke schneiden. Datteln in feine Streifen schneiden, Orange und Banane schälen und würfeln. Das Obst miteinander vermischen und in die Grapefruit-Hälften füllen. Mit geschlagener Sahne verzieren, mit gehackten Nüssen bestreuen und obenauf jeweils eine Maraschinokirsche setzen.

PIKANTE BUCHWEIZENLAIBCHEN

150 g Buchweizenschrot
2 Eßlöffel Sojamehl
Gemüsebrühwürfel
1 Lorbeerblatt
1 kleingehackte Zwiebel
1 zerdrückte Knoblauchzehe
2 Eßlöffel Hefeflocken
Majoran, Schnittlauch
evtl. 2 Eßlöffel Vollkornpaniermehl/-brösel
evtl. etwas Quark/Topfen

Buchweizenschrot mit Sojamehl vermischen, mit 1/4 Liter Wasser verrühren, Gemüsebrühwürfel, Lorbeerblatt, gehackte Zwiebel und Knoblauch zufügen. 20 Minuten auf kleiner Flamme zugedeckt quellen lassen, dann mit den restlichen Zutaten und eventuell Quark/Topfen zu einer lockeren Masse vermengen.
Mit nassen Händen Laibchen formen, eventuell in Paniermehl/Brösel wenden und auf einem befetteten Blech im Backrohr goldgelb backen.
Die Laibchen lassen sich auch in der Pfanne backen, benötigen dann aber etwas mehr Fett!

KRÄUTERCREME

1/4 l Gemüsebrühe
ca. 20 g Vollweizenmehl
1 Zwiebel
1 Knoblauchzehe
1 Eßlöffel gehackte Kräuter
(je nach Angebot oder tiefgekühlt)
Salz
2 Eßlöffel saure Sahne/Sauerrahm

Zwiebel schälen, feinschneiden, in wenig Brühe zugedeckt mit dem Knoblauch weichdünsten. Mit restlicher Brühe auffüllen, aufkochen, mit etwas Wasser verrührtem Mehl binden und einige Minuten kochen. Mit Salz würzen und nicht mehr kochen. Gehackte Kräuter dazugeben, kurz vor dem Servieren mit saurer Sahne/Sauerrahm verfeinern.

MÖHREN-/KAROTTENSALAT MIT MEERRETTICH/KREN

500 g Möhren/Karotten
Zitronensaft
1 Kaffeelöffel geriebener Meerrettich/Kren
1 Eßlöffel Öl
Salz
1 kleine Zwiebel
1 Becher Joghurt

Möhren/Karotten fein raffeln, mit Öl und Zitronensaft beträufeln, 10 Minuten stehen lassen. Feingehackte Zwiebel untermischen, salzen, Meerrettich/Kren und zuletzt Joghurt unterziehen.

GERSTENCREMESUPPE MIT KNOBLAUCHCROÛTONS

30 g Gerstenmehl
1 Zwiebel
1 Möhre/Karotte
1 Petersilienwurzel
1/2 l Wasser
Gemüsebrühwürfel
Salz, Majoran, Basilikum
1 Eßlöffel saure Sahne/Sauerrahm

Gemüse grob reißen und in etwas Wasser einige Minuten dünsten, mit 1/2 Liter Gemüsebrühe aufgießen und zum Kochen bringen. Das mit etwas Wasser vermengte Gerstenmehl einrühren und 5 Minuten leicht kochen lassen. Würzen, mit saurer Sahne/Sauerrahm verrühren.

KNOBLAUCHCROÛTONS:
2 Scheiben Vollkornbrot
2 Knoblauchzehen
20 g Margarine

Knoblauch zerdrücken, Brotscheiben damit einreiben, in Margarine knusprig backen. In Würfel schneiden.

GURKEN-ROQUEFORT-TOASTS

4 Vollkorntoastscheiben
Margarine

Vollkornbrot toasten, dünn mit Margarine bestreichen.

BELAG:
1 Salatgurke
Salz, Pfeffer
100 g Roquefort oder anderer
Blauschimmelkäse

Salatgurke schälen und in Scheiben schneiden. Die Gurkenscheiben dachziegelartig auf die Toastscheiben legen, salzen und pfeffern.
Käse zerkrümeln und daraufstreuen.
Im auf 250 Grad vorgeheizten Backrohr 10 Minuten überbacken, bis der Käse schmilzt.

GEMÜSE-MILCH-DRINK
PFANNKUCHEN, MIT APFELMUS GEFÜLLT

SPINATSTRUDEL
JOGHURT-KNOBLAUCH-SAUCE
VOLLKORNGEBÄCK ODER PETERSILIENKARTOFFELN

GEMÜSE-MILCH-DRINK

1/8 l Möhren-/Karottensaft
1/8 l Selleriesaft
1/8 l Milch
etwas Currypulver

Alle Zutaten mixen und sofort servieren.

PFANNKUCHEN, MIT APFELMUS GEFÜLLT

1/4 l Buttermilch
1 Ei
50 g Vollweizenmehl
einige Tropfen Öl
Salz
Öl zum Backen

Ei mit der Schneerute gut aufschlagen, dann die Buttermilch dazugießen und mit dem Mehl sowie den anderen Zutaten zu einem nicht zu dünnen Teig verrühren.
In Öl etwas stärkere Pfannkuchen bakken, bis sie eine knusprig braune Farbe bekommen. Mit beliebiger Fülle servieren, am besten schmecken Preiselbeeren oder dickes Apfelmus.

A P F E L M U S :
500 g leicht säuerliche Äpfel
1 Zitrone
1 Zimtrinde
3 Gewürznelken
2 Eßlöffel Honig oder Fruchtzucker

Die Äpfel waschen, schälen, vierteln und in 1/2 Liter Wasser mit den Gewürzen und Zitronensaft weichkochen. Anschließend passieren.

SPINATSTRUDEL

1 Paket tiefgekühlter oder getrockneter Strudelteig

Strudelteig den Verarbeitungshinweisen auf der Packung entsprechend vorbereiten.

F Ü L L E :
500 g tiefgekühlter Blattspinat
200 g Brimsen (oder anderer Schafkäse oder Quark/Topfen mit Knoblauch)
3 zerdrückte Knoblauchzehen
Salz, Pfeffer, Öl
1 gehackte Zwiebel

Zwiebel in Öl hell anlaufen lassen, tiefgekühlten Spinat darin auftauen lassen, mit Salz, Pfeffer und Knoblauchzehen würzen. Strudelteig befetten, mit Spinat und Schafkäse locker bestreuen, einrollen.
Strudel 30 Minuten im vorgeheizten Rohr backen.

JOGHURT-KNOBLAUCH-SAUCE

2 Becher Joghurt
1 — 2 Knoblauchzehen
2 Eßlöffel geschälte, geriebene Mandeln
Salz, Pfeffer

Alle Zutaten gut miteinander mischen, über den Strudel gießen und mit Vollkorngebäck oder Petersilienkartoffeln servieren.

MÖHREN-/KAROTTENSAFT MIT APFELESSIG

3/8 l Möhren-/Karottensaft
1 Eßlöffel Apfelessig
1 Teelöffel Honig

Alle Zutaten mixen und in 2 Gläsern anrichten.

GEBRATENE HÜHNERBRUST

2 Hühnerbrüste
Salz, Pfeffer
Margarine
Öl

Hühnerbrüste mit Salz und Pfeffer würzen und in etwas Öl anbraten, Margarine beigeben, fertig braten.

KARTOFFEL-GURKEN-EINTOPF

4 Kartoffeln
1 Salatgurke
1 Zwiebel
100 g blättrig geschnittene Champignons
150 g Tomaten aus der Dose
20 g Margarine
1/8 l Gemüsebouillon (Instant)
Salz, Pfeffer, Petersilie und Dill

Kartoffeln schälen und in Würfel, Gurke schälen und in dicke Scheiben schneiden. Zwiebel schälen, würfelig schneiden. Tomaten auf einem Sieb abtropfen lassen und halbieren.
Margarine in einem Topf erhitzen, Zwiebelwürfel und Champignons darin rösten, in Würfel geschnittene Kartoffeln und Gurkenscheiben zugeben.
Mit heißer Gemüsebrühe aufgießen, 15 Minuten garen. Zum Schluß die halbierten Tomaten darin erhitzen und würzen. Gehackte Petersilie und Dill in den Eintopf geben, servieren.

QUARK-/TOPFEN-CHAMPIGNON-AUFLAUF

200 g Champignons
100 g Schinken
1 Zwiebel
1 Eßlöffel Öl
1 Eigelb, 1 Eiweiß
250 g Quark/Topfen, 1/8 l Milch
70 g Vollweizenmehl
1 Eßlöffel Schnittlauchröllchen
Salz, Pfeffer
1 Eßlöffel Vollkornpaniermehl/-brösel
50 g geriebener Käse
Fett und Paniermehl/Brösel für die Form

Champignons waschen, putzen, blättrig schneiden. Schinken und Zwiebel würfeln, andünsten. Pilze zugeben und mitdünsten. Eigelb, Quark/Topfen und Milch schaumig rühren, Mehl unterrühren, Pilzmasse, Schnittlauch und Gewürze zugeben.
Eiweiß steifschlagen, unterheben, abschmecken.
Eine feuerfeste befettete Form mit Paniermehl/Bröseln bestreuen, Quark-/Topfenmasse einfüllen. Im vorgeheizten Backrohr bei 225 Grad etwa 40 Minuten backen.
In der Hälfte der Backzeit den Auflauf mit Vollkornpaniermehl/-bröseln und Käse bestreuen.
Dazu Endiviensalat reichen.
Der Auflauf kann noch mit Kartoffeln als Beilage variiert werden.

ENDIVIENSALAT

1 kleine Endivie

Salat waschen, teilen, in 3 cm große Streifen schneiden.

MARINADE:
1/8 l Joghurt
1 Eßlöffel Öl
etwas Apfelessig, Knoblauch
2 Kaffeelöffel gehackte Nüsse
gehackte Kräuter, Salz

Marinade aus Joghurt, Öl, Salz, Essig, Knoblauch und Kräutern mit einer Schneerute schaumig schlagen, Salat einmengen, mit Nüssen bestreuen und mit dem Vollkornbrot zum Auflauf servieren.

GERSTENSTEAK
TOMATENSAUCE
FRÜCHTEQUARK/-TOPFEN

GERSTENSTEAK

150 g geschrotete Gerste
1 Ei
1 Eßlöffel Sojamehl
50 g Vollkornpaniermehl/-brösel
Knoblauch
1 Kaffeelöffel Senf
Öl zum Braten

Gerstenschrot in 1/4 Liter Wasser aufkochen, auskühlen lassen, dann das Ei, Sojamehl, Vollkornpaniermehl/-brösel, Knoblauch und Senf einmischen. Mit nassen Händen Steaks formen und in nicht zu heißem Öl herausbacken.

BELAG:
1 geraspelter Apfel
1 gehackte Zwiebel
Käsescheiben

Apfel und Zwiebel vermischen, auf Steaks geben, Käsescheiben darauflegen und im Rohr mit Oberhitze oder Grillstab überbacken.

TOMATENSAUCE

1 Kaffeelöffel Öl
1 Zwiebel
4 Tomaten
1 Knoblauchzehe
1 kleine Packung Tiefkühl-Tomatenmark
1/8 l Gemüsebrühe
1/8 l saure Sahne/ Sauerrahm
Salz, Nelkenpulver, Muskat
evtl. eine Prise Zucker

Zwiebel und Knoblauch fein schneiden, in Öl kurz andünsten, geschälte, gewürfelte Tomaten sowie das Tomatenmark beigeben. Mit Gemüsebrühe aufgießen, auftauen lassen und kurz überkochen. Würzen, gut mixen, mit saurer Sahne/ Sauerrahm verrühren und nicht mehr kochen.

FRÜCHTEQUARK/-TOPFEN

250 g Quark/Topfen
3 Eßlöffel Honig oder Fruchtzucker
etwas Milch
250 g verschiedene Früchte
etwas Zitronensaft
2 Kaffeelöffel grobgehackte Nüsse

Quark/Topfen mit Milch und Honig oder Fruchtzucker flaumig rühren, die zerkleinerten Früchte und Zitronensaft beimengen, mit Nüssen bestreuen.

PILZLAIBCHEN

2 altbackene Grahambrötchen
2 Eßlöffel Milch
125 g Champignons
Salz
1 Eßlöffel Zitronensaft
1 Eßlöffel Sojasauce
1 Ei
4 — 6 Eßlöffel Vollkornpaniermehl/-brösel
Fett oder Backpapier für ein Backblech

Die Grahambrötchen in wenig Wasser einweichen, gut ausdrücken, mit Milch, Vollkornpaniermehl und Ei vermischen. Champignons putzen, waschen, in dünne Scheiben schneiden, würzen und dazugeben.
Aus der Masse flache Laibchen formen, auf befettetem Backblech bei starker Oberhitze backen.

ROHER ROTE-BETE-/ROTE-RÜBEN-COCKTAIL

1 rohe Rote Bete/Rote Rübe
1 Apfel

Rote Bete/Rote Rübe waschen, eventuell schälen und fein reiben. Apfel grob raffeln.

MARINADE:
1 Eßlöffel geriebener Meerrettich/Kren
1 Eßlöffel Joghurt
1 Kaffeelöffel Öl
etwas Zitronensaft
gemahlener Kümmel

Aus allen Zutaten eine schaumige Masse schlagen und mit der Roten Bete/Roten Rübe und dem Apfel vermischen.

FALSCHES MOUSSAKA

250 g Hackfleisch vom Rind
1 Zwiebel
1 Dose geschälte Tomaten
1 Möhre/Karotte
1/8 l Rotwein
Salz, Pfeffer
1 Messerspitze Origano
ca. 400 g Kartoffeln
Öl

Zwiebel fein hacken, die Möhre/Karotte reiben und in etwas Öl andünsten. Hackfleisch darin anbraten. Tomaten würfelig schneiden, zum Fleisch geben, mit Wein aufgießen, salzen und pfeffern, Origano darüberstreuen und 30 Minuten leicht kochen lassen. Geschälte Kartoffeln in sehr feine Scheiben schneiden und mit der Fleischsauce lagenweise in eine feuerfeste befettete Form füllen.

ÜBERGUSS:
1/8 l Milch
1 Ei

Milch aufkochen, abkühlen lassen, Ei einrühren und die Mischung über die Kartoffeln gießen. Mit einer Gabel etwas lockern, damit die Milchmischung nach unten fließen kann.
45 Minuten im vorgeheizten Backrohr bei 200 Grad backen.

RAPUNZEL-/VOGERLSALAT

100 g Rapunzel/Vogerlsalat

Salat gut reinigen, allenfalls die Wurzelenden und die äußeren Blätter entfernen.

MARINADE:
1 Eßlöffel Öl
2 Teelöffel Zitronensaft
Salz
1 gehackte Zwiebel

Öl mit Zitronensaft, feingeschnittener Zwiebel und Salz vermischen. Den Salat in eine Salatschüssel geben und bei Tisch mit der Marinade vermischen.

VOLLKORNSPAGHETTI MIT GEMÜSESAUCE

200 g Vollkornspaghetti
Salz

Die Spaghetti werden in Salzwasser al dente gekocht, abgespült und warmgehalten.

GEMÜSESAUCE:
1 in Scheiben geschnittene Möhre/Karotte
4 Blumenkohl-/Karfiolröschen
1 in Scheiben geschnittene Zucchini
100 g grüne Bohnen/Fisolen,
in kleine Stücke geschnitten
20 g Margarine
100 g blättrig geschnittene Champignons
3 in Scheiben geschnittene Tomaten
1 Kaffeelöffel Vollweizenmehl
1/4 l Gemüsebouillon (Instant)
Pfeffer, Origano, evtl. geriebener Käse

Sämtliche Gemüse außer Champignons und Tomaten in wenig Salzwasser (oder im Dampf) weichkochen, abgießen und warmhalten.
Margarine in einer Pfanne zerlaufen lassen und die Champignons sowie die Tomaten darin ca. 5 Minuten rösten lassen. Das gekochte Gemüse hinzufügen. Gemüsebouillon mit Mehl abrühren, aufkochen lassen, Gewürze hinzufügen und zum Gemüse geben. Gut umrühren und mit den gekochten Vollkornspaghetti vermischen. Heiß und eventuell mit geriebenem Käse bestreut servieren.

ANISCREME

1/4 l Milchwasser (halb Milch, halb Wasser)
2 Eßlöffel Honig
1 Eßlöffel Vollweizenmehl
1 Teelöffel Anis
evtl. etwas Kirschwasser
1 Becher Joghurt

Das Milchwasser mit Anis und Vollweizenmehl unter ständigem Rühren zum Kochen bringen und 10 Minuten ziehen lassen. Honig, eventuell etwas Kirschwasser und Joghurt einrühren.

GEMÜSESUPPE AUS GEMÜSERESTEN

Gemüsereste vom Vortag
(oder 1 Paket tiefgekühltes Suppengemüse)
1/2 l Gemüsebrühe
1 Eßlöffel Vollweizenmehl
1/16 l saure Sahne/ Sauerrahm
1/16 l Weißwein
Schnittlauch, 1 Prise Pfeffer und Salz

Übrig gebliebene Gemüse putzen, zerkleinern und in wenig Wasser dünsten. Vollweizenmehl in der benötigten Menge Wasser (mit Gemüsebrühwürfel) versprudeln, aufgießen, unter ständigem Rühren zum Kochen bringen, kurz kochen, würzen und dann ziehen lassen. Vor dem Servieren Weißwein, saure Sahne/Sauerrahm und Schnittlauch beigeben.

APFELKNÖDEL

1 kg säuerliche Äpfel
1/16 l Milch
1 Messerspitze Salz
2 Eier
50 g Margarine
200 g Vollweizenmehl

Geschälte, kleinwürfelig geschnittene Äpfel mit gesalzener Milch, in der die Margarine erwärmt, zerlassen und die Eier versprudelt wurden, sowie Vollweizenmehl vermengen und 15 Minuten stehen lassen.
Dann mit nassen Händen Knödel formen und sie 10 Minuten in kochendem Salzwasser ziehen lassen.

ZUM ÜBERGIESSEN:
20 g Butter oder Margarine
Zimt, Honig

Butter oder Margarine mit Honig und Zimt erwärmen.
Die abgeseihten Knödel damit übergießen und servieren.

FRISCHKOSTPLATTE

2 Möhren/Karotten
1/4 Sellerie
1 Lauchstange
1 Apfel

Gemüse waschen, putzen und fein raspeln. Apfel schälen, entkernen und grob raspeln.

MARINADE:
1 Becher Joghurt
1 Eigelb
Zitronensaft, Salz, Pfeffer
1 Prise Zucker
1 Eiweiß

Zutaten verrühren, Eiweiß steifschlagen, unter die Sauce heben und über die Rohkost gießen.

GEFÜLLTE AVOCADO

1 Avocado

Avocado waschen, der Länge nach durchschneiden, den Stein entfernen.

FÜLLE:
60 g Hüttenkäse
1 Eßlöffel süße Sahne/Schlagobers
Salz, weißer Pfeffer, Paprika
1 Eßlöffel gehackte Walnüsse

Alle Zutaten verrühren, abschmecken. Käsemasse in die Avocadohälften spritzen.

ZUM GARNIEREN:
1 Eßlöffel Pistazien

MATJES MIT ROTER BETE/ROTER RÜBE

4 Matjesfilets
1 kleine Rote Bete/Rote Rübe
1 Stange Sellerie
1 Apfel
1 Zitrone
Meerrettich/Kren
125 g Quark/Topfen
1 Eßlöffel saure Sahne/Sauerrahm
1 Schuß Essig
Kümmel, Salz, Pfeffer

Rote Bete/Rote Rübe ungeschält in Essig-Kümmel-Wasser weichkochen, schälen und in feine Streifen schneiden. Stangensellerie in feine Streifen schneiden, in Wasser kurz überkochen, kalt abschrecken.

Kerngehäuse vom Apfel mit Ausstecher entfernen. Apfel in 1 cm dicke Scheiben schneiden und in wenig Zitronenwasser kurz überkochen.

Quark/Topfen mit saurer Sahne/Sauerrahm, Salz und Pfeffer glattrühren, mit Zitronensaft und Meerrettich/Kren abschmecken.

Auf jede Apfelscheibe ein Matjesfilet ringförmig auflegen, mit Quark-/Topfencreme füllen, mit Sellerie- und Rote-Bete-/Rote-Rüben-Streifen garnieren.

MATJESCOCKTAIL MIT DÖRRPFLAUMEN

4 Matjesfilets
1 Avocado
1 kleine Zuckermelone
6 kernlose Dörrpflaumen
Salz, Pfeffer, Essig

Matjesfilets abtropfen lassen.
Melone halbieren, entkernen, mit einem Kugelausstecher aus dem Fruchtfleisch Kugeln ausstechen.
Avocado schälen, halbieren, den Kern entfernen und das Fruchtfleisch würfelig, Dörrpflaumen in kleine Stücke schneiden.
Alle Zutaten gut vermischen, mit Salz, Pfeffer sowie Essig abschmecken und eine Weile ziehen lassen.

M A R I N A D E :
1 Chicorée
1 Becher Joghurt
1 Eßlöffel Mayonnaise
Salz, Pfeffer, Zitronensaft

Cocktailgläser mit Chicoréeblättern auslegen, Matjescocktail einfüllen und Joghurtdressing darauf verteilen.

CHAMPIGNONSALAT MIT KRABBEN

400 g frische Champignons
1/2 Kopf grüner Salat oder Endiviensalat
1 kleine Zwiebel
200 g Krabben

Champignons waschen, putzen, in Scheiben schneiden und gardünsten.
Salat waschen (4 Blätter zurücklassen), in feine Streifen schneiden.
Zwiebel sehr fein hacken. Krabben mit den anderen Zutaten in eine Schüssel geben.

M A R I N A D E :
5 Eßlöffel süße Sahne/Schlagobers
Saft einer Zitrone
Salz, weißer Pfeffer
1 Prise Zucker
1 Eßlöffel gehackter Dill

Zutaten verrühren, abschmecken, über den Salat gießen, vermischen und durchziehen lassen.
Auf Salatblättern in Sektschalen anrichten.

FISCHSUPPE

250 g beliebiges Fischfilet
Zitronensaft, Salz

Filet säubern, würfeln, mit Zitronensaft beträufeln und salzen.

S U P P E :
20 g Butter
1 kleine Zwiebel
1 Eßlöffel Mehl
1/4 l Tomatensaft
1/4 l Milch
1 Lorbeerblatt
1 Gemüsebrühwürfel
50 g Gouda
Pfeffer, Salz, 1 Prise Zucker
1 Schuß Weißwein
1 Eßlöffel Dill
1/8 l saure Sahne/Sauerrahm
4 Dillzweige

Butter in einem Topf zerlassen, Zwiebel fein schneiden, darin andünsten. Mit Mehl stauben, Flüssigkeit auffüllen und mit Lorbeerblatt und Gemüsebrühwürfel aufkochen lassen.
Käse fein reiben, darin schmelzen lassen, abschmecken. Den Fisch in der Suppe ca. 10 Minuten garziehen lassen, in Suppentassen füllen.
Zuletzt saure Sahne/Sauerrahm verquirlen, auf die Suppe geben und mit Dill garnieren.

WEIZENSCHROTBRÖTCHEN/ GRAHAMWECKERLN

500 g magerer Quark/Topfen
1 Ei
1 Kaffeelöffel Zucker
2 Kaffeelöffel Salz

Alle Zutaten verrühren.

500 g Weizenschrot
1 1/2 Päckchen Backpulver
50 g Sonnenblumenkerne
Fett für das Backblech

Alle Zutaten zur Quark-/Topfenmasse geben, unterkneten.
Aus der Masse 16 Brötchen formen, auf ein befettetes Blech setzen und mit lauwarmem Wasser bestreichen.
30 Minuten bei 190 — 200 Grad backen.

45

GRIESSSUPPE

1/4 l Gemüsebrühe
10 g Butter oder Margarine
15 g (1 Eßlöffel) Vollweizengrieß
1 Zwiebel
1 kleine Möhre/Karotte
Sellerie
1 kleine Stange Lauch
1 Eßlöffel frische Kräuter
Majoran, Salz

Butter oder Margarine schmelzen, die kleingeschnittene Möhre/Karotte, Sellerie, Lauch und Zwiebel darin anrösten. Grieß darüberstreuen und goldgelb bräunen, dann mit Brühe auffüllen und alles gut durchkochen lassen. Die Suppe schließlich mit etwas Majoran und Salz würzen und mit Kräutern vermischt auftragen.

QUARK/TOPFEN MIT ÄPFELN UND NÜSSEN

250 g Quark/Topfen
1/8 l saure Sahne/Sauerrahm
1 Eßlöffel zerdrückte grüne Pfefferkörner
1 kleingeschnittener roter Apfel
(mit der Schale)
2 Kaffeelöffel gehackte Walnüsse
Salz

Quark/Topfen mit saurer Sahne/Sauerrahm glattrühren, würzen und mit den anderen Zutaten vermischen.

ZUM GARNIEREN:
Apfelspalten
Nußkerne
nudelig geschnittener Spinat oder Salat

Quark/Topfen in einer passenden Schüssel kuppelartig auftragen, glattstreichen und mit Spinatstreifen, ungeschälten Spalten eines roten Apfels und Nußhälften garnieren.
Dazu Vollkornbrot servieren.

KARTOFFELN, MIT FRISCHKÄSE ÜBERBACKEN

4 große Kartoffeln
Fett für die Form

Kartoffeln gut waschen und in der Schale gar, aber nicht zu weich kochen. Man kann sie auch bereits am Vortag kochen. Von den Kartoffeln der Länge nach den „Deckel" abschneiden, aushöhlen und in eine leicht befettete Form — mit der Schnittfläche nach oben — legen.
Backrohr auf 200 Grad vorheizen.

FÜLLE:
1 Becher körniger Frischkäse
1/8 l saure Sahne/Sauerrahm
30 g geriebener Käse
Schnittlauchröllchen
evtl. etwas Salz

Kartoffelmasse mit Frischkäse und saurer Sahne/Sauerrahm vermischen, in die ausgehöhlten Kartoffeln einfüllen, mit Käse bestreuen und in der oberen Hälfte des Backrohres nur mit Oberhitze oder unter dem Grill etwa 5 Minuten überbacken.
Mit gehacktem Schnittlauch bestreut servieren.

ROSENKOHL-/KOHLSPROSSENSALAT

250 g Rosenkohl/Kohlsprossen
Salz

Rosenkohl/Kohlsprossen in Salzwasser ca. 15 Minuten weichdämpfen, mit kaltem Wasser übergießen und abtropfen lassen.

MARINADE:
4 Eßlöffel Apfelessig
1 Teelöffel Salz
1 Teelöffel Fruchtzucker oder Honig
3 Eßlöffel Öl
1 Teelöffel Kümmel
je ein Bund Dill,
Petersilie und Schnittlauch

Die Zutaten für die Marinade gut miteinander verrühren. Erst bei Erkalten des Rosenkohls, diesen mit der Salatsauce übergießen.

3 . M Ä R Z

HÜHNERBRÜSTCHEN „CHINA-ART"
NATURREIS

4 . M Ä R Z

TÜRKISCHE TEIGTASCHEN
CHICORÉESALAT MIT CHAMPIGNONS

HÜHNERBRÜSTCHEN „CHINA-ART"

2 doppelte Hühnerbrüstchen
2 Eßlöffel trockener Sherry und Sojasauce
2 Stangen Sellerie
200 g Champignons
Basilikum
2 Eßlöffel Öl
2 gehackte Knoblauchzehen
1 gehackte Zwiebel
2 Eßlöffel gehackte Walnüsse
Sesamkörner oder Gomasio zum Würzen

Hühnerfleisch quer zur Faser in dünne Streifen schneiden, mit Sherry und Sojasauce marinieren. Sellerie in dünne Scheiben, Champignons blättrig schneiden. Zwiebel und gehackten Knoblauch in Öl glasig braten. Abgetropfte Fleischstreifen dazugeben und 2 Minuten braten, dann herausnehmen.
Danach Gemüse unter Rühren 2 Minuten braten und mit der Marinade aufgießen, 5 Minuten dünsten lassen, dann Fleischstreifen wieder dazugeben. Basilikum und Nüsse untermischen, mit Sesam oder Gomasio bestreuen und mit Naturreis servieren.

TÜRKISCHE TEIGTASCHEN

1/2 Packung Strudelblätter
(tiefgekühlt oder getrocknet)
1 Ei

Strudelblätter nach Vorschrift vorbereiten. Vierecke von 12 x 12 cm mit einem Teigrad ausschneiden.

F Ü L L E :
250 g Quark/Topfen
1 Eigelb
50 g gehackte Champignons
20 g Butter oder Margarine
Salz, Pfeffer, gehackte Petersilie

Gehackte Pilze rasch in Butter oder Margarine anbraten.
Quark/Topfen, Eigelb, Petersilie, abgekühlte Pilze, Salz und Pfeffer mischen und in die Mitte der Quadrate geben, Ränder mit versprudeltem Eigelb bestreichen, zum Rechteck oder Dreieck überklappen, mit dem restlichen Ei bestreichen.
Auf einem befetteten Backblech im vorgeheizten Rohr ca. 15 Minuten bei 200 Grad auf der Mittelschiene backen, warm servieren.

CHICORÉESALAT MIT CHAMPIGNONS

2 Stück Chicorée
1 Orange
200 g Champignons

Champignons waschen, in Scheiben schneiden und in Zitronensaft wenden.
Orange schälen und in dünne Scheiben schneiden.
Chicorée waschen, ebenfalls in dünne Scheiben schneiden.

M A R I N A D E :
2 Eßlöffel Öl
1 Kaffeelöffel Senf
Salz, Pfeffer, Zitronensaft
gehackte Petersilie

Öl mit Senf gut verrühren, etwas Wasser und restliche Zutaten hinzufügen.
Champignons, Orangenscheiben und Chicoréestreifen in einer Schüssel vermengen. Vor dem Servieren mit der Marinade vermischen.

GEMÜSESAFT MIT OBSTESSIG UND LEINSAMEN

1/4 l Gemüsesaft
2 Eßlöffel Apfelessig
1 Eßlöffel geschroteter Leinsamen
Salz, Pfeffer

Gemüsesaft mit Apfelessig, Salz und Pfeffer abschmecken und mit Leinsamen vermischt in 2 Gläsern anrichten.

„LIWANZEN"

3/8 l Milch
20 g Hefe
2 Eidotter
2 Eiweiß
150 g Vollweizenmehl
1 Messerspitze Zimt
saure Sahne/Sauerrahm
Pflaumenmus/Powidl
Margarine zum Herausbacken

Hefe in 1/8 Liter lauwarmer Milch auflösen, restliche Milch, Eidotter und Zimt dazurühren, langsam Mehl zugeben.
Eiweiß steif schlagen und unterheben.
Danach den Teig etwas rasten lassen.
Pfanne mit Margarine ausstreichen, den Teig mit einem kleinen Schöpflöffel eingießen und beidseitig herausbacken.
„Liwanzen" mit saurer Sahne/Sauerrahm und Pflaumenmus/Powidl bestreichen.

MÖHREN-/KAROTTENGEMÜSE MIT SAURER SAHNE/SAUERRAHM

300 g Möhren/Karotten
20 g Butter oder Margarine
Salz, Kümmel
1 Kaffeelöffel Vollweizenmehl
Gemüsebrühwürfel
1/8 l saure Sahne/ Sauerrahm
1 Bund Schnittlauch

Fein stiftelig geschnittene Möhren/Karotten in Fett anschwitzen, mit Kümmel bestreuen, mit 1/4 Liter heißem Wasser begießen, Gemüsebrühwürfel dazugeben, salzen. Zugedeckt bei kleiner Flamme kernig weich dünsten. Vollweizenmehl mit wenig Wasser anrühren, zu den Möhren geben, 2 Minuten kochen. Sahne/Rahm versprudeln, einrühren, mit reichlich Schnittlauch bestreut servieren.

GRÜNKERNSCHROT

1/2 l Gemüsebrühe (Würfel)
20 g Butter oder Margarine
150 g Grünkernschrot
1 Zwiebel
Salz, Majoran

Gemüsebrühe erhitzen. Butter oder Margarine in einem Topf zerlassen, den Grünkernschrot einstreuen. Zwiebel schälen, fein hacken und auf dem Schrot verteilen. Alles kurz anrösten, mit der Gemüsebrühe, gewürzt mit Salz und Majoran, aufgießen.
Bei schwacher Hitze 20 Minuten ausquellen lassen.

FRÜCHTE IN GELEE

1 Apfel
1 Banane
1 Eßlöffel Rosinen
1 kleine Stange Zimt
1 Eßlöffel Apfelsaft
3/16 l Apfelsaft
1 Teelöffel Agar-Agar
1 Eßlöffel Honig oder Fruchtzucker
eventuell Schlagsahne/-obers

Geschältes, in Scheiben geschnittenes Obst mit Rosinen und Zimt in 1 Eßlöffel Apfelsaft weich dünsten. Für das Gelee 3/16 Liter Apfelsaft mit Agar-Agar anrühren und kurz auf 70 Grad erwärmen. Dann mit Honig oder Fruchtzucker abschmecken.
Kompott in Portionen aufteilen und das Apfelgelee darüber verteilen.
Kurz kühlstellen, nach Belieben mit geschlagener Sahne/Schlagobers servieren.

BORSCHTSCH

1 große gekochte Rote Bete/Rote Rübe
2 Kaffeelöffel Vollweizenmehl
3 Eßlöffel Apfelessig oder 1/8 l Weißwein
eine Prise Zucker, Salz, Pfeffer, Paprika
Gemüsebrühwürfel

Gekochte Rote Bete/Rote Rübe mit Mehl im Mixer fein pürieren, mit 1/2 Liter Wasser in eine Kasserolle gießen. Mit Essig oder Weißwein, einer Prise Zucker, Salz, Pfeffer, Gemüsebrühwürfel sowie Paprika würzen, aufkochen und abschmecken.

ZUM GARNIEREN:
2 Eßlöffel saure Sahne/Sauerrahm
geröstete Brotwürfel

Suppe mit saurer Sahne/Sauerrahm übergießen und mit gerösteten Brotwürfeln garnieren.
Dazu kann man extra saure Sahne, Butterbrote mit frischer Kresse oder frische, knusprige Quark-/Topfenbrötchen reichen.

QUARK-/TOPFENBRÖTCHEN

250 g Quark/Topfen
1 Ei
1 Prise Salz
250 g Vollweizenmehl
1 Päckchen Backpulver

Quark/Topfen, Ei und Salz verrühren. Mehl mit Backpulver gemischt nach und nach dazugeben, verkneten.
Aus dem Teig mit bemehlten Händen runde Brötchen formen und auf ein befettetes Blech setzen.
Im vorgeheizten Backofen auf der Mittelschiene bei 200 Grad ca. 20 — 30 Minuten backen.

VARIATIONEN:
Der Teig kann mit Kräutern, Zwiebel, Kümmel, Paprika, Curry usw. abgewandelt und zum Frühstück, zu Suppen oder Salaten gereicht werden.

ORANGEN-MÖHREN-/-KAROTTEN-SAFT

500 g Möhren/Karotten
4 saftige Orangen
2 Eßlöffel Zitronensaft
1/2 Teelöffel Öl
1 Kaffeelöffel frisch gehackte Petersilie

Möhren/Karotten putzen, schälen, waschen und im elektrischen Entsafter auspressen. Orangen ebenfalls pressen. Orangen-, Möhren- und Zitronensaft mischen und Öl sowie Petersilie unterrühren.

KARTOFFELN LYONER ART

500 g Kartoffeln
Salz
40 g Margarine
2 Zwiebeln
Salz
1 Bund Petersilie

Kartoffeln schälen, waschen und in gesalzenem Wasser 10 Minuten kochen. Abgießen und trockendämpfen. Kartoffeln in dünne Scheiben schneiden. 20 g Margarine in einer Pfanne erhitzen, Kartoffeln dazugeben, braun braten und salzen.
Zwiebeln schälen, in dünne Ringe schneiden.
20 g Margarine in einem Topf erhitzen, Zwiebeln darin 10 Minuten hellbraun braten, mit Pfeffer bestreuen. Unter die Kartoffeln mischen. Petersilie fein hakken.
Kartoffeln auf einer vorgewärmten Platte anrichten und mit Petersilie bestreut sofort servieren.

SPINATSALAT MIT MÖHREN/KAROTTEN

150 g Spinat
3 Möhren/Karotten
1 Eßlöffel feingehackte Petersilie

Spinat putzen, in kaltem Wasser gründlich waschen und auf einem Sieb abtropfen lassen. Große Stiele von den Blättern abzupfen. Blätter in eine Schüssel geben.
Die geputzten Möhren/Karotten in dünne Scheiben oder Stifte schneiden und zu den Spinatblättern geben.

MARINADE:
1 Becher Joghurt
1 Eßlöffel Zitronensaft
1 Kaffeelöffel Öl
1 kleine feingehackte Zwiebel
1 zerdrückte Knoblauchzehe
Salz, etwas Pfeffer
evtl. 1 Prise Zucker

Joghurt mit Zitronensaft, Öl und eventuell einer Prise Zucker in einer Schüssel schaumig rühren, Zwiebel und Knoblauch dazugeben, mit Salz und Pfeffer abschmecken. Danach über Spinat und Möhren/Karotten gießen, gut mischen und sofort servieren.

FISCH IN DILL-CHAMPIGNON-CREME

400 g Kabeljaufilet (frisch oder tiefgekühlt)
Zitronensaft
Salz
1 Zwiebel
20 g Margarine
250 g Champignons
1/8 l Weißwein
2 Eßlöffel feingehackter Dill
1 Becher Crème fraîche

Den Fisch waschen (tiefgekühlten auftauen lassen), abtrocknen, mit Zitronensaft beträufeln, 15 Minuten stehenlassen, erneut abtrocknen und mit Salz bestreuen.
Die Zwiebel fein hacken, die Champignons blättrig schneiden, beides in zerlassener Margarine dünsten lassen.
Fisch und Weißwein hinzufügen. Den Fisch gardünsten lassen, aus dem Topf nehmen, auf einer vorgewärmten Platte anrichten und warm stellen.
Crème fraîche unter den Fischsud rühren, kurz aufkochen lassen und den Dill zufügen, abschmecken.
Mit Kartoffeln servieren.

ENDIVIENGEMÜSE MIT APFELSAUCE

500 g Endivien
1/16 l Wasser
Salz
Saft einer halben Zitrone

Endivien putzen, vierteln und gut waschen. In kochendes Wasser geben, mit Salz und Zitronensaft würzen und 10 Minuten leicht kochen. Auf einem Sieb abtropfen lassen und warmstellen.

S A U C E :
2 säuerliche Äpfel
1/16 l Weißwein
1 Becher Joghurt
etwas Meerrettich/Kren

Ungeschälte, zerschnittene Äpfel in Weißwein garkochen, danach durch ein Sieb passieren oder im Mixer pürieren. Auf kleiner Flamme zu einem dicken Brei eindicken, anschließend etwas überkühlen lassen. Joghurt beifügen und mit Meerrettich/Kren würzen.

CAMEMBERTQUARK/-TOPFEN

100 g Quark/Topfen
1 Eßlöffel Milch
40 g Camembert
gehackte Petersilie
1 kleine Zwiebel
Paprikapulver, Salz

Quark/Topfen mit Milch, gehackter Zwiebel, Petersilie, Paprika und Salz abschmecken. Camembert mit einer Gabel fein zerdrücken und unter den Quark/Topfen mischen.
Den Aufstrich mit Vollkorngebäck servieren.

KRESSEMIX

1/2 l Buttermilch
40 g Quark/Topfen
1 Messerspitze Hefe-Extrakt
40 g feinst gehackte Kresse

Alle Zutaten gut miteinander verrühren und in 2 Gläser füllen.

GEFÜLLTE BUTTERMILCH-HAFERMARK-PFANNKUCHEN

100 g Hafermark
1/4 l Buttermilch
30 g Vollweizenmehl
1/2 Teelöffel Backpulver
2 Eier
eine Prise Salz
Öl zum Ausbacken

Hafermark und Buttermilch verrühren, einige Zeit stehen lassen, dann die übrigen Zutaten dazumischen. In heißem Öl kleine Pfannkuchen backen und beliebig füllen.

FÜLLMÖGLICHKEITEN:

■ verschiedene Früchte (z. B. Bananen, Beeren) kleinschneiden

■ diverse Früchte mixen, mit Vanille, Rum und Honig abschmecken

■ Pflaumenmus/Powidl, Dattelmus

PERLWEIZEN MIT GEMÜSE UND SCHAFKÄSE

500 g kleingeschnittenes Gemüse (Möhren/
Karotten, Sellerie, Lauch, Wirsingkohl)
20 g Margarine
60 g Perlweizen
1/4 l Gemüsebrühe
Salz
gehackte Petersilie
100 g Schafkäse (oder anderer
geriebener Käse)

Das kleingeschnittene Gemüse (eventuell auch eine tiefgekühlte Gemüsemischung) in Margarine und wenig Wasser dämpfen. Perlweizen hinzugeben und mit heißer Gemüsebrühe auffüllen, würzen. Das Gericht in 20 Minuten garkochen.
Schafkäse in kleine Würfel schneiden, untermischen. Perlweizen mit Petersilie bestreut servieren.

RAPUNZEL-/VOGERLSALAT MIT RADICCHIO

100 g Rapunzel/Vogerlsalat
1 Radicchio

Salat gut putzen, waschen und abtropfen lassen.

MARINADE:
2 Eßlöffel Öl
2 Eßlöffel Zitronensaft
Salz, etwas weißer Pfeffer

Alle Zutaten gut vermischen und über den Salat gießen.

KARTOFFELSUPPE

1 kleine Zwiebel
20 g Butter oder Margarine
2 größere, roh geschälte Kartoffeln
1 geriebene Möhre/Karotte
1/2 l Gemüsebrühe
Salz, Kümmel
etwas Milch oder saure Sahne/Sauerrahm
gehackte Petersilie

Gehackte Zwiebel in Butter oder Margarine dünsten, Gemüsebrühe, geriebene Kartoffeln, Möhre/Karotte, Salz und Kümmel zugeben und 12 Minuten kochen lassen. Die Suppe mit etwas Milch oder saurer Sahne/ Sauerrahm verfeinern und mit gehackter Petersilie bestreuen.

BRUSCHETTA

4 Scheiben Vollkorntoast

Brot toasten.

BELAG:
1 Avocado
Petersilie, Basilikum, Salz, Pfeffer, Muskat
Olivenöl, Knoblauch

Avocado halbieren, ca. 30 Minuten lang bei 225 Grad im Backrohr garen. Fruchtfleisch auskratzen und pürieren. Petersilie und Basilikum hacken, beigeben, mit Salz, Pfeffer und Muskat würzen. Etwas Olivenöl in das Püree einrühren. Vollkorntoasts mit Knoblauch und Püree bestreichen, mit gehackter Petersilie und Basilikum bestreut servieren.

DAUPHINEKARTOFFELN

500 g rohe Kartoffeln
Salz, Pfeffer, gehackte Petersilie, Thymian
10 g Margarine
1 Knoblauchzehe
50 g geriebener Käse
3/8 l Milch oder Kaffeesahne/-obers

Kartoffeln schälen, waschen, in 2 cm dicke Scheiben schneiden und mit Salz, Pfeffer, Petersilie und Thymian würzen. Eine feuerfeste Form mit Margarine ausstreichen. Gepreßte Knoblauchzehe in der Auflaufform verteilen, Kartoffeln einlegen und Käse darüberstreuen. Mit Milch oder Kaffeesahne/-obers auffüllen.

Den Auflauf im vorgeheizten Backrohr bei 250 Grad 30 — 40 Minuten backen.

BUNTER RADIESCHENSALAT

1 Bund Radieschen
50 g Edamer
50 g Spinatblätter

Eine Salatschüssel mit ganzen Spinatblättern auslegen. Radieschen in Scheiben, restliche Spinatblätter in Streifen und Käse in Würfel schneiden, mischen und auf die Spinatblätter legen.

MARINADE:
2 Eßlöffel Apfelessig
2 Eßlöffel Öl
Salz, weißer Pfeffer, etwas Senf, Knoblauch

Alle Zutaten gut vermischen und über den Salat träufeln.

ZUM GARNIEREN:
Frische Kresse über den Salat streuen.

4

15. MÄRZ

HÜHNERSUPPENTOPF
VOLLKORNBROT

16. MÄRZ

BLUMENKOHL-/KARFIOLAUFLAUF
VOLLKORNBROTE MIT PUTENBRUST

HÜHNERSUPPENTOPF

Photo auf Seite 101
2 Hühnerkeulen
1/2 l Gemüsebrühe
1 kleine Stange Lauch
1 Möhre/ Karotte
1 kleines Stück Sellerie
Salz, Pfeffer, Muskat

Hühnerkeulen in Gemüsebrühe zustellen, kleingeschnittenes Gemüse dazugeben und ca. 25 Minuten leicht kochen lassen, würzen.

EINLAGE:
40 g Vollkorn-Suppennudeln
Schnittlauchröllchen

5 Minuten vor Ende der Garzeit die Suppennudeln beifügen, mit Schnittlauchröllchen bestreut servieren.
Zum Suppentopf Vollkornbrot servieren.

BLUMENKOHL-/KARFIOLAUFLAUF

1 Blumenkohl/Karfiol
100 g Champignons
Salz, Zitronensaft
Öl

Blumenkohl/Karfiol in Salzwasser kochen, herausnehmen, Brühe aufheben. Blumenkohl in eine Auflaufform schichten.
Blättrig geschnittene Champignons in Öl dünsten, mit Salz und Zitronensaft abschmecken und über den Blumenkohl verteilen.

SAUCE:
1/8 l Blumenkohl-/Karfiolbrühe
2 Kaffeelöffel Vollweizenmehl
1 Ei
1/4 l Milch
1 Eßlöffel geriebener Käse
1 Eßlöffel gehackte Petersilie
Salz, Muskat, Worcestersauce

Blumenkohl-/Karfiolbrühe mit Vollweizenmehl abrühren, aufkochen lassen und mit Milch verrühren. Eidotter, geriebenen Käse, Petersilie und Gewürze einrühren, dann Eischnee unterheben. Sauce über das Gemüse geben und den Auflauf bei 180 Grad 30 Minuten bakken.

VOLLKORNBROTE MIT PUTENBRUST

2 Scheiben (je 50 g) Vollkornbrot
100 g aufgeschnittene, geräucherte Putenbrust
60 g Quark/Topfen
3 Eßlöffel Milch
1 Kaffeelöffel geriebener Meerrettich/Kren
Salz

Quark/Topfen mit Meerrettich/Kren und Milch verrühren, würzen. Vollkornbrote damit bestreichen und mit dünn geschnittener Putenbrust garnieren.

SPINATSUPPE

1 Zwiebel
20 g Margarine
20 g Vollweizenmehl
250 g roher (oder tiefgekühlter) Spinat
1/2 l Gemüsebrühe (Instant)
1 Becher Joghurt
Salz, Muskat

Feingehackte Zwiebel in Margarine leicht anrösten, Mehl dazugeben, anschwitzen und mit Gemüsebrühe aufgießen.
Frischen, geputzten Spinat fein hacken, die Hälfte davon in die Suppe mischen und 10 Minuten köcheln lassen. Danach mit Salz, Muskat und Joghurt abschmecken.
Vor dem Servieren die zurückgelassene zweite Hälfte des Spinats roh untermischen und die Suppe sofort servieren.

SUPPENEINLAGE:
2 Scheiben Vollkorntoast

Vollkorntoasts in Würfel schneiden, rösten und in die Suppe geben.

SÜSSER HIRSEBREI

100 g Hirse
Zitronenschale
1 Prise Salz
1/4 l Milch
1/4 l Wasser
20 g Rosinen oder Korinthen
Zitronensaft
2 Eßlöffel Honig oder Birnensirup

Hirse unter Beigabe von Zitronenschale und Salz in 1/2 Liter halb Wasser und halb Milch weichkochen.
Rosinen oder Korinthen in wenig Wasser und Zitronensaft kurz aufkochen, abseihen, unter die Hirse mengen, mit Honig oder Birnensirup vollenden.

„VEGETARIERSCHNITZEL"

3 Weizenschrotbrötchen/Grahamweckerln
1/4 l Milch
1 Ei
2 Eßlöffel Sojamehl
1 kleine gehackte Zwiebel
100 g Champignons
einige Spinatblätter
Salz, Pfeffer
Fett zum Ausbacken oder für das Backblech

Weizenschrotbrötchen/Grahamweckerln in Milch einweichen, darin einmal aufkochen. Gehackte Zwiebel, blättrig geschnittene Champignons, gehackte Spinatblätter und Gewürze zu den Weizenschrotbrötchen geben, mit Sojamehl und Ei binden.
Kleine Laibchen formen, eventuell in etwas Paniermehl/Bröseln wenden, in heißem Fett oder auf befettetem Backblech backen.

ENDIVIENSALAT MIT CAMEMBERT

1 kleine Endivie
30 g Camembert

Den Salat waschen, abtropfen lassen und in feine Streifen schneiden. Den Camembert in Würfel schneiden und unter den Salat mischen.

MARINADE:
1 Eßlöffel Essig
2 Eßlöffel Öl
Estragon
eine Prise Salz
eine Prise Zucker

Öl und Essig mischen, mit Estragon, Salz und Zucker abschmecken. Die Marinade über den Salat gießen.

19. MÄRZ

KRESSESUPPE
PIKANT GEFÜLLTE GURKE
VOLLKORNGEBÄCK

20. MÄRZ

FLEISCH-SELLERIE-KROKETTEN
LAUCHKARTOFFELN

KRESSESUPPE

1 Kästchen Kresse
1 Zwiebel
10 g Butter oder Margarine
1/8 l Weißwein
3/8 l Gemüsebrühe
1/8 l saure Sahne/Sauerrahm
1 Teelöffel Dinkelmehl
Salz, Pfeffer
1 zerdrückte Knoblauchzehe

Kresse waschen und grob hacken.
Die Zwiebel fein würfeln und in Butter oder Margarine glasig dünsten, mit dem Weißwein ablöschen und etwas einkochen lassen. Dinkelmehl mit Gemüsebrühe abrühren, aufgießen und aufkochen.
Einen Teil der Kresse dazugeben und die Suppe vom Herd nehmen. Saure Sahne/Sauerrahm in die Suppe einrühren, erwärmen, aber nicht mehr kochen. Mit Salz, Pfeffer und Knoblauch abschmecken.
Restliche Kresse dazugeben.

PIKANT GEFÜLLTE GURKE

1 Salatgurke

Salatgurke längs halbieren, Kerne ausschaben.

FÜLLE:
100 g Edelpilzkäse
4 Eßlöffel Quark/Topfen
2 Eßlöffel saure Sahne/ Sauerrahm
Salz, Pfeffer
gehackte Walnußkerne
gehackter Schnittlauch

Edelpilzkäse mit Quark/Topfen und saurer Sahne/Sauerrahm vermischen, würzen. Käsecreme in Gurkenhälften füllen, diese mit gehackten Nüssen und Schnittlauch bestreuen und mit Vollkorngebäck servieren.

FLEISCH-SELLERIE-KROKETTEN

200 g Hackfleisch vom Rind
ca. 100 g geriebener Sellerie
2 Eßlöffel Sojamehl
Salz, Pfeffer, Petersilie
gehackte Zwiebel
Ketchup
Öl zum Backen

Hackfleisch, geriebenen Sellerie, Sojamehl und alle anderen Zutaten verkneten, daraus Laibchen formen und von beiden Seiten goldgelb backen.

ZUM ÜBERBACKEN:
Tomaten-, Gurken- oder Käsescheiben

Scheiben von Tomaten, Gurken oder Käse auf die Kroketten legen und diese noch einmal rasch im Rohr überbacken.

LAUCHKARTOFFELN

1 Kaffeelöffel Öl
1 kleine Stange Lauch
4 Kartoffeln
Gemüsebouillon
Salz

Lauch in Öl in einer Pfanne etwas anrösten lassen. Dann die rohen, dünn geschälten und in Scheiben geschnittenen Kartoffeln sowie bis zur Hälfte ihrer Höhe heiße Gemüsebouillon und etwas Salz hinzugeben und weichkochen lassen.

SCHOLLENFILETS IN FOLIE
DILLGEMÜSE

APFEL-SPINAT-PFANNKUCHEN
KÜMMELSAUCE
VOLLKORNGEBÄCK

SCHOLLENFILETS IN FOLIE

Photo auf Seite 83
2 größere Schollenfilets
Zitronensaft
Salz, Pfeffer, Paprika
Öl
1 Zitrone
1 Lorbeerblatt, 3 Pfefferkörner
Petersilie

Fischfilets waschen, mit Zitronensaft beträufeln und zehn Minuten stehenlassen. Salzen, pfeffern, mit Paprika einreiben.
2 Stücke Alufolie mit Öl einpinseln und die Fischfilets darauflegen. Zitronenscheiben, Lorbeerblatt und die Pfefferkörner darübersteuen. Die Folie verschließen und das Paket mit der Faltstelle nach oben in einen großen, flachen Topf mit wenig Wasser legen. Den Fisch 30 Minuten garen, das Paket herausnehmen und auf einer Platte anrichten. Folie öffnen und etwas auseinanderfalten. Die Fischstücke mit Petersilie bestreut servieren.

DILLGEMÜSE

1 Zwiebel
500 g Kartoffeln
1 Salatgurke
2 Eßlöffel Öl
1/8 l Gemüsebouillon
1 Bund Dill
1/8 l saure Sahne/Sauerrahm
Salz, Pfeffer
evtl. Essig

Zwiebel schälen und kleinwürfelig schneiden, Kartoffeln waschen, schälen und in 1 cm große Würfel schneiden. Gurke halbieren, entkernen und in 5 mm dicke Scheiben schneiden. Zwiebel in Öl anschwitzen, mit Bouillon aufgießen, Kartoffelwürfel und Gurkenscheiben beifügen, salzen, pfeffern und ca. 1/4 Stunde leicht kochen. Dill hakken, mit saurer Sahne/Sauerrahm verrühren und dem kochenden Gemüse beigeben. Nicht mehr kochen, eventuell mit einem Spritzer Essig abschmecken.

APFEL-SPINAT-PFANNKUCHEN

1 Apfel
250 g Spinat
125 g Hüttenkäse
1 verrührtes Ei
3 Eßlöffel Vollweizenmehl
Salz, Pfeffer, Estragon
Öl oder Kokosfett zum Ausbacken

Apfel schälen, vom Gehäuse befreien und kleinschneiden.
Spinat putzen und mit dem Apfel in ganz wenig Wasser bei geringer Hitze weichkochen.
Flüssigkeit bei geöffnetem Deckel unter Rühren einkochen lassen, Hüttenkäse unterrühren und mit Salz und Pfeffer abschmecken. Ei, Mehl und gehackten Estragon unterheben, etwas auskühlen lassen.
Danach Fett erhitzen, Masse portionsweise in die Pfanne geben und auf beiden Seiten braun backen.

KÜMMELSAUCE

10 g Butter oder Margarine
10 g Vollweizenmehl
1 feingehackte Zwiebel
1/8 l Gemüsebouillon (Instant)
1 Teelöffel Kümmel, Salz

Gemüsebouillon mit Kümmel etwa 10 Minuten langsam kochen, dann das angerührte Mehl einlaufen und erneut aufkochen lassen. Die Sauce mit Butter oder Margarine verfeinern, mit gehackter Zwiebel und Salz abschmecken. Die Pfannkuchen mit der Sauce und Vollkorngebäck servieren.

„QUARK-/TOPFENKÜCHLEIN"

250 g Quark/Topfen
100 g Haferflocken
50 g Fruchtzucker
2 Eier
1 Prise Salz
abgeriebene Schale einer Zitrone
1/8 l Milch
20 g Butter oder Margarine

Quark/Topfen mit Milch, Salz und Haferflocken vermischen. Eigelb mit Zukker und Zitronenschale schaumig rühren und mit der Masse vermischen. Zuletzt den steifgeschlagenen Eischnee untermengen.

In einer Pfanne Butter oder Margarine erhitzen, mit einem Eßlöffel kleine, flache „Küchlein" in die Pfanne setzen und langsam auf beiden Seiten goldbraun braten.

Mit frischen Früchten der Saison oder Kompott servieren.

BIRNEN IN ROTWEIN

3 Birnen

Birnen halbieren, vom Kerngehäuse befreien und schälen. In Rotweinsauce weich dünsten.

S A U C E :
1/8 l Rotwein
1/8 l Wasser
Zitronenschale
1/2 Zimtstange
2 Nelken
1 Eßlöffel Honig
1 Eßlöffel Rote-Johannisbeer-Marmelade

Birnen in der Flüssigkeit dünsten, bis sie weich sind. Herausnehmen, die Weinsauce über die Birnen gießen und etwas überkühlt servieren.

SPAGHETTI MIT KNOBLAUCH

200 g Vollkornspaghetti
Salz
3 Knoblauchzehen
2 Eßlöffel Olivenöl
1 Bund gehackte Petersilie

Spaghetti in Salzwasser al dente kochen. Gehackte Knoblauchzehen in Öl anrösten, die Spaghetti und die Petersilie dazugeben. Gut mischen und servieren.

STANGENSELLERIESALAT

250 g Stangensellerie
Saft einer halben Zitrone
50 g Radicchio
100 g Champignons

Stangensellerie in Scheiben schneiden, mit Zitronensaft beträufeln und ziehen lassen. Den Radicchio waschen und zerteilen, die Champignons blättrig schneiden, alles in eine Schüssel geben und vermischen.

M A R I N A D E :
20 g Blauschimmelkäse
2 Eßlöffel saure Sahne/Sauerrahm
1 Eßlöffel Öl
1 Eßlöffel Essig
eine Prise Zucker, Salz, Pfeffer

Käse und saure Sahne/Sauerrahm cremig rühren. Mit Öl, Essig, Zucker, Salz und Pfeffer würzen und über den Salat gießen.

PASSIERTE GEMÜSESUPPE

1 Petersilienwurzel
2 Möhren/Karotten
1 Stück Sellerie
1 Stange Lauch
einige Kohlblätter
20 g Butter oder Margarine
Salz
1/2 l Gemüsebouillon (Instant)
1 Eßlöffel saure Sahne/Sauerrahm
Schnittlauchröllchen

Gemüse putzen, waschen und klein-
schneiden. In Fett anrösten und mit
Gemüsebouillon aufgießen, salzen, 15
Minuten kochen lassen, dann im Mixer
pürieren.
Saure Sahne/Sauerrahm mit Schnitt-
lauchröllchen verrühren und extra zur
Suppe servieren.

KNOBLAUCHBROT

4 Knoblauchzehen
2 Stück Korngebäck
20 g Butter

2 Knoblauchzehen auspressen, 2 Knoblauchzehen blättrig schneiden. Korngebäck der Länge nach halbieren, mit
Butter bestreichen. Gepreßte Knoblauchzehen darüber verteilen, Knob-
lauchstücke hineinstecken. Brothälften
im gut vorgeheizten Backofen knusprig
backen.

CHICORÉE MIT KÄSESAUCE

500 g Chicorée
Salz

Chicorée in wenig Salzwasser garen. Er
darf nicht so lange gekocht werden, daß
er blau aussieht. Abtropfen lassen, mit
Käsesauce übergießen und mit
Petersilie bestreut servieren.

SAUCE:
10 g Butter oder Margarine
1 Eßlöffel Vollweizenmehl
1/4 l Milch
20 g geriebener Käse
1 feingehackte Zwiebel
feingehackte Petersilie
Salz, Muskat, Worcestersauce

Zwiebel in Fett dünsten, mit Mehl
stauben, mit Milch aufgießen und aufkochen lassen. Dann vom Feuer nehmen, geriebenen Käse und Gewürze dazugeben.

KARTOFFEL-KÜMMEL-STANGEN

25 g Margarine
150 g Kartoffeln
40 g Stärkemehl
Salz, 1 Teelöffel gemahlener Kümmel
Ei zum Bestreichen
Kümmel zum Bestreuen
Fett für das Backblech

Margarine verrühren, mit den gekochten, geschälten und geriebenen Kartoffeln, mit Stärkemehl, Salz und Kümmel
vermischen. Den Teig 15 Minuten ruhen
lassen, dann fingerdicke, 10 cm lange
Stangen formen. Diese mit Ei bestreichen, mit Kümmel bestreuen, auf ein
befettetes Blech legen und bei Mittelhitze backen, heiß servieren.

RINDFLEISCHTOPF MIT GEMÜSE

200 g Rindfleisch zum Braten
2 Zwiebeln
1 Eßlöffel Öl
Sojasauce
10 g Zucker
2 Eßlöffel Rotwein
Salz, 1 Lorbeerblatt, Thymian

Feingehackte Zwiebeln mit Zucker anrösten, in Streifen geschnittenes Rindfleisch beigeben und durchrösten. Mit Rotwein ablöschen, mit Sojasauce würzen, Gewürze beigeben und das Ganze dünsten lassen.

FÜR DAS GEMÜSE:

100 g Möhren/Karotten
100 g gelbe Rüben
100 g weiße Rüben
Salz

Gemüse stiftelig schneiden, in Salzwasser knackig kochen, danach abseihen. Kurz vor dem Garwerden das Rindfleisch dem Gemüse beigeben und fertig dünsten, abschmecken.
Dazu Naturreis reichen.

ROTE LINSEN

1 Bund Suppengrün
1 feingehackte Zwiebel
1 Knoblauchzehe
200 g rote Linsen
20 g Butter oder Margarine
1/2 l Wasser
1 Gewürznelke, 1 Lorbeerblatt, Pfefferkörner
Schnittlauchröllchen
1/8 l saure Sahne/Sauerrahm
Salz, weißer Pfeffer

Butter oder Margarine zerlassen, würfelig geschnittenes Suppengrün, Zwiebel und Knoblauch darin glasig braten. Linsen dazugeben und kurz mitbraten, mit Wasser, Nelke, Lorbeerblatt und Pfefferkörnern aufgießen und zugedeckt 15 Minuten kochen lassen. Schnittlauch fein schneiden, 2/3 davon mit saurer Sahne/Sauerrahm unter die Linsen mischen, den restlichen darüberstreuen. Linsen mit Salz und Pfeffer abschmecken und zu Vollkornnudeln servieren.

HIRSEAUFLAUF

125 g Quark/Topfen
125 g Hirse
1/4 l Wasser
1/4 l Milch
1 Eigelb
1 Eiweiß
1 Eßlöffel Honig
1 Eßlöffel gemahlene Mandeln
Früchte (Bananen, Äpfel,
Orangen, Mandarinen)
1/16 l Milch

Hirse in Milch-Wasser-Mischung 10 Minuten kochen, überkühlen lassen. Quark/Topfen, Milch und Eigelb miteinander verrühren, gekochte Hirse, Honig, Mandeln und die blättrig geschnittenen Früchte dazugeben. Den geschlagenen Eischnee locker unterziehen. In eine befettete Auflaufform füllen und bei 200 Grad ca. 30 — 40 Minuten backen.
Dazu schmeckt am besten Fruchtsauce oder ein Kompott.

HAFERFLOCKEN-QUARK-/ -TOPFEN-LAIBCHEN

50 g Haferflocken
1/8 l Milch
50 g Vollweizenmehl
250 g Quark/ Topfen
Salz
Öl oder Kokosfett zum Braten

Alle Zutaten miteinander vermischen, Laibchen formen und diese in Öl herausbraten.

CHAMPIGNONSALAT

250 g Champignons
Salz, gehackter Kümmel
Zitronensaft
2 Eßlöffel Essig
1 Eßlöffel Öl
weißer Pfeffer
1 Prise Zucker
feingehackte Petersilie
1 kleiner grüner Salat

Champignons putzen, waschen und blättrig schneiden, in wenig Salzwasser mit Kümmel und Zitronensaft zugedeckt fast weich dünsten. Nach dem Erkalten mit Essig, Pfeffer, Öl, Zucker und feingehackter Petersilie marinieren.
Kaltstellen und auf grünen Salatblättern anrichten.

KÜMMELSUPPE
AVOCADOAUFSTRICH
VOLLKORNTOAST

KÜMMELSUPPE

150 g Grahambrot
20 g Butter oder Margarine
2 Kaffeelöffel Kümmel
1/2 l Gemüsebouillon (Gemüsebrühwürfel)
Salz, Schnittlauch
2 Eßlöffel saure Sahne/Sauerrahm

Das in dünne Scheiben geschnittene Brot in Fett rösten, mit Wasser, Gemüsebrühwürfel und Kümmel 5 Minuten kochen. Suppe gut durchrühren, würzen mit saurer Sahne/Sauerrahm und Schnittlauch servieren.

AVOCADOAUFSTRICH

1 Avocado
1 Teelöffel Zitronensaft
4 Sardellenringe
Pfeffer
1 Kaffeelöffel feingeschnittener Schnittlauch

Das Fruchtfleisch der Avocado zerdrücken und Zitronensaft daruntermischen. Sardellenringe fein hacken, unter das Avocadopüree mischen und mit Pfeffer abschmecken.
Dazu schmeckt am besten Vollkorntoast.

APFELSAFT MIT OBSTESSIG

In ein Glas Apfelsaft 2 Eßlöffel Obstessig geben und nach Wunsch mit Fruchtzucker oder Honig abschmecken.

KARTOFFELGULYAS MIT TOFU

1 Eßlöffel Öl
1 Zwiebel
2 Knoblauchzehen
200 g Tofu
1 Teelöffel edelsüßer Paprika
1 Teelöffel Essig
375 g Kartoffeln, in 3 cm große
Würfel geschnitten
2 Eßlöffel Tomatenmark
(oder 3 Tomaten, in Scheiben geschnitten)
3 Stück Essiggurken
1 Stange Lauch
Salz, Kümmel, Majoran, Basilikum
2 Eßlöffel Rotwein
Gemüsebrühwürfel

Tofu in 3 cm große Würfel schneiden, gut abtropfen lassen. Gehackte Zwiebel und Knoblauch in Öl leicht andünsten, Tofuwürfel darin anbraten, bis sie braune Ränder bekommen.
Dann den Paprika, Essig und die Kartoffeln mit den Gewürzen dazugeben, mit Wasser und Gemüsebrühwürfel aufgießen, bis die Kartoffeln schwach bedeckt sind, und das Ganze fast weichdünsten lassen.
Das Tomatenmark (oder die Tomatenscheiben), Lauch und die Essiggurken hinzufügen und fertigdünsten.
Vor dem Servieren mit Rotwein abschmecken.

BUNTER REISEINTOPF

100 g Naturreis
100 g grüne Bohnen/Fisolen
100 g Tomaten
200 g Hackfleisch
je 1 Stück Sellerie, Paprikaschote und Lauch
1 Eßlöffel Öl
3/8 l Gemüsebrühe
Salz, Pfeffer, Schnittlauch, Dill,
Petersilie, Paprika
1 gehackte Zwiebel
Majoran oder Origano

Gemüse putzen und zerkleinern.
Sellerie und Lauch in Öl in einem Schnellkochtopf anbraten, dann restliches Gemüse und zuletzt die Tomaten zugeben. Den Naturreis, die Flüssigkeit und die Gewürze zugeben. Alles zusammen kurz aufkochen, den Schnellkochtopf gut verschließen und nach dem Erscheinen des 2. Ringes 20 Minuten kochen lassen.
In der Zwischenzeit aus dem Hackfleisch mit der kleingehackten Zwiebel, den Gewürzen und Kräutern kleine Bällchen formen und nach 20 Minuten als oberste Schicht in die Kasserolle legen, garziehen lassen. Vor dem Anrichten mit frischem Pfeffer und den gehackten Kräutern bestreuen.

ORANGE, MIT QUARK-/ TOPFENCREME GEFÜLLT

2 Orangen
250 g Quark/Topfen
3 Eßlöffel Milch
2 Teelöffel Fruchtzucker
etwas Honig

Den Quark/Topfen mit Milch, Honig und Fruchtzucker cremig schlagen, die Orangen halbieren und aushöhlen. Das Fruchtfleisch würfelig schneiden und unter die Masse mischen.
Quark-/Topfencreme in die Orangenhälften füllen und garnieren.

4

3 . A P R I L

CHAMPIGNONS AUF SIZILIANISCHE ART
KRÄUTERHIRSE

4 . A P R I L

APFEL-BROT-AUFLAUF MIT
GEDÜNSTETEN APFELSTÜCKCHEN

CHAMPIGNONS AUF SIZILIANISCHE ART

500 g Champignons
20 g Butter oder Margarine
2 Eßlöffel Weinessig
Salz, weißer Pfeffer, Muskatnuß

Champignons putzen und waschen. Fett erhitzen, Pilze darin 15 Minuten garen, Weinessig dazugeben und einkochen lassen.
Mit Salz, Pfeffer und Muskat abschmecken.

S A U C E :
1 Zwiebel
20 g Butter oder Margarine
4 entkerne, würfelig geschnittene Tomaten
1 Eßlöffel Vollweizenmehl
1/4 l Gemüsebrühe (Instant)
Salz, Pfeffer, Origano
2 Eßlöffel saure Sahne/Sauerrahm

Zwiebel schälen, fein hacken und in Fett glasig dünsten. Mit Tomatenwürfeln verrühren, Mehl darüber streuen, unterrühren und durchrösten. Nach und nach Gemüsebrühe hinzugeben, würzen und unter ständigem Rühren einmal aufkochen lassen. Vom Feuer nehmen, Sahne/Rahm einrühren und über die Champignons gießen.

KRÄUTERHIRSE

100 g Hirse
1 Eßlöffel Öl
1/2 l Wasser
Salz
8-Kräuter-Tiefkühlmischung

Die Hirse mit Wasser bedeckt einmal aufkochen lassen, abschäumen, in ein Sieb schütten und abtropfen lassen.
Öl in einem Topf erhitzen und die Hirse darin 3 Minuten unter Rühren anbraten. Wasser mit dem Salz zufügen und die Hirse bei schwacher Hitze zugedeckt 20 Minuten ausquellen lassen.
Zuletzt Kräuter zufügen.

APFEL-BROT-AUFLAUF
MIT GEDÜNSTETEN APFELSTÜCKCHEN

6 Scheiben Vollkornbrot, nicht entrindet
20 g Margarine
2 mittelgroße Äpfel
50 g Fruchtzucker
Zimt, Nelkenpulver, evtl. Neugewürz
30 g Rosinen
2 Eier
1/2 l Milch
Muskat
einige Butterflöckchen

Backrohr bei Mittelhitze vorheizen.
Brotscheiben mit Margarine bestreichen, halbieren und damit den Boden einer feuerfesten Form (Margarineseite nach unten) auslegen.
Die Hälfte der Rosinen darüber streuen, dann Äpfel schälen, in mittelfeine Spalten schneiden und auf das Brot legen.
Mit Gewürzen und ca. zwei Drittel des Zuckers bestreuen. Mit dem restlichen Brot bedecken (Margarineseite diesmal nach oben) und mit den restlichen Rosinen, Muskat und dem restlichen Zucker bestreuen.
Dann die Eier schaumig schlagen, mit Milch gut verquirlen, über die Brot-Apfel-Mischung gießen, einige Butterflöckchen dazugeben und ganz oben im Backrohr ca. 30 bis 40 Minuten backen.

G E D Ü N S T E T E A P F E L S T Ü C K C H E N :
200 g Äpfel
10 g Butter oder Margarine
15 g Honig

Geschälte, kleingeschnittene Äpfel in Butter oder Margarine und etwas Wasser weich dünsten. Mit Honig vermischen und abgekühlt zum Auflauf servieren.
Dazu kann man eventuell auch süße Sahne/Schlagobers reichen.

Gurkenaufstrich
Rezept auf Seite 72

Spinatpfannkuchen
Rezept auf Seite 20

GRÜNKERNLAIBCHEN

250 g Grünkernschrot
ca. 3/8 l Wasser
1 feingehackte Zwiebel
150 g gehackte Champignons
Majoran, Basilikum, Salz
30 g geriebener Käse
Haferflocken, Sojamehl
Fett zum Braten oder für das Backblech

Grünkernschrot in Wasser aufkochen, zu einem Brei ausquellen.
In Öl geröstete Zwiebel, gehackte Champignons, Majoran, Basilikum, Salz und geriebenen Käse dazugeben.
Ist die Masse nicht fest genug, müssen noch Haferflocken und Sojamehl hinzugegeben werden. Dann die Masse zu kleinen Laibchen formen, diese von beiden Seiten in Fett goldbraun braten.
Die Laibchen kann man auch auf einem befetteten Backrohr backen.

APFEL-MEERRETTICH-/-KREN-CREME

130 g Quark/Topfen
1 Eßlöffel Zitronensaft, 3 Eßlöffel Weißwein
1 kleiner geriebener Apfel
3 Kaffeelöffel geriebener Meerrettich/ Kren
1 Prise Zucker
3 Eßlöffel saure Sahne/Sauerrahm

Der Quark/Topfen wird mit Apfel, Zitronensaft, Weißwein, Meerrettich/Kren, Zucker und saurer Sahne/Sauerrahm gut abgerührt.

PIKANTER MÖHREN-/KAROTTENSALAT

4 Möhren/Karotten
1 kleine Knolle Fenchel
1 kleine Stange Lauch
1 kleiner Kopfsalat

Gemüse waschen, Möhren/Karotten fein reiben, Fenchel und Lauch fein schneiden.

M A R I N A D E :
1 Becher Joghurt
1 Eßlöffel Öl, 2 Eßlöffel Zitronensaft, Salz

Zutaten vermengen und mit einer Schneerute schaumig rühren. Fenchel, Möhren und Lauch mit der Marinade vermengen, auf grünen Salatblättern locker anrichten.

LAUCH-MÖHREN-/-KAROTTEN-SUPPE

3 Lauchstangen
3 Möhren/Karotten
20 g Butter oder Margarine
3/4 l Gemüsebouillon (Würfel)
1/8 l saure Sahne/Sauerrahm
Salz, Pfeffer

Den Lauch in fingerdicke Stücke schneiden und in Fett dünsten.
Möhren/Karotten schälen, in Streifen schneiden, zum gedünsteten Lauch geben. Gemüsebouillon zugießen und 15 Minuten bei schwacher Hitze kochen lassen. Gemüse mit einem Teil der Flüssigkeit im Mixer pürieren.
Suppe zurück in den Topf geben, mit Sahne/Rahm verrühren und würzen.

QUARK-/TOPFEN-SCHINKEN-TOASTS

4 Scheiben Vollkorntoast
etwas Butter oder Margarine
4 Scheiben roher Schinken

Toastscheiben dünn mit Butter oder Margarine bestreichen. Schinken auf die Toastscheiben legen.

Ü B E R G U S S :
250 g Quark/Topfen
1 Ei
1 gehackte Zwiebel
1 Eßlöffel gehackte Kräuter
(Petersilie, Dill, Schnittlauch)
1 Prise Salz und Pfeffer

Quark/Topfen und Ei verrühren. Zwiebel mit den Gewürzen und Kräutern beigeben, abschmecken.
Schinkenbrote auf ein unbefettetes Blech legen, Quark-/Topfenmasse gleichmäßig darauf verteilen und glattstreichen.
Im vorgeheizten Backrohr bei 225— 250 Grad 15—20 Minuten auf der Mittelschiene backen.

BRATKARTOFFELN MIT SCHINKEN

500 g kleinere Kartoffeln
3 Eßlöffel Olivenöl
100 g kleingeschnittener Schinken
50 g geriebener Käse
feingehackte Petersilie, Salz

Kartoffeln schälen, ungeschnitten mit Olivenöl in eine Pfanne geben. Salzen, auf allen Seiten anbraten und auf kleiner Flamme garen.
Kurz vor Ende der Garzeit Schinken und Käse darüberstreuen, alles gut wenden (der Käse darf nicht anbrennen).
Auf einer Platte anrichten und mit feingehackter Petersilie bestreut servieren.

CHINAKOHLSALAT MIT CHAMPIGNONS

1 kleine Stange Chinakohl
100 g Champignons
Saft einer halben Zitrone
Salz, feingehackte Petersilie

Chinakohl waschen und feinnudelig schneiden.
Gewaschene und geviertelte Champignons mit Zitronensaft beträufeln, mit etwas Salz und 3 Eßlöffel Wasser 5 Minuten auf kleiner Flamme dünsten.
Petersilie unterrühren.

MARINADE:
1 kleine Zwiebel
1 Knoblauchzehe
2 Eßlöffel Essig
2 Eßlöffel Öl
1 Prise Zucker

Feingehackte Zwiebel und zerdrückte Knoblauchzehe mit Essig, Öl und einer Prise Zucker vermischen.
Chinakohl mit Champignons und Marinade vermischen, sofort servieren.

GEMÜSE-FISCH-PFANNE

2 Schollenfilets (frisch oder tiefgekühlt)
Zitronensaft
Salz
Margarine

Schollenfilets mit Zitronensaft beträufeln, 15 Minuten ziehen lassen und salzen. Fisch in heißer Margarine auf beiden Seiten kurz braten, beiseite stellen.

GEMÜSE:
2 Möhren/Karotten
1 Bund Lauchzwiebeln
150 g Champignons
2 Eßlöffel Öl
Estragon
1 Becher Créme fraîche
1 Eßlöffel Weinbrand
Salz, Pfeffer

Gemüse putzen und waschen. Möhren und Lauchzwiebeln in feine Streifen, Champignons in Scheiben schneiden. Öl in einer Pfanne erhitzen, Gemüse darin 5 Minuten dünsten. Estragon fein hakken.
Créme fraîche mit Weinbrand verrühren, mit Salz und Pfeffer abschmecken, unter das Gemüse mischen, Fischfilets darauflegen und erwärmen.
Die Gemüse-Fisch-Pfanne mit Estragon garniert zu Petersilienkartoffeln servieren.

SELLERIE AUF WIENER ART

1 — 2 Sellerieknollen (ca. 500 g)
Zitronensaft
20 g Butter
1 Prise Zucker, Salz
3 Eßlöffel Essig
gehackte Petersilie

Sellerieknollen schälen, zuerst vierteln, dann blättrig schneiden und mit Zitronensaft beträufeln.

Anschließend in wenig Wasser mit Butter, Salz, Essig und Zucker weichdünsten, mit gehackter Petersilie bestreuen.

PAPRIKASAUCE

1 Zwiebel
1 Knoblauchzehe
1 Eßlöffel Öl
2 grüne Paprikaschoten
6 Tomaten
Salz, weißer Pfeffer
50 g passierter Schafkäse
(oder anderer geriebener Käse)

Zwiebel und Knoblauchzehe schälen, fein hacken und in Öl goldgelb braten. Paprikaschoten halbieren, putzen, waschen und in kleine Würfel schneiden. Paprikawürfel in den Topf geben, würzen. Die gehäuteten, geviertelten, von Kernen und Stengelansätzen befreiten Tomaten zugeben und zugedeckt 25 Minuten bei mittlerer Hitze schmoren. Mit Käse garnieren und mit Vollkorngebäck servieren.

DINKELGRIESSKNÖDEL

60 g Margarine
2 Eidotter
250 g Quark/Topfen
150 g Dinkelgrieß
2 Eiweiß
Salz
zerlassene Butter zum Beträufeln

Margarine mit Eidotter rühren, Quark/Topfen, Grieß und Eischnee unterheben.

Aus dieser Masse Knödel formen, in Salzwasser vorsichtig 10 Minuten kochen, abseihen, mit zerlassener Butter beträufeln, mit Kompott servieren.

BANANEN-RHABARBER-CREME

2 Bananen
250 g Rhabarber
250 g Äpfel
1 Eßlöffel Honig
Saft einer halben Zitrone
Gewürznelken, Zimtrinde

Rhabarber in Stücke schneiden, mit Wasser, Honig und den Gewürzen zum Kochen bringen. Apfelspalten und Bananenscheiben dazugeben und so lange ziehen lassen, bis sie weich sind. Gewürze wieder entfernen. Das Ganze pürieren und mit Honig und Zitronensaft abschmecken.

DINKELFLOCKENAUFLAUF

50 g Dinkelflocken
10 g Margarine
3/8 l Wasser
150 g Gemüse (z. B. Sellerie, Lauch,
Möhren/Karotten, Spinat)
1 Zwiebel
2 Eier
10 g Butter oder Margarine
20 g geriebener Käse
Salz

Kleingeschnittenes Gemüse in Margarine kurz dünsten und mit Wasser auffüllen. Topf von der Flamme nehmen, Dinkelflocken unter Rühren dazugeben und 10 Minuten quellen lassen. Mit Salz und geriebenem Käse abschmecken. Eidotter einrühren, Eischnee unterheben. Die Masse in eine befettete, feuerfeste Form füllen, Butter oder Margarine als Flöckchen aufsetzen und den Auflauf bei 200 Grad 20 Minuten backen.

KÄSESAUCE

20 g Butter oder Margarine
20 g Vollweizenmehl
1/4 l Milch
2 Ecken Schmelzkäse
1 Messerspitze Paprika, Salz

Milch, Mehl und Butter oder Margarine unter ständigem Rühren aufkochen, in die noch heiße, aber nicht mehr kochende Sauce den Schmelzkäse einrühren, bis er zergangen ist.
Mit etwas Salz und Paprika abschmecken.

SPINATSALAT

250 g frischer Spinat

Spinat gründlich waschen, die harten Stiele entfernen.

MARINADE:
3 Eßlöffel Zitronensaft
2 Knoblauchzehen
Salz, Pfeffer
3 Eßlöffel Öl
4 Eßlöffel Tomatenmark
evtl. 1 — 2 Eßlöffel heißes Wasser

Aus Zitronensaft, zerdrücktem Knoblauch, Salz, Pfeffer, Öl, Tomatenmark und Wasser eine Sauce herstellen und über den Salat verteilen.

FRÜHLINGSSUPPE
PIKANTE CAMEMBERTSCHNITTEN

KARTOFFELPUFFER AUF POLNISCHE ART
FRÜHLINGSSALAT

FRÜHLINGSSUPPE

2 mittelgroße Kartoffeln
1 Zwiebel
Salz
200 g verschiedene Kräuter, z. B. Brennessel,
Sauerampfer, Löwenzahn, Kresse, Kerbel,
Petersilie
1 Eßlöffel Öl
3 Eßlöffel saure Sahne/Sauerrahm

Die feingehackte Zwiebel und die roh geriebenen Kartoffeln in Öl dünsten, 1/2 Liter Wasser zugießen, salzen, die Suppe 10 Minuten kochen lassen. Danach im Mixer pürieren und die feingehackten Frühlingskräuter dazugeben, mit saurer Sahne/Sauerrahm verfeinern.

PIKANTE CAMEMBERTSCHNITTEN

1 Avocado
100 g Camembert
3 Eßlöffel Joghurt
Zitronensaft, Pfeffer, Knoblauch, Salz

In Streifen geschnittenes Avocadofleisch und reifen Camembert mit Joghurt vermengen und mit Zitronensaft, Knoblauch, Salz und Pfeffer würzen.
Zu Vollkorngebäck servieren.

KARTOFFELPUFFER AUF POLNISCHE ART

1 Ei
Salz
ca. 50 g Vollweizenmehl
1/4 l Milch
300 g mehlige Kartoffeln
Muskat
1 Bund gehackte Petersilie
Öl oder Kokosfett zum Herausbacken
zerdrückte Knoblauchzehen

Ei und Salz mit so viel Mehl vermengen, daß ein zäher Teig entsteht. Milch zugießen und zu einem glatten Teig verrühren.
Masse etwas stehen lassen.
In der Zwischenzeit Kartoffeln waschen, schälen und auf einer groben Küchenreibe reiben. Zusammen mit geriebener Muskatnuß und gehackter Petersilie in den Teig mengen.
Fett in einer Pfanne erhitzen und einen Teil des Teiges eingießen. Puffer auf jeder Seite ca. 6 Minuten lang backen, herausnehmen und abtropfen lassen. Mit dem restlichen Teig ebenso verfahren. Kartoffelpuffer mit frisch zerdrücktem Knoblauch bestreichen.

FRÜHLINGSSALAT

1 Bund Radieschen
1 Bund Jungzwiebeln
3 Möhren/Karotten
100 g Rapunzel/Vogerlsalat
1 Radicchio

Gemüse waschen, putzen und in dünne Scheiben schneiden, Rapunzel/Vogerlsalat und Radicchio in mundgerechte Stücke zerteilen.
Alles auf einem Salatteller anrichten.

M A R I N A D E :
20 g Schimmelkäse
1 Eßlöffel Obstessig
2 Eßlöffel saure Sahne/Sauerrahm
1 Eßlöffel Öl
1 kleine feingehackte Zwiebel
Schnittlauchröllchen

Alle Zutaten der Marinade zu schaumiger Konsistenz aufschlagen und separat zum Salat reichen.

14. APRIL

GEBRATENER REIS MIT GEFLÜGEL
LÖWENZAHNSALAT MIT KRESSE

15. APRIL

SELLERIEAUFLAUF
GURKENAUFSTRICH
VOLLKORNBROT

GEBRATENER REIS MIT GEFLÜGEL

100 g Naturreis
Salz
150 g Hühnerbrustfleisch
1 Eßlöffel Öl
1 gehackte Zwiebel
100 g Champignons
1 Eßlöffel Sojasauce
weißer Pfeffer
1 zerdrückte Knoblauchzehe
100 g tiefgekühlte Erbsen

Reis in Salzwasser im Schnellkochtopf 20 Minuten kochen, in ein Sieb schütten, abtropfen und abkühlen lassen.
Hühnerfleisch in Streifen schneiden, mit der Zwiebel in heißem Öl anbraten.
Blättrig geschnittene Champignons sowie Erbsen zugeben und mitdünsten lassen, mit Sojasauce, Salz, Pfeffer und Knoblauch würzen.

ZUM BRATEN:
20 g Margarine

Margarine in einer Pfanne erhitzen, Reis darin 10 Minuten durchbraten, dann mit Hühnerfleisch und Gemüse mischen.

LÖWENZAHNSALAT MIT KRESSE

100 g Löwenzahnblätter

Löwenzahnblätter waschen und putzen.

MARINADE:
1 Becher Joghurt
1 Kaffeelöffel Rotwein
1 Kaffeelöffel Öl
Salz, Pfeffer
gehackter Schnittlauch
1 Kästchen Brunnenkresse

Joghurt mit den übrigen Zutaten gut aufschlagen.
Löwenzahnblätter auf Salattellern anrichten, mit Marinade übergießen und mit Kresse bestreuen.

SELLERIEAUFLAUF

300 g Knollensellerie
100 g Tomaten
2 Zwiebeln
1 Becher Joghurt
Salz, Paprikapulver
1 Teelöffel Zitronensaft

Sellerie in Scheiben schneiden, mit Zitronensaft einreiben und etwa 20 Minuten ziehen lassen.
Tomaten mit kochendem Wasser überbrühen, die Haut abziehen und die Früchte in Scheiben schneiden.
Zwiebel würfelig schneiden, mit den Tomaten und den Selleriescheiben lagenweise in eine kleine feuerfeste Form schichten. Jede Lage mit Salz und Paprikapulver bestreuen. Obenauf Joghurt geben und zugedeckt im Backrohr etwa 20 Minuten garen.

GURKENAUFSTRICH

Photo auf Seite 65
250 g Quark/Topfen
etwas Milch
1 Salatgurke
1 Kaffeelöffel Kapern
1 Kaffeelöffel geriebener Meerrettich/Kren
1 Knoblauchzehe
Salz, Pfeffer

Gurke schälen, halbieren, entkernen und in kleine Würfel schneiden. Knoblauch fein hacken und mit Quark/Topfen, Milch, Meerrettich/Kren, Kapern, Salz und Pfeffer verrühren.
Zu Vollkornbrot servieren.

APFEL-MÖHREN-/ -KAROTTEN-SELLERIE-SALAT

2 Möhren/Karotten
2 Äpfel
1/2 Sellerieknolle
Saft einer halben Zitrone
2 grüne Salatblätter

Möhren/Karotten, Äpfel und Sellerieknolle schälen, in feine Streifen schneiden und mit dem Zitronensaft beträufeln. Auf den Salatblättern anrichten.

MARINADE:
1 Becher Joghurt
1 zerdrückte Knoblauchzehe
1 Eßlöffel geschälte und geriebene Mandeln
Salz, Pfeffer
1/2 Bund geschnittener Schnittlauch

Alle Zutaten gut miteinander vermischen und über den Salat gießen.
Mit Knäckebrot servieren.

RHABARBERAUFLAUF

200 g Rhabarber
250 g Quark/Topfen
4 Eßlöffel Milch
2 Eigelb
50 g Fruchtzucker
50 g Dinkelgrieß oder Vollweizengrieß
Saft und Schale einer halben Zitrone
2 Eiweiß

Rhabarberstücke mit der Hälfte des Fruchtzuckers in wenig Wasser dünsten. Quark/Topfen, Milch, Eigelb und restlichen Fruchtzucker, Grieß, Zitronenschale und -saft sowie abgekühlten Rhabarber ohne Flüssigkeit mischen. Steifgeschlagenes Eiweiß unterheben. In einer befetteten und bemehlten Auflaufform 30 Minuten backen.

DINKELFLOCKENLAIBCHEN

100 g Dinkelflocken
3/16 l Gemüsebrühe (Instant)
1 feingehackte Zwiebel
100 g geriebener Sellerie
20 g Margarine
1 Ei
2 Eßlöffel Sojamehl
Salz, Majoran, Knoblauch
Öl

Dinkelflocken in heißer Gemüsebrühe 20 Minuten ziehen lassen.
Zwiebel und Sellerie in Margarine andünsten. Flocken dazugeben, unterrühren und auskühlen lassen. Ei, Sojamehl, Salz, Majoran und Knoblauch zur Flockenmasse geben, daraus 6 Laibchen formen und in Fett oder auf befettetem Backblech backen.

GEDÜNSTETER SPINATSALAT

250 g Spinat
1 kleine gehackte Zwiebel
1 Kaffeelöffel Öl
1 Becher Joghurt
2 zerdrückte Knoblauchzehen
Salz, Pfeffer
1 Eßlöffel gehackte Walnüsse

Spinat waschen, grob hacken, mit der Zwiebel mischen und bei geringer Hitze in einer Bratpfanne unter häufigem Umrühren so lange dünsten, bis das Wasser verdunstet ist.
Öl hinzufügen und in einer Salatschüssel mit Joghurt, Knoblauch, Salz und Pfeffer (nach Geschmack) mischen, mit gehackten Walnüssen bestreuen.

GERSTENSCHROTSUPPE

50 g Gerstenschrot
1 Lorbeerblatt
2 Wacholderbeeren
Salz
2 Eßlöffel Joghurt
1 Eßlöffel gehackte Kräuter
Anis
Gemüsebrühwürfel
2 geriebene Möhren/Karotten

Gerstenschrot mit Wasser anrühren, 1/2 Liter Wasser zum Kochen bringen, den angerührten Gerstenschrot mit der Schneerute einrühren und das Lorbeerblatt zufügen. Einmal aufkochen, dann 30 Minuten ausquellen lassen.
Mit Salz, Joghurt, Kräutern, Anis, Wacholderbeeren und Gemüsebrühwürfel abschmecken.
Zum Schluß die roh geriebenen Möhren/Karotten unterrühren.

SPINATQUARK/-TOPFEN AUF GURKENSCHEIBEN

QUARK/TOPFEN:
200 g Spinat
250 g Quark/Topfen
2 blanchierte, enthäutete Tomaten
Salz, Pfeffer (oder geriebener Ingwer)
1 Prise Zucker, Zitronensaft, etwas Milch

Spinat putzen, einige Blätter zum Garnieren aufheben und roh fein hacken. Mit Quark/Topfen, würfelig geschnittenen Tomaten, Salz, Pfeffer (oder Ingwer), Zucker, Zitronensaft und etwas Milch geschmeidig rühren.

GURKE:
1 Salatgurke
Salz
geachtelte Tomaten

Die Salatgurke schälen, in 1/2 cm dicke Scheiben schneiden, diese mit Salz bestreuen und mit ein wenig Zitronensaft beträufeln.
Auf die Gurkenscheiben nun die Quark-/Topfenmasse schön aufspritzen. Zum Servieren je 4 solcher Gurkenscheiben auf einen flachen Glasteller setzen, mit den restlichen Spinatblättern und den geachtelten Tomaten zu Vollkornbrot servieren.

KARTOFFEL-KRÄUTER-AUFLAUF

2 Grahambrötchen oder 100 g Grahambrot
1/4 l Milch
2 gekochte Kartoffeln
20 g Vollweizenmehl
1 Ei
Salz
1 Kaffeelöffel gehackte Kräuter
(evtl. auch tiefgekühlte Kräutermischung)
100 g Quark/Topfen
20 g geriebener Käse

Brot oder Brötchen in Milch einweichen, ausdrücken und mit den geriebenen Kartoffeln, Ei, Mehl, Quark/Topfen, Salz und Kräutern vermischen.
Diese Masse in eine befettete Auflaufform füllen, den Auflauf mit Käse bestreuen und im Backrohr backen.

FRISCHKOSTSALAT

100 g Möhren/Karotten fein reiben, 100 g Weißkohl/-kraut sehr fein hobeln.

MARINADE:
3 Eßlöffel Apfelessig
3 Eßlöffel Öl
gemahlener Kümmel
1/2 Teelöffel Honig oder Fruchtzucker
1 kleine feingehackte Zwiebel

Alle Zutaten vermengen, über das Gemüse gießen und gut mischen.

SCHOLLENFILETS IN PETERSILIENSAUCE

Photo auf Seite 120
2 Schollenfilets (frisch oder tiefgekühlt)
Zitronensaft, Salz
20 g Margarine

Die Schollenfilets mit Zitronensaft beträufeln und salzen. Den Fisch in heißer Margarine auf beiden Seiten kurz anbraten, beiseite stellen.
100 g Naturreis mit Salz im Schnellkochtopf nach Erscheinen des 2. Ringes 20 Minuten kochen. Anschließend in zwei befettete Formen füllen, festdrücken und auf zwei vorgewärmte Teller stürzen.

SAUCE:
1 kleine Zwiebel
1 Bund Petersilie
1/2 Becher Créme fraîche
Salz, weißer Pfeffer, Zitronensaft
Worcestersauce

Die Zwiebel schälen, fein hacken und im Bratfett weichdünsten. Petersilie abbrausen und ebenfalls fein hacken. Kurz mit der Zwiebel andünsten. Créme fraîche unterrühren und kurz aufwallen lassen. Mit Salz, Pfeffer, Zitronensaft und Worcestersauce abschmecken.
Die Fischfilets darin erhitzen.

RADICCHIO-ENDIVIEN-SALAT MIT NÜSSEN

1 kleiner Endiviensalat
1 kleiner Radicchio
1 Eßlöffel gehackte Walnüsse

Salat putzen und waschen. Blätter in mundgerechte Stücke reißen. Walnüsse hacken.

MARINADE:
1 Eßlöffel Öl
1 Eßlöffel Essig
Salz, Pfeffer

Öl, Essig, Salz und Pfeffer in einer Schüssel kräftig verrühren.
Salat auf Portionsteller anrichten.
Mit Walnüssen bestreuen, mit Marinade begießen.

ÜBERBACKENER BLUMENKOHL/ KARFIOL MIT BROKKOLI

150 g Blumenkohl/Karfiol
150 g Brokkoli
Salz
Fett für die Form

Blumenkohl/Karfiol und Brokkoli waschen und in Röschen teilen. In Salzwasser kochen, Brokkoli nach 10 Minuten aus dem Wasser heben, die Blumenkohlröschen 5 Minuten später. Brokkoli und Blumenkohl in eine befettete Form schichten.

SAUCE:
20 g Margarine
20 g Vollweizenmehl
3/8 l Milch
1/4 l Gemüsebrühe
frisches Basilikum, Schnittlauch
1 gehackte Zwiebel
Salz
1 Knoblauchzehe
100 g in dünne Streifen
geschnittener Schinken

In Margarine die Zwiebel und den Schinken anlaufen lassen, mit Mehl stauben, mit Milch und Gemüsebrühe aufgießen und auf cremige Konsistenz einkochen.
Mit den Gewürzen und gehackten Kräutern abschmecken und schaumig schlagen.
Sauce über das Gemüse gießen und bei Oberhitze 10 Minuten lang überbacken.
Dazu Vollkorngebäck servieren.

HASELNUSSOMELETTS

100 g Vollweizenmehl
30 g geriebene Haselnüsse
2 Eier
ca. 1/4 l Milch
etwas Mineralwasser
Salz
Öl zum Backen

Eigelb mit der Milch und dem Mehl verquirlen, die Nüsse, Salz und etwas Mineralwasser unterrühren, dann den Eischnee untermischen.
Kleine Omeletts backen, beliebig füllen, zusammenklappen oder Bananenmix als Sauce dazu servieren.

BANANENMIX

1 Becher Joghurt
2 reife Bananen
Saft einer Orange
1 Teelöffel Honig

Banane fein zerdrücken und mit den übrigen Zutaten schaumig rühren.

VOLLKORNNUDELN MIT SCHINKENSAUCE

200 g Vollkornnudeln
Salz
10 g Butter

Vollkornnudeln in Salzwasser kochen, kalt abschrecken, in einer vorgewärmten Schüssel anrichten und ein Stück Butter daruntermischen.

SAUCE:
10 g Margarine
100 g würfelig geschnittener Schinken
2 kleine, würfelig geschnittene Zwiebeln
2 Eßlöffel Tomatenmark
3 geschälte, gewürfelte Tomaten
1 zerdrückte Knoblauchzehe
3/8 l Gemüsebrühe
30 g geriebener Käse
gehackte Kräuter

Zwiebeln und Schinken in der Margarine anrösten, Tomatenmark, Tomatenwürfel, Knoblauch und Gemüsebrühe hinzufügen, zusammen aufkochen lassen.
Teigwaren mit der Sauce begießen und mit dem Käse und den Kräutern bestreuen.

SPINAT-RADIESCHEN-SALAT

250 g Spinat
1 Bund Radieschen

Spinat gründlich waschen, die harten Stiele entfernen. Radieschen waschen und in sehr dünne Scheiben schneiden. Spinat und Radieschenscheiben vermengen.

MARINADE:
1 kleine Zwiebel
2 Knoblauchzehen
1 Becher Joghurt
2 Eßlöffel Zitronensaft
1 Eßlöffel Öl

Aus obigen Zutaten eine Sauce mischen und über den Salat verteilen.

STOSUPPE

Photo auf Seite 102
250 g rohe, geschälte,
kleingewürfelte Kartoffeln
Essig, Salz
10 g Margarine
1 gestrichener Eßlöffel Vollweizenmehl
1 Kaffeelöffel Hefeflocken
1/4 l kalte Milch
1 Kaffeelöffel geriebener Meerrettich/Kren

Kartoffeln mit 1/2 Liter Wasser aufgießen, zugedeckt weichkochen und mit einem Spritzer Essig säuern.
Mehl und Hefeflocken in Margarine hell anrösten, mit Milch aufgießen, glattrühren, zu den kochenden Kartoffeln gießen und unter ständigem Rühren fertigkochen. Zum Schluß salzen, Meerrettich/Kren einstreuen und nicht mehr kochen.

ORANGENFRISCHKOST MIT MEERRETTICH/KREN

2 Orangen
feinst gehackte Orangenschale
1/16 l Weißwein
1 Eßlöffel Zitronensaft
1 Kaffeelöffel Honig
2 Kaffeelöffel geriebener Meerrettich/Kren

Orangen in Spalten teilen, von den feinen Innenschalen befreien und grob hacken. Dabei darf kein Saft verlorengehen.
Die fein gehackte Schale einer halben Orange in Weißwein mit 1/16 Liter Wasser kochen, mit Zitronensaft, Honig, Meerrettich/Kren und dem Orangenfruchtfleisch vermischen.
Als Beilage dazu Honig-Butter-Brote servieren.

KARTOFFEL-CHAMPIGNON-AUFLAUF

200 g Kartoffeln
20 g Vollweizenmehl
20 g Sojamehl
Salz
30 g geriebener Käse
20 g Butter oder Margarine

Kartoffeln in der Schale kochen, schälen, reiben und mit Mehl, Salz und geriebenem Käse locker vermischen.
Von dieser Masse eine dünne Schicht in eine kleine Auflaufform geben, Fülle darauf verteilen und mit der restlichen Kartoffelmasse abschließen.
Fettflöckchen auf den Auflauf legen, bei Mittelhitze backen.

FÜLLE:
200 g Champignons
1 Zwiebel
Salz
1 Eßlöffel gehackte Petersilie
10 g Margarine

Zwiebel fein hacken, mit den blättrig geschnittenen Champignons einige Minuten in der Margarine dünsten und mit gehackter Petersilie bestreuen, würzen.

KOHLRÜBENSALAT MIT BLATTSPINAT

2 Kohlrüben
100 g Blattspinat
Salz

Kohlrüben schälen, vierteln und in hauchdünne Scheiben schneiden. In kochendem Salzwasser 1 Minute blanchieren, abgießen, kalt überbrausen und abtropfen lassen.
Spinat putzen, waschen, eventuell in breite Streifen schneiden und Kohlrübenscheiben hinzufügen.

MARINADE:
je ein kleiner Bund Dill,
Petersilie und Schnittlauch
4 Eßlöffel Essig
3 Eßlöffel Öl
Salz, Pfeffer, 1 Prise Zucker

Dill, Petersilie und Schnittlauch waschen, fein hacken. Essig und Öl zu einer sämigen Sauce verrühren, 1 Eßlöffel Wasser unterrühren und abschmecken.

GEFÜLLTE HÜHNERSCHNITZEL
PERLWEIZEN ODER PETERSILIENKARTOFFELN
SOJASPROSSENSALAT

ZUCCHINI-TOMATEN-GRATIN
VOLLKORNGEBÄCK

GEFÜLLTE HÜHNERSCHNITZEL

2 Hühnerschnitzel
Salz, Pfeffer
30 g Margarine

Hühnerschnitzel klopfen, würzen und mit der Fülle belegen. Das Ganze fest einrollen, in Margarine anbraten und im Backrohr unter mehrmaligem Aufgießen fertiggaren.

FÜLLE:
40 g Blattspinat
1 Möhre/Karotte
1 gelbe Rübe

Blattspinat blanchieren, Möhre/Karotte und gelbe Rübe stiftelig schneiden. Hühnerschnitzel zuerst mit Blattspinat, dann mit gestifteltem Gemüse belegen. Mit Perlweizen oder Petersilienkartoffeln servieren.

SOJASPROSSENSALAT

100 g Sojasprossen
1 kleine Zwiebel
1 rote und 1 grüne Paprikaschote

Die Zwiebel fein würfeln, die Paprikaschoten in feine Streifen schneiden. Die Sojasprossen waschen, überbrühen und abtropfen lassen.

MARINADE:
3 Eßlöffel Essig
2 Eßlöffel Öl
Sojasauce
Salz, Paprikapulver
1 Bund Petersilie

Aus den Zutaten eine Marinade zubereiten, mit Zwiebelwürfeln, Paprika und Sojasprossen vermischen.
Gehackte Petersilie darüberstreuen.

ZUCCHINI-TOMATEN-GRATIN

Photo auf Seite 84
200 g Tomaten
150 g Zucchini
1 Knoblauchzehe
1 Eßlöffel Öl
1 gehackte Zwiebel
Thymian, Salz, Pfeffer

Zwiebel und Knoblauch in einer feuerfesten Form in Öl anbraten. Tomaten und Zucchini in Scheiben schneiden, in die Backform schlichten und würzen.

SAUCE:
20 g Margarine
20 g Schinkenwürfel
1 gewürfelte Zwiebel
1 Kaffeelöffel (20 g) Vollweizenmehl
1/8 l Weißwein
1/8 l Milch
Salz, Pfeffer
1 Bund Schnittlauch
50 g geriebener Käse

Schinken- und Zwiebelwürfel in Margarine hellgelb anrösten, Mehl einrühren und unter Rühren Wein und Milch dazugießen.
Abschmecken und mit gehacktem Schnittlauch mischen.
Sauce über das Gemüse gießen, mit Käse bestreuen und 30 Minuten bei ca. 250 Grad im vorgeheizten Rohr backen.
Dazu Vollkorngebäck servieren.

HIRSEFLOCKENAUFLAUF

250 g Quark/Topfen
2 — 3 Eßlöffel Milch
2 Eier
8 Eßlöffel Hirseflocken
3 Eßlöffel Honig
3 Eßlöffel grob gehackte Nüsse
2 Äpfel
Fett für die Form

Quark/Topfen, Milch und Eigelb miteinander verrühren. Hirseflocken, Honig, Nüsse und blättrig geschnittene Äpfel beigeben.

Den geschlagenen Eischnee locker unterziehen.

Die Masse in eine ausgefettete Auflaufform füllen und bei 200 Grad ca. 30 — 40 Minuten backen.

Dazu paßt am besten eine Fruchtsauce oder Kompott.

BUCHWEIZENPFANNKUCHEN

120 g Buchweizenschrot
1/4 l Gemüsebouillon
Salz, Pfeffer, Paprika
2 Eßlöffel Sojamehl
1 Zwiebel
1/2 Bund Schnittlauch
50 g Schinken
50 g Käse
1 Teelöffel Senf
Öl oder Kokosfett zum Braten

Buchweizenschrot mit Gemüsebouillon aufkochen und 20 Minuten quellen lassen. Dann von der Kochstelle nehmen und etwas abkühlen lassen. Zwiebel-, Käse- und Schinkenwürfel, Sojamehl, Senf und Schnittlauchröllchen zugeben und alles miteinander vermischen, mit Salz, Pfeffer und Paprika kräftig abschmecken.

Mit einem Eßlöffel etwas Teig herausnehmen und mit einem zweiten Eßlöffel abstreifen.

In eine Pfanne mit heißem Fett geben und von beiden Seiten braun braten, heiß servieren.

BLUMENKOHL/KARFIOL VINAIGRETTE

1 Blumenkohl/Karfiol
Salz, Zitronensaft

Blumenkohl/Karfiol putzen, waschen und in Salzwasser mit Zitronensaft 20 Minuten garen.

M A R I N A D E :
1 kleine Zwiebel
1/2 Bund Petersilie
1 Bund Dill
1 Bund Schnittlauch
3 Gewürzgurken
3 Eßlöffel Essig, 4 Eßlöffel Öl
2 Eßlöffel Wasser
weißer Pfeffer, 1 Kaffeelöffel Senf
1 Prise Zucker, Salz

Gehackte Zwiebel, gehackte Kräuter, würfelig geschnittene Gewürzgurken, Essig, Öl und Wasser mischen. Mit Salz, Pfeffer, Senf und einer Prise Zucker abschmecken.

Abgetropften Blumenkohl/Karfiol mit der Sauce übergießen.

AVOCADOSUPPE

1/4 l Gemüsebrühe (Instant)
3 Avocados
1/8 l saure Sahne/ Sauerrahm
1/8 l trockener Weißwein
1 Teelöffel Zitronensaft
Salz, Pfeffer, Muskat

Gemüsebrühe erhitzen, Avocados halbieren und entkernen. Fruchtfleisch herauslösen und kleinschneiden. Einige größere Stücke für die Garnitur zurückbehalten. Avocadofleisch in die Gemüsebrühe geben und pürieren oder mixen. Saure Sahne/Sauerrahm, Weißwein und Zitronensaft unterrühren, würzen.
Mit Avocadoscheiben garniert servieren.

SCHMELZKÄSE AUF KNÄCKEBROT

4 Ecken Schmelzkäse
2 Eßlöffel Tomatenmark
1 Eßlöffel Weißwein
1 Prise Paprika
verschiedene gehackte, frische Kräuter

Käseecken in kleine Stücke schneiden, in einer kleinen Pfanne mit Tomatenmark, Weißwein und Paprikapulver schmelzen.
Käsecreme auf Knäckebrot oder anderes Brot streichen und mit gehackten Kräutern bestreuen.

LAMMKOTELETTS MIT KNOBLAUCH IN THYMIANSAUCE

4 Lammkoteletts
3 Knoblauchzehen,
geschält und in Stifte geschnitten
Salz, Pfeffer, Öl

Fett- und Sehnenrand der Koteletts mit einem scharfen Messer in Abständen von 2 cm einschneiden. Dabei darauf achten, daß die Fleischfasern nicht verletzt werden.
Lammkoteletts mit Knoblauchstiften spicken, salzen und pfeffern. Öl in einer Pfanne erhitzen, die Lammkoteletts darin bei starker Hitze auf jeder Seite kräftig anbraten. Die Temperatur zurückschalten und die Koteletts bei mittlerer Hitze pro Seite 2—3 Minuten braten, warmhalten.

SAUCE:
1 Bund frischer Thymian
1 Knoblauchzehe
1 Zitrone
1/8 l saure Sahne/Sauerrahm oder
1 Becher Créme fraîche
Salz, Pfeffer

Thymianzweige waschen, Blättchen von den Stielen streifen, Knoblauch fein hacken. Thymianblättchen und Knoblauch in die Pfanne geben und bei schwacher Hitze anschwitzen. Bratenfond mit Zitronensaft ablöschen, saure Sahne/Sauerrahm oder Créme fraîche untermischen.
Die Sauce abschmecken und über die Koteletts verteilen.

GRÜNE BOHNEN/FISOLEN MIT KARTOFFELN

500 g grüne Bohnen/Fisolen
1 große Zwiebel
2 Kartoffeln
250 g Tomaten
20 g Butter oder Margarine
Salz, 1 Messerspitze Ingwer

Grüne Bohnen/Fisolen putzen. Feingehackte Zwiebel in Fett hell anlaufen lassen. Tomaten kurz in heißes Wasser tauchen, schälen, in dicke Scheiben schneiden und zu der Zwiebel geben.
Die vorbereiteten Fisolen untermischen. Zuletzt die würfelig geschnittenen Kartoffeln beifügen.
Mit wenig Wasser aufgießen, Salz und Ingwer beifügen und auf kleiner Flamme weich dünsten.

FRUCHTCOCKTAIL

1/16 l Tomatensaft
1/16 l Möhren-/Karottensaft
1/16 l Orangensaft
1 Becher Joghurt

Alles miteinander verrühren.

CHICORÉE AUF ITALIENISCHE ART

500 g Chicorée
2 Eßlöffel Öl
1 feingehackte Zwiebel oder
1 ringelig geschnittene Lauchstange
150 g Champignons
Salz, Pfeffer, Paprika
1 Prise Zucker
Knoblauch
3 Eßlöffel Tomatenmark
gehackte Petersilie

Kleinen Strunk am unteren Ende der Chicorée ausschneiden, die Chicorée waschen, der Länge nach halbieren.
Zwiebel oder Lauch und blättrig geschnittene Champignons in Öl rösten, mit Salz, Pfeffer, Paprika, Zucker, Knoblauch und Tomatenmark würzen.
Darauf die Chicorée legen, bis zur halben Höhe mit Wasser auffüllen, wenig Salz darüberstreuen und alles gut zugedeckt ohne umzurühren dämpfen, bis das Gemüse genügend weich geworden ist.
Zum Servieren portionsweise anrichten, den Tomaten-Champignon-Saft darübergießen und mit gehackter Petersilie bestreuen.
Petersilienkartoffeln oder Vollkorngebäck dienen als Beilage.

GRIESS-QUARK-/-TOPFEN-AUFLAUF

250 g Quark/Topfen
50 g Fruchtzucker oder 2 Eßlöffel Honig
60 g Vollweizengrieß
30 g Margarine
2 Eigelb
2 Eiweiß
abgeriebene Schale und
Saft einer halben Zitrone
Margarine für die Form

Margarine mit Eigelb, Fruchtzucker oder Honig und Quark/Topfen schaumig rühren, den Grieß hinzugeben, ebenso die abgeriebene Zitronenschale und den Zitronensaft. Zum Schluß den steifgeschlagenen Eischnee unterziehen. Diese Masse in eine befettete Auflaufform geben.

FÜLLE:
3 Äpfel
rote Marmelade oder Preiselbeerkompott

Äpfel schälen, vom Kerngehäuse befreien und mit Marmelade oder Preiselbeeren füllen. Gefüllte Äpfel in die Auflaufmasse setzen, Auflauf im vorgeheizten Backrohr 35 Minuten bei 200 Grad backen.

KIRSCHENKOMPOTT

200 g Kirschen
1 Eßlöffel Weißwein
1 Kaffeelöffel Cognac
1 Eßlöffel Honig
Zitronenschale und -saft

Entsteinte Kirschen mit allen Zutaten mariniert kaltstellen.

Schollenfilets in Folie
Rezept auf Seite 57

Zucchini-Tomaten-Gratin
Rezept auf Seite 78

GEMÜSEHIRSE

2 Zucchini
100 g Hirse
3/8 l Gemüsebrühe (Instant)
20 g Margarine oder Butter
1 Zwiebel
2 Zehen Knoblauch
30 g Edamer
4 Tomaten

Feingehackte Zwiebel in Fett hell rösten, Hirse, gehackten Knoblauch und würfelig geschnittene Zucchini zugeben, mit der Brühe aufgießen und 20 Minuten weichdämpfen lassen.
Vor dem Anrichten den geriebenen Käse und die feingehackten Tomaten unterziehen und die Hirse noch 2 Minuten weiterziehen lassen.

EISBERGSALAT MIT GERIEBENEM SELLERIE

1 Kopf Eisbergsalat
150 g Sellerie
Saft einer halben Zitrone
Salz
2 Eßlöffel Essig
2 Eßlöffel Wasser
3 Eßlöffel Öl
1 Prise Zucker
Petersilie, Schnittlauch

Sellerie schälen, waschen, sehr fein raffeln und mit Zitronensaft sowie etwas Salz vermischen. Eisbergsalat waschen, klein reißen und mit einer Marinade aus Essig, Salz, Wasser, Öl, Zucker und feingeschnittenem Schnittlauch gut abmischen.
Sellerie dazugeben, mit feingehackter Petersilie bestreuen und sofort servieren.

KLARE SOJAKEIMLINGSUPPE

100 g Sojakeimlinge
Salz, Muskat
Gemüsebrühe (Instant)

Gemüsebrühe mit Sojakeimlingen leicht kochen lassen und abschmecken. Grießplätzchen können als Einlage separat serviert werden.

GRIESSPLÄTZCHEN

1/4 l Milch
125 g Vollweizengrieß
1 Ei
Salz
Fett für das Backblech

Milch mit Vollweizengrieß und Salz aufkochen, Ei einrühren. Danach runde Plätzchen formen und auf befettetem Blech backen.

RADIESCHEN-KÄSE-CREME

1 Bund Radieschen
120 g Brie
1/8 l süße Sahne/Schlagobers
Salz, Pfeffer, Cayennepfeffer

Brie eventuell entrinden, mit 2 Eßlöffel süßer Sahne/Schlagobers cremig rühren. Mit Salz, Pfeffer und Cayennepfeffer abschmecken. Radieschen putzen und mit einer Raffel fein reiben. Unter die Käsecreme rühren. Restliche süße Sahne/Schlagobers steif schlagen und vorsichtig unterheben.
Zu Vollkornbrot servieren.

BIRCHER KARTOFFELN

400 g Kartoffeln
2 Eßlöffel Kümmel
Salz
20 g Butter oder Margarine

Die ungeschälten Kartoffeln gut bürsten, abspülen und längs halbieren. Mit der Schittfläche nach oben auf ein befettetes Backblech legen, mit Salz und Kümmel bestreuen und mit Butter- oder Margarineflöckchen belegen.
Die Kartoffeln 30 — 45 Minuten bei 250 Grad im Rohr backen, mit einer Gabel hin und wieder testen, ob die Kartoffeln schon weich sind.

KRÄUTERSALAT MIT FRISCHKÄSE

1 Kopfsalat
1 Radicchio
4 Frühlingszwiebeln
Schnittlauch, Kerbel, Melisse,
Sauerampfer usw.
2 Tomaten

Kopfsalat und Radicchio waschen und in mundgerechte Stücke zerteilen, Frühlingszwiebeln in feine Ringe schneiden.

M A R I N A D E :
3 Eßlöffel Frischkäse
2 Eßlöffel saure Milch
2 Eßlöffel Öl
Saft einer Zitrone
etwas Senf
Salz, 1 Prise Zucker, 1 Prise Pfeffer

Frischkäse zerdrücken und gut mit saurer Milch und Öl verrühren. Mit Zitronensaft, Senf, Salz, Pfeffer sowie Zucker abschmecken und mit geachtelten Tomaten garnieren. Mit den Kräutern bestreut servieren.

GEDÄMPFTER KABELJAU MIT GEMÜSE

2 Kabeljaufilets oder -koteletts
Salz, Pfeffer, Zitronensaft

Kabeljaufilets mit Zitronensaft beträufeln, sparsam salzen und pfeffern.

G E M Ü S E :
100 g Möhren/Karotten
100 g Kohlrüben
1 Bund Frühlingszwiebeln
1 Zitrone
1 Bund Dill
1 Lorbeerblatt
3 weiße Pfefferkörner
1 Wacholderbeere

Möhren/Möhren und Kohlrüben in 1/2 cm dünne Scheiben, dann in Stifte schneiden. Frühlingszwiebeln in 1 cm lange Stücke schneiden.
In einem Kochtopf mit Dämpfeinsatz 1/4 Liter Wasser mit Zitronenscheiben, Dillstielen, Lorbeerblatt, Pfefferkörnern und Wacholderbeere aufkochen.
Gemüse auf dem Dämpfeinsatz verteilen und die Fischfilets darauflegen. Fisch und Gemüse 20 Minuten dämpfen, dann mit Petersilienkartoffeln servieren.

PICHELSTEINER GEMÜSE

1 kleiner Kopf Grünkohl
1 kleiner Kopf Weißkohl/-kraut
4 Möhren/ Karotten
1 Kohlrübe
3 Tomaten
50 g grüne Bohnen/Fisolen
1 kleine Sellerieknolle
4 mittelgroße Kartoffeln
40 g Margarine
Salz, Pfeffer
1/2 l Gemüsebrühe (Instant)
evtl. saure Sahne/Sauerrahm
evtl. Meerrettich/Kren

Die Gemüse putzen und in gleichmä-
ßige Scheiben oder Stücke schneiden. In
einer Kasserolle die Margarine zergehen lassen. Das gut vermischte Gemüse
dazugeben, Gemüsebrühe darübergießen, würzen und zugedeckt auf kleiner
Flamme weichdünsten. Von Zeit zu Zeit
etwas rütteln und gegebenenfalls noch
etwas Brühe nachgießen.
Nach Belieben kann noch saure Sah-
ne/Sauerrahm und Meerrettich/Kren
untergerührt werden.

ERDBEERJOGHURT

2 Becher Joghurt
250 g Erdbeeren
1 Eßlöffel geriebene Mandeln
etwas Honig oder Fruchtzucker

Erdbeeren gut waschen, kleinschneiden,
mit Honig oder Fruchtzucker ziehen lassen. Joghurt gut versprudeln und über
die Erdbeeren geben, mit geriebenen
Mandeln bestreuen.

QUARK-/TOPFENWAFFELN

(Zutaten für 6 Stück)
100 g Margarine
2 Eßlöffel Honig oder Fruchtzucker
3 Eigelb
250 g Quark/Topfen
1 Zitrone
Zimt
180 g Vollweizenmehl
1/2 Kaffeelöffel Backpulver
3 Eiweiß

Margarine, Honig oder Fruchtzucker
und Eigelb schaumig rühren.
Quark/Topfen, Zitronenschale, Zitronensaft und Zimt zugeben, Vollweizenmehl mit Backpulver vermischt unterrühren.
Eiweiß steifschlagen und unterheben.
Waffeleisen auf Stufe III vorheizen, mit
einem Schöpfer portionsweise den Teig
hineinfüllen. Deckel schließen.
Die Backzeit beträgt etwa 3—4 Minuten
auf Stufe II.

RHABARBERSCHNEE

250 g Quark/Topfen
200 g Rhabarber
2 Eßlöffel Honig
2 Eiweiß

Rhabarber in Stücke schneiden, mit wenig Wasser und Honig weichkochen.
Quark/Topfen mit Rhabarberkompott
verrühren, Eiweiß sehr steif schlagen
und unter die Masse heben. Das Ganze
in Dessertschalen anrichten.

PIKANTER FRISCHKOSTSALAT
PILZSAUCE
VOLLKORNNUDELN

KÄSESUPPE
GEMÜSETOASTS

PIKANTER FRISCHKOSTSALAT

je 100 g Möhren/Karotten, gelbe Rüben,
Sellerieknolle und säuerlicher Apfel
150 g Salatgurke

Salatgemüse putzen und in feine Streifen schneiden, locker vermischen und
mit der Marinade übergießen.

MARINADE:
1 Becher Joghurt
feingeschnittener Schnittlauch
Saft einer Zitrone
Salz, 1 Prise Zucker

Für die Marinade alle Zutaten gut verrühren und pikant abschmecken.

PILZSAUCE

50 g kleinwürfelig geschnittener Schinken
1 feingehackte Zwiebel
200 g blättrig geschnittene Pilze
1 zerdrückte Knoblauchzehe
1 Eßlöffel Vollweizenmehl
1/4 l Gemüsebouillon (Instant)
1/16 l Rotwein
Salz, Pfeffer, Kümmel, Thymian, Paprikapulver
1 Kaffeelöffel feingehackte Petersilie
1 Becher Joghurt

Schinken und Zwiebel leicht anlaufen
lassen. Die Pilze und den Knoblauch zugeben und gut anrösten. Das Mehl darüberstreuen und unter weiterem Rühren
etwas bräunen. Mit Gemüsebrühe und
Rotwein ablöschen und bei schwacher
Hitze ca. 20 Minuten weiterkochen. Mit
Salz, Pfeffer, Kümmel, Thymian, Paprika und Petersilie würzen und zum
Schluß Joghurt einrühren.
Mit Vollkornnudeln servieren.

KÄSESUPPE

50 g Emmentaler
50 g Vollkornknödelbrot
1/2 l Gemüsebrühe (Instant)
1/8 l trockener Weißwein
Salz, weißer Pfeffer
Schnittlauch, Dill und Petersilie
4 Frühlingszwiebeln

Käse reiben, Vollkornknödelbrot mit
der heißen Gemüsebrühe begießen und
10 Minuten durchziehen lassen. Aufkochen, Weißwein zugießen und Käse
einrühren. Mit Salz und Pfeffer würzen.
Kräuter waschen, abtropfen lassen, hakken und in die Suppe geben, ringelig geschnittene Frühlingszwiebeln darauf
verteilen.

GEMÜSETOASTS

4 Scheiben Vollkorntoast
10 g Margarine

Brotscheiben toasten und mit Margarine bestreichen.

BELAG:
4 große Salatblätter
18 Salatgurkenscheiben
einige Paprikaringe
4 Tomaten
etwas Pfeffer
Meerrettich/Kren
1 Kaffeelöffel gehackte Kräuter

Brotscheiben mit Salatblättern, Gurken-
und Tomatenscheiben sowie Paprikaringen belegen. Mit Pfeffer, Meerrettich/
Kren und gehackten Kräutern bestreu-
en und sofort servieren.

ÜBERBACKENE KARTOFFELSCHEIBEN MIT BLAUSCHIMMEL- UND SCHAFKÄSE

4 große Kartoffeln kochen, schälen und in fingerdicke Scheiben schneiden.

BELAG:

100 g Blauschimmelkäse
100 g milder Schaf- oder Ziegenkäse

Blauschimmelkäse mit Schafkäse verrühren, Kartoffelscheiben damit belegen. In einer feuerfesten Form bei starker Oberhitze überbacken.

RADIESCHEN-TOMATEN-SALAT

2 Bund Radieschen
2 Tomaten
1 kleine Zwiebel
grüne Salatblätter

Radieschen putzen und feinblättrig schneiden. Tomaten überbrühen, häuten und in Würfel schneiden, Zwiebel fein hacken.

MARINADE:

1 Eßlöffel Olivenöl
1 Eßlöffel Zitronensaft
Salz, weißer Pfeffer

Zutaten für die Marinade verrühren, mit dem Gemüse vermengen und auf Salatblättern anrichten.

BOHNEN-LAMM-EINTOPF

500 g magere Lammschulter
1 Zwiebel
2 Knoblauchzehen
300 g grüne Bohnen/Fisolen
300 g Kartoffeln
1 Zweig Thymian oder Bohnenkraut
3/8 l Wasser
Salz, Pfeffer
eventuell etwas Mehl

Das Fleisch kurz waschen und in 2 cm große Stücke schneiden. Zwiebel und Knoblauch hacken, Bohnen putzen, die Kartoffeln schälen, waschen und in 4 cm lange Stücke teilen.
Fleisch, Gemüse, Gewürze und Wasser in den Schnellkochtopf geben. Den Topf verschließen und stark erhitzen. Das Ventil aufschrauben und den Eintopf — wenn der 2. Ring erscheint — ca. 20 Minuten bei reduzierter Hitze garen. Eintopf eventuell zuletzt mit etwas kalt angerührtem Mehl binden. Mit Vollkornbrot servieren.

GEBRATENE APFELSCHEIBEN

2 feste Äpfel
Saft einer halben Zitrone
20 g Butter

Äpfel schälen, vom Kerngehäuse befreien und in dicke Scheiben schneiden. Mit Zitronensaft beträufeln, in heißer Butter kurz beidseitig anbraten und herausnehmen.

SAUCE:

1 Eßlöffel Honig
Saft von 2 Orangen
2 Eßlöffel Aprikosenmarmelade
2 Eßlöffel Rum
evtl. süße Sahne/Schlagobers oder Vanilleeis

In der Pfanne Honig, Orangensaft, Marmelade und Rum aufkochen lassen. Diese Sauce über die angerichteten Apfelscheiben geben.
Die Apfelscheiben können mit süßer Sahne/Schlagsahne oder Vanilleeis garniert werden.

WELSH RAREBIT

4 Scheiben Vollkorntoast
150 g Chesterkäse oder anderer Reibkäse
2—3 Eßlöffel helles Bier oder Milch
Senf

Vollkornbrot toasten und warmstellen. Käse, Bier oder Milch und Senf schmelzen und zu einer Creme rühren, diese heiß auf die Brotscheiben streichen. Im Grill kurz überbacken, sofort servieren.

BLATTSPINAT

500 g Blattspinat (anstelle von Spinat können auch Brennesselblätter verwendet werden)
2 Knoblauchzehen
1 Zwiebel
20 g Margarine
Salz, Muskat
1/2 Becher Créme fraîche

Spinatblätter putzen, waschen und in wenig Wasser ca. 3 Minuten dünsten. Auf ein Sieb schütten, abtropfen lassen. Margarine in einem Topf zerlassen, Zwiebel- und Knoblauchwürfel darin andünsten. Spinatblätter dazugeben, mit Salz und Muskat würzen. Créme fraîche darübergeben.

VITAMINSHAKE

1/4 l Buttermilch
50 g Salatgurke
30 g Radieschen
Kresse

Gurke schälen und zerkleinern, Radieschen putzen, zerkleinern.
Mit Buttermilch im Mixer pürieren, in 2 Gläser füllen, mit Kresse bestreuen.

APFELPFANNKUCHEN

150 g Vollweizenmehl
2 Eßlöffel Sojamehl
Salz
1/4 l Mineralwasser
1 Ei
3 Äpfel
Zimt, Honig

Aus Vollweizenmehl, Sojamehl, Salz, Mineralwasser und Ei einen Teig rühren.
Die Äpfel mit der Schale in die Pfannkuchenmasse reiben, aus dem dickflüssigen Teig kleine Pfannkuchen backen. Honig mit Zimt erwärmen und mit den Pfannkuchen servieren.

HIRSENUDELN MIT SALBEI

250 g Hirsenudeln
Salz

Nudeln in Salzwasser nicht zu weich kochen, abseihen, abschrecken und abtropfen lassen.

SALBEI-KNOBLAUCH-MISCHUNG:
4 frische Salbeiblätter oder
1 Teelöffel getrockneter Salbei
2 Knoblauchzehen
20 g Butter
Salz, Pfeffer
1 Eßlöffel Kapern
100 g geriebener Käse
1 Bund Petersilie

Salbeiblätter waschen, trockentupfen und kleinschneiden. Knoblauchzehen schälen und feinhacken. Butter in einer Pfanne erhitzen, Salbei und Knoblauch dazugeben und gut durchrühren.
Danach Teigwaren in die Salbei-Knoblauch-Mischung geben, mit Salz und Pfeffer würzen. Kapern darüberstreuen und alles vorsichtig mischen. In einer Schüssel mit Käse und gehackter Petersilie bestreut servieren.

APFEL-LAUCH-SALAT

2 Äpfel
1 kleine Stange Lauch

Äpfel in feine Spalten, Lauch in Ringe schneiden, beides in 2 Schalen anrichten.

MARINADE:
1 Becher Joghurt
1 Kaffeelöffel Honig
Saft einer halben Zitrone
Salz, Petersilie, Schnittlauch

Joghurt mit Zitronensaft, Honig, Salz sowie den gehackten Kräutern verrühren und über die Apfelstücke und Lauchringe gießen.

SPARGELCREMESUPPE

1 kleine Dose Spargel oder
150 g frisch gekochter Spargel
1/2 l Gemüsebouillon (Instant)
1/8 l Milch
10 g Butter
etwas Zitronensaft oder Weißwein
Muskat, Salz, Petersilie
2 Eßlöffel saure Sahne/Sauerrahm

Spargel im Mixer mit Milch pürieren, in die kochende Gemüsebouillon rühren und Butter, Zitronensaft oder Weißwein, Muskat, Salz, Petersilie und saure Sahne/Sauerrahm hinzufügen. Erwärmen und nicht mehr kochen.

AVOCADOTOASTS

4 Scheiben Vollkorntoast
20 g Margarine

Brotscheiben toasten und mit Margarine bestreichen.

BELAG:
2 feste Avocados
3 Eßlöffel Zitronensaft
125 g Camembert
Salz, Pfeffer, Schnittlauch

Avocados entkernen und das Fruchtfleisch in Scheiben schneiden. Brotscheiben damit belegen und würzen. Camembertscheiben darüberschichten und unter dem Grill überbacken, mit Schnittlauchröllchen garnieren.

EINFACHE KRÄUTERKARTOFFELN VOM GRILL

300 g kleine Kartoffeln
Öl
reichlich frische gehackte Kräuter
gepreßter Knoblauch

Die rohen Kartoffeln gut waschen, in 1 cm dicke Scheiben schneiden, auf den erhitzten, mit Öl bestrichenen Grill geben, mit Fett beträufeln und 15 Minuten zugedeckt backen. Nach 8 Minuten wenden, wodurch auf beiden Seiten das Grillmuster entsteht.

Die Kräuter mit dem Knoblauch verrühren und vor dem Anrichten die Kartoffelscheiben damit bestreichen.

RADIESCHENFRISCHKOST

2 Bund Radieschen

Radieschen putzen, gut waschen und feinblättrig schneiden.

MARINADE:
1 Becher Joghurt
1 Teelöffel Senf
1 Eßlöffel Zitronensaft
Salz, Pfeffer

Aus Joghurt, Senf und Zitronensaft eine Marinade zubereiten und mit Salz und Pfeffer abschmecken. Die Radieschen untermengen und ca. 10 Minuten ziehen lassen, dann sofort servieren.

SCHOLLENFILETS MIT TOMATEN UND ZWIEBELRINGEN IN FOLIE

2 Schollenfilets
Salz, weißer Pfeffer
Zitronensaft, Öl
Alufolie

Die Schollenfilets säubern, säuern, salzen und mit Pfeffer bestreut auf die glänzende Seite einer mit Fett bestrichenen Alufolie legen.

ZUM BELEGEN:
4 Tomaten
einige Zwiebelringe
Rosmarin, Thymian
einige Butterflöckchen
Salatblätter
feingehackter Dill oder Petersilie
Zitrone

Die Fischfilets mit Tomatenscheiben, Zwiebelringen und Butterflöckchen belegen, mit Rosmarin und Thymian bestreuen.

Die Folie zusammenfalten und durch Einschlagen der Ränder fest verschließen. In einer flachen Kasserolle Wasser heiß werden lassen, Fischpäckchen in siedendem Wasser darin 20 Minuten garen.

Die Fischportionen mit grünen Kräutern bestreut und mit geachtelten Zitronen garniert auf je einem Salatblatt servieren.

Diese Art der Fischzubereitung stellt eine gute Zugabe zu Vollkornbrot dar, weil das Fischfleisch in der Folie nicht trocken wird und nicht zerfällt. Das Gericht schmeckt auch kalt sehr gut.

SPINATSPÄTZLE MIT SCHINKEN

Photo auf Seite 137
250 g Vollweizenmehl
Salz
40 g Butter oder Margarine
1 Ei
1 Eßlöffel Sojamehl
ca. 1/8 l Milch
1/2 kleines Paket Tiefkühlspinat

Butter oder Margarine flaumig rühren, Ei, Milch, Mehl und aufgetauten Spinat untermischen, gut abschlagen.
Teig durch ein Spätzlesieb in kochendes Salzwasser drücken.
Sobald die Spätzle aufsteigen, mit einem Schaumlöffel herausnehmen und mit lauwarmem Wasser abschwemmen.

ZUM BESTREUEN:
100 g Schinken
10 g Butter oder Margarine
50 g Käse

Schinken kleinwürfelig schneiden, in Fett anschwitzen, Spätzle darin schwenken und mit geriebenem Käse bestreuen.

SOMMERSALAT

1 rote, 1 gelbe, 1 grüne Paprikaschote
1 Kopfsalat
1 Radicchio
1/2 Salatgurke
2 Tomaten
1 Bund Radieschen
gehackte Petersilie, Kresse, Dill
1 Zwiebel

Tomaten achteln, Paprikaschoten in Streifen, Zwiebel in Ringe, Gurke und Radieschen in Scheiben schneiden. Kopfsalat und Radicchio zerteilen, in einer Schüssel verteilen und mit der Marinade übergießen. Mit gehackten Kräutern bestreuen.

MARINADE:
1 Becher Joghurt
1 Teelöffel Senf
Saft einer halben Zitrone
Salz, Pfeffer

Alle Zutaten gut verrühren.

TOPFENPALATSCHINKEN

250 g Quark/Topfen
1 Prise Salz
Saft und Schale einer Zitrone
2 Eier
60 g Vollweizenmehl
1/10 l Milch
1 Messerspitze Backpulver

Quark/Topfen, Eigelb, Milch, Mehl und Gewürze verrühren, Eiweiß zu Schnee schlagen und unterheben.
In einer Pfanne in wenig Fett die Palatschinken ausbacken.

RHABARBERCREME

200 g Rhabarber
Fruchtzucker oder Honig nach Geschmack
einige Eßlöffel Wasser
1 Kaffeelöffel (10 g) Stärkemehl
Zitronenschale

Vom Rhabarber die Fäden abziehen, die Stangen in kleine Stücke schneiden und mit geriebener Zitronenschale in Wasser weich kochen. Das angerührte Stärkemehl einrühren, einmal aufkochen, dann mit Fruchtzucker oder Honig süßen.

VOLLKORNSPAGHETTI MIT PÜRIERTEM MISCHGEMÜSE

250 g Vollkornspaghetti
Salz

Salzwasser aufkochen, Spaghetti hineingeben, kurz umrühren und 12 Minuten garen lassen.

GEMÜSEPÜREE:
1 Paket tiefgekühltes Mischgemüse
20 g Butter oder Margarine
1/8 l saure Sahne/Sauerrahm
gehackte Petersilie
Salz, Pfeffer

Tiefgekühltes Mischgemüse kochen und pürieren. In einen Kochtopf geben und unter Aufwärmen Butter oder Margarine und Sahne/Rahm mit einer Schneerute unter das heiße Püree rühren. Wenn nötig, mit Salz und Pfeffer abschmecken, mit gehackter Petersilie bestreuen.
Spaghetti auf ein Sieb schütten, kurz mit kaltem Wasser abschrecken und abtropfen lassen. Mit Gemüsepüree servieren, auf Wunsch mit geriebenem Käse bestreuen.

APFELJOGHURT

1/8 l Joghurt
1/8 l Apfelsaft
Saft einer halben Zitrone und einer halben Orange
1 Kaffeelöffel Honig
Zimt

Alle Zutaten verrühren.

PIKANTE BROTSUPPE

100 g Vollkornbrot
2 Eßlöffel Öl
1 Zwiebel
1 Möhre/Karotte
1 Stückchen Sellerie
3/4 l Gemüsebrühe (Instant)
Salz, Pfeffer
2 Eßlöffel Joghurt
Schnittlauch

Das Brot zerkleinern. Kleingeschnittenes Gemüse in Öl anrösten, das Brot hinzufügen und ebenfalls mit durchrösten. Mit der Gemüsebrühe aufgießen, wenig salzen und pfeffern und 20 Minuten kochen lassen. Joghurt einrühren und mit feingeschnittenem Schnittlauch bestreuen.

ERDBEERCREME

200 g Quark/Topfen
3 Eßlöffel Joghurt
2 Kaffeelöffel Honig
200 g frische Erdbeeren
1 Messerspitze Vanille

Quark/Topfen mit Joghurt und Honig cremig rühren. Einen Teil der Beeren zerdrücken und mit Vanille unterziehen, den anderen vierteln, unterheben und die Creme mit einer schönen Erdbeere verzieren.

WIRSINGKOHLGEMÜSE

1 kleiner Kopf Wirsingkohl
1 kleine Zwiebel
Petersilie
1/8 l saure Sahne/Sauerrahm
1 Eßlöffel Öl
Salz, Pfeffer, Kümmel

Wirsingblätter in Streifen schneiden und in Salzwasser 3 Minuten überkochen, abseihen, mit kaltem Wasser abschrekken und gut abtropfen lassen.
Würfelig geschnittene Zwiebel in Öl anrösten, Wirsing zufügen, alles gut vermischen und saure Sahne/Sauerrahm mit Gewürzen unterrühren.
Petersilie waschen, Blätter fein hacken. Wirsingkohlgemüse mit Petersilie bestreut servieren.

FONDANTKARTOFFELN

400 g Kartoffeln
1/8 l Bouillon (Instant)
Salz, Kümmel
Butter- oder Margarineflocken

Die rohen Kartoffeln schälen, in ovale Scheiben schneiden, in eine feuerfeste Form geben und würzen.
Gemüsebrühe und einige Butter- oder Margarineflocken dazugeben und im Backrohr oder auf kleiner Flamme 30 Minuten gardünsten.

FILETSTEAKS

2 Eßlöffel Öl
2 Rinderfilets
Salz, weißer Pfeffer

Öl in einer Pfanne erhitzen.
Die Steaks darin auf beiden Seiten 1/2 Minute anbraten, dann auf jeder Seite noch 3 bis 4 Minuten weiterbraten.
Mit Salz und weißem Pfeffer würzen.

ERBSEN AUF FRANZÖSISCHE ART

1 kleines Paket Tiefkühlerbsen
5 Frühlingszwiebeln
1 Kopfsalat
1 Petersilienwurzel
ein Zweig Thymian
1 Lorbeerblatt
Salz
20 g Butter
Kresse

Petersilienwurzel mit Thymian und Lorbeerblatt zusammenbinden, Salat von den Außenblättern befreien, in Streifen schneiden, Zwiebeln schälen und hakken.
Diese Zutaten und die Erbsen mit Salz und Butter (in kleine Flöckchen geschnitten) in einer Schüssel vorsichtig vermischen.
2 Eßlöffel Wasser in einem Topf erhitzen, die Gemüsemasse einfüllen, zudekken und bei mittlerer Hitze unter gelegentlichem Schütteln langsam köcheln lassen. Nach 20 Minuten vom Feuer nehmen, den Kräuterstrauß entfernen.
Steaks und Erbsen portionsweise auf Tellern anrichten, Kresse darauf verteilen und mit Vollkorngebäck oder Folienkartoffeln servieren.

FITNESSKEFIR
CHAMPIGNONGESCHNETZELTES
NATURREIS

QUARK-/TOPFENNOCKEN
ERDBEER-KIRSCHEN-SALAT

FITNESSKEFIR

2 kleine Becher Kefir
1 Teelöffel Weizenkeime
1 Eßlöffel Rosinen
1 Eßlöffel gehackte Walnüsse
2 Eßlöffel Getreideflocken
1 Eßlöffel Honig
1 Eßlöffel Leinsamen
Saft einer Zitrone

Den Kefir mit Weizenkeimen, Leinsamen, Getreideflocken und Rosinen gut verrühren und durchziehen lassen. Dann die gehackten Nüsse, Zitronensaft und Honig unterrühren.

CHAMPIGNONGESCHNETZELTES

500 g Champignons
2 Eßlöffel Öl
1 rote Paprikaschote
1 Stange Lauch
Salz, weißer Pfeffer
1 Eßlöffel gehackte Petersilie
2 Eßlöffel saure Sahne/Sauerrahm

Champignons putzen, waschen und in Scheiben schneiden.
Öl in einer Kasserolle erhitzen, Paprikastreifen darin 10 Minuten anbraten, nach 5 Minuten Lauchringe und Champignonscheiben zufügen. Noch 10 Minuten zugedeckt schmoren lassen. Sahne/Rahm und Petersilie untermischen, sorgfältig abschmecken.

ZUM GARNIEREN:
evtl. trockener Sherry
gegrillte Tomaten
Kräuselpetersilie

Man kann das Champignongeschnetzelte noch mit 1 Eßlöffel trockenen Sherry verbessern und mit gegrillten Tomaten und Kräuselpetersilie auf einer tiefen Platte anrichten.
Als Beilage dient Naturreis.

QUARK-/TOPFENNOCKEN

250 g Magerquark/-topfen
2 Eßlöffel saure Sahne/Sauerrahm
2 Eier
2 Eßlöffel Vollweizenmehl
1 Eßlöffel Sojamehl
Salz
30 g Butter

Magerquark/-topfen in einer Schüssel mit saurer Sahne/Sauerrahm, Eiern, Mehl und Salz vermischen.
Wasser mit wenig Salz in einem ausreichend großen Topf erhitzen.
Mit zwei Eßlöffeln längliche Nocken vom Quark-/Topfenteig abstechen, ins Wasser gleiten lassen. Nocken darin 10 Minuten ziehen, aber nicht mehr kochen lassen, mit einer Schaumkelle aus dem Wasser heben und in einer Schüssel anrichten.
Butter goldbraun werden lassen und darübergießen.

ERDBEER-KIRSCHEN-SALAT

250 g Erdbeeren
1 gestrichener Eßlöffel (10 g) Fruchtzucker
oder 1 Eßlöffel Honig
100 g entsteinte Kirschen
1 kleiner, blättrig geschnittener Apfel
1 geschnittene Banane

Erdbeeren waschen, die Hälfte passieren und mit Fruchtzucker oder Honig verrühren.
Die übrigen Erdbeeren mit den entsteinten Kirschen, dem Apfel und den Bananenscheiben vorsichtig vermischen und unter das Erdbeermark ziehen.

VITAMIN-FRUCHT-DRINK

3 Äpfel
3 Möhren/Karotten
Saft einer Orange
1 Kaffeelöffel Honig

Äpfel waschen, in Spalten schneiden und entkernen, Möhren/Karotten putzen, waschen und kleinschneiden, beides im elektrischen Entsafter auspressen. Den Orangensaft zufügen und mit Honig süßen.

BUCHWEIZEN „GÄRTNERIN"

100 g Buchweizen
4 Tomaten
2 kleine Zwiebeln
2 Knoblauchzehen
Lorbeerblatt, Gemüsebrühwürfel, Salz

Die Tomaten schälen, würfelig schneiden, Zwiebeln schneiden und alles zusammen mit dem Knoblauch 5 Minuten kochen lassen.
Einen halben Liter Wasser mit Gemüsebrühwürfel und Lorbeerblatt aufkochen lassen. Den Buchweizen einrühren, würzen und langsam darin 20 Minuten kochen.

ERBSENPÜREE

1 kleine Zwiebel
20 g Butter oder Margarine
500 g Erbsen
2 Eßlöffel Créme fraîche
Salz, 1 Prise Muskatnuß

Feingehackte Zwiebel in Fett glasig werden lassen. Erbsen dazugeben und dünsten, bis sie gar sind. Gemüse im Mixer pürieren, Créme fraîche unterrühren, zum Schluß mit Salz und geriebener Muskatnuß würzen.

SUPPE MIT GERÖSTETEM GRÜNKERN

20 g Margarine
60 g Grünkernschrot
3/4 l Gemüsebrühe
3 Frühlingszwiebeln
1 Bund Petersilie
Hefeflocken
Salz

Grünkernschrot in Margarine anrösten, Gemüsebrühe dazugießen und aufkochen. Bei schwacher Hitze 20 Minuten kochen lassen.
Frühlingszwiebeln waschen und in dünne Ringe schneiden, Petersilie fein hakken. Die Suppe mit Hefeflocken und Salz würzen, die Zwiebelringe und die Petersilie darüberstreuen.

TARTARENAUFSTRICH

250 g Quark/Topfen
1 Becher Joghurt
1 Kaffeelöffel Sardellenpaste
Saft einer halben Zitrone
1 Kaffeelöffel Senf
Salz, Pfeffer

Quark/Topfen, Joghurt, Zitronensaft, Sardellenpaste und Gewürze verrühren, abschmecken.

ZUM GARNIEREN:
1 Gemüsezwiebel
1 gehackte Zwiebel
Kapern
abgetropfte Perlzwiebeln
kleine Gewürzgurken
Sardellenröllchen
gehackte Kräuter
Kaviar

Gemüsezwiebel in Ringe schneiden und um den Quark/Topfen herumlegen. In die Ringe verschiedene Zutaten füllen. Mit Vollkornbrot servieren.

„FÖRSTERINNENAUFLAUF"

400 g Kartoffeln
200 g Champignons
150 g Hackfleisch
Petersilie
4 geschälte und gewürfelte Tomaten
2 Eier
1/4 l Gemüsebouillon (Instant)
1 Eßlöffel Öl

Die in Scheiben geschnittenen Kartoffeln in wenig Wasser 10 Minuten kochen, herausnehmen und in eine kleine Auflaufform legen.
Die Champignons mit der gehackten Petersilie und dem Hackfleisch in Öl anrösten, danach auf die Kartoffeln legen. Die entkernten, geschälten und in Würfel geschnittenen Tomaten darüberstreuen, die Eier mit der Gemüsebouillon verquirlen und über die Masse gießen. Im Backrohr 20 Minuten überbacken.

RADIESCHEN-SPINAT-SALAT

1 Bund Radieschen
50 g Spinatblätter
1/2 Schachtel Brunnenkresse

Eine Salatschüssel mit gewaschenen ganzen Spinatblättern belegen. Radieschen in Scheiben, restliche Spinatblätter in Streifen schneiden.
Beides mischen und auf die Spinatblätter legen.

MARINADE:
2 Eßlöffel Apfelessig
2 Eßlöffel Öl
Salz, weißer Pfeffer, etwas Senf
1 zerdrückte Knoblauchzehe

Für die Marinade die Zutaten gut vermischen und über den Salat träufeln. Mit Brunnenkresse garnieren.

APFEL-WEIN-CREME

300 g geschälte, entkernte Äpfel
1/16 l Weißwein
Saft einer halben Zitrone
Ingwer
1 Eßlöffel Honig
2 Eiweiß
Salz
Kirschen
1 Orange

Äpfel, Weißwein, Zitronensaft, Ingwer und Honig 20 Minuten dünsten, erkaltet passieren.
Eiweiß mit einer Prise Salz steifschlagen und unter das Apfelpüree heben. Dieses mit Kirschen und in Streifen geschnittener Orange garnieren.

FISCH IN CHAMPIGNONSAUCE

400 g Fischfilet
Salz, Pfeffer
Zitronensaft
4 Eßlöffel Wasser
Alufolie

Fischfilets in eine flache, feuerfeste Form legen. Wasser zufügen, salzen, pfeffern und mit Zitronensaft beträufeln.
Die Form mit Alufolie abdecken und im vorgeheizten Backrohr bei 180 Grad 20 Minuten garen.

S A U C E :
20 g Butter oder Margarine
100 g kleine, blättrig geschnittene Champignons
1/8 l saure Sahne/Sauerrahm
1 Messerspitze Paprika
gehackte Petersilie
Salz, Pfeffer

Butter oder Margarine in einem Topf zerlassen, Pilze kurz andünsten. Saure Sahne/Sauerrahm, Paprika, Salz sowie Pfeffer zufügen und vorsichtig erhitzen, nicht kochen.
Fisch mit der Sauce auf einer vorgewärmten Platte anrichten, mit Petersilie garnieren, dazu Petersilienkartoffeln reichen.

GEFÜLLTE ANANAS

1 frische Ananas

Von der Ananas einen „Deckel" abschneiden. Das Fruchtfleisch vorsichtig herausnehmen, dabei die faserige Ananasmitte entfernen. Das Ananasfleisch in Stücke schneiden, den Saft auffangen.

F Ü L L E :
1 Orange
1 Apfel
Saft einer Zitrone
100 g Erdbeeren
Vanillearoma
2 Eßlöffel Honig

Den geschälten Apfel in kleine Würfel schneiden, mit Zitronensaft übergießen. Die geschälte Orange von den weißen Häutchen befreien.
Orangen- und Ananasstücke mischen, Vanillearoma und Honig unterrühren. Die Apfelstücke und die Erdbeeren hinzugeben. Fruchtsalat in die Ananasschale füllen und kaltstellen.

GURKENSCHLEMMEREI

1 Salatgurke
1/2 l Buttermilch
Salz
Zitronensaft
2 Knoblauchzehen
Dill, Paprika

Buttermilch mit einer Schneerute verrühren, Gurke fein würfeln und mit den Gewürzen in die Buttermilch einrühren. Mit Dill und Paprika bestreuen.

AUBERGINEN AUF FRANZÖSISCHE ART

2 Auberginen
Salz
Zitronensaft
Öl
Pfeffer, Paprika
2 Knoblauchzehen
1/2 Bund gehackte Petersilie
je eine Prise Thymian und Rosmarin

Auberginen waschen, Stengel abschneiden, 15 Minuten in gesalzenem Wasser kochen, danach halbieren. Schnittflächen zuerst salzen, dann mit Zitronensaft beträufeln.
Salz und die übrigen Zutaten ohne das Öl miteinander verrühren und Auberginenhälften damit bestreichen, mit Öl beträufeln. 10 Minuten bei 250 Grad grillen.

ZUM BELEGEN:

4 Tomaten
Salz
Öl
1 Eßlöffel Paniermehl/Brösel

Blanchierte, gehäutete und in Scheiben geschnittene Tomaten auf die Auberginen legen, leicht salzen, mit Öl beträufeln und mit Paniermehl/Brösel bestreuen. Noch etwa 5 Minuten grillen.
Dazu Vollkorngebäck, mit Butter bestrichen, servieren.

ROTE-BETE-/ROTE-RÜBEN-COCKTAIL

250 g Rote Bete/Rote Rüben
1 Eßlöffel Preiselbeermarmelade
Zitronensaft
Salz
1 Becher Joghurt
Kresse

Rote Bete/Rote Rübe fein reiben, mit Preiselbeermarmelade, Zitronensaft, Salz und Joghurt mischen. Auf Kresse anrichten.

SÜSSER HIRSEAUFLAUF

120 g Hirse
1/4 l Wasser
1/4 l Milch
1 Eigelb
1 Prise Salz
1 Eßlöffel Honig
Vanillearoma
50 g Rosinen
50 g geriebene Mandeln
100 g in Spalten geschnittener Apfel
1 Eiweiß

Die Hirse vor der Verwendung sehr heiß waschen, damit sie den bitteren Geschmack verliert, danach in Wasser kurz aufkochen und ausquellen lassen. Wenn das Wasser aufgesogen ist, die Milch, das Eigelb, Salz, Honig, Vanillearoma, Rosinen und Mandeln dazugeben und die Apfelspalten unter die Masse rühren.
Eiweiß zu steifem Schnee schlagen und unter die Hirsemasse ziehen. Den Brei in eine befettete Auflaufform füllen, in die Mitte des Rohres schieben und bei 180 Grad 45 Minuten backen.

Hühnersuppentopf
Rezept auf Seite 54

Stosuppe
Rezept auf Seite 77

VOLLKORNBANDNUDELN MIT SPINAT, ÜBERBACKEN

150 g Vollkornbandnudeln
Salz
10 g Margarine

Die Nudeln in gesalzenem Wasser kochen, abgießen, kalt abspülen und gut abtropfen lassen.
Eine feuerfeste Form befetten, Nudeln darin verteilen.

SPINAT:
10 g Butter oder Margarine
1 Zwiebel
2 Knoblauchzehen
150 g tiefgekühlter Spinat
1/16 l Wasser
1 Kaffeelöffel Vollweizenmehl
1/8 l saure Sahne/Sauerrahm
Salz, Muskat
100 g in Scheiben geschnittener Emmentaler

Zwiebel und Knoblauch schälen und fein hacken, in Fett hell anbraten. Spinat und Wasser zugeben, bei niedriger Temperatur auftauen lassen. Mehl und saure Sahne/Sauerrahm verrühren und dem Spinat beifügen. 5 Minuten leicht kochen lassen, mit Salz und Muskat abschmecken.
Spinatmasse auf den Vollkornbandnudeln verteilen.
Käsescheiben auf die Spinatmasse legen und 10 Minuten im vorgeheizten Backrohr bei 200 Grad backen.

ERDBEERMIX

200 g Erdbeeren
Saft einer halben Zitrone
2 Eßlöffel Honig
1/8 l saure Sahne/Sauerrahm
1 Becher Joghurt

Die Erdbeeren waschen, entstielen und mit dem Zitronensaft und dem Honig im Mixer pürieren. Saure Sahne/Sauerrahm und Joghurt in eine Schüssel geben und mit der Schneerute kräftig durchschlagen. Das Erdbeerpüree daruntermischen.

KRÄUTERSUPPE

1/2 Becher saure Sahne/Sauerrahm
oder 1 Becher Créme fraîche
1 Paket Tiefkühl-Kräutermischung
(oder frische Kräuter, z. B. Petersilie,
Schnittlauch, Dill, Selleriegrün u.a.m.)
3/4 l Gemüsebrühe (Instant)
Salz

Saure Sahne/Sauerrahm oder Créme fraîche mit Kräutern und etwas Wasser mixen.
Diesen grünen Brei in die kochende Gemüsebrühe gießen, eventuell etwas salzen.

EINLAGE:
Geröstete Vollkorntoastwürfel

PIZZATOASTS

4 Scheiben Vollkorntoast

Grill vorheizen, Vollkorntoastscheiben toasten.

BELAG:
4 Tomaten
100 g Schinken
50 g Käse
1 Zwiebel
10 g Butter oder Margarine
Salz, Pfeffer
8 frische Salatblätter
gehackte Petersilie

Salatblätter und Tomaten waschen, Tomaten in dünne Scheiben schneiden.
Toastbrot dünn mit Butter oder Margarine bestreichen und dicht mit Tomatenscheiben belegen. Mit Salz und Pfeffer würzen.
Zwiebel schälen, mit Schinken und Käse in kleine Würfel schneiden und über die Tomaten streuen. Petersilie ebenfalls darüberstreuen.
Toastscheiben im Grill (oder im heißen Backrohr mit Oberhitze) 7 Minuten überbacken und auf frischen Salatblättern angerichtet servieren.

ÜBERBACKENE KARTOFFELN MIT MOZZARELLA

300 g Kartoffeln
3 Eßlöffel Öl

Kartoffeln schälen, in dünne Scheiben schneiden und in heißem Öl bei kleiner Hitze 25 Minuten braten.

Ü B E R G U S S :
1 Päckchen Mozzarella
Schnittlauch, Petersilie
1 Becher Joghurt
1 Ei, 1 Knoblauchzehe
Salz, Pfeffer, Fett für die Form

Mozzarella abtropfen lassen und in Scheiben schneiden. Kräuter abspülen und trockentupfen, Schnittlauch in Röllchen schneiden und Petersilienblättchen von den Stielen zupfen.
Joghurt mit Ei und zerdrücktem Knoblauch verrühren, mit Salz und Pfeffer abschmecken.
Kartoffeln und Mozzarella schuppenförmig in eine befettete Auflaufform schichten, dann Joghurt darübergießen und die Kräuter darüberstreuen.
Im vorgeheizten Backrohr bei 250 Grad oder unter dem Grill 5 bis 10 Minuten überbacken.

ERBSENSALAT MIT TOMATEN UND CHAMPIGNONS

400 g Erbsen
1 Apfel, 2 Tomaten, 1 kleine Zwiebel
100 g frische Champignons
Petersilie

Erbsen in wenig Salzwasser garen, abtropfen und abkühlen lassen.
Apfel ungeschält kleinwürfelig schneiden, Tomaten blanchieren, häuten, entkernen und ebenfalls würfeln.
Zwiebel in feine Ringe und Champignons in feine Blättchen schneiden.
Zum Schluß alle Zutaten mit der Marinade vermischen, Petersilie hacken und daruntermischen.

M A R I N A D E :
1 Eßlöffel Kräuteressig
weißer Pfeffer, 1 Prise Zucker, 2 Eßlöffel Öl

Aus Essig, Öl und Gewürzen eine pikante Marinade rühren, mit dem Salat vermischen.

HÜHNERBRÜSTCHEN AUF LEVANTINISCHE ART

2 Hühnerbrüstchen
Salz, Pfeffer
20 g Margarine

Hühnerbrüstchen enthäuten, Sehnen und Knorpel entfernen, mit Salz und Pfeffer würzen und in Margarine kurz anbraten. Backrohr auf 180 Grad vorheizen.

S A U C E :
3 Knoblauchzehen
Salz, Öl, Zitronensaft oder Essig, Pfeffer
evtl. Gemüsebouillon (Instant)

Knoblauchzehen zerdrücken und mit Salz und wenig Pfeffer verrühren. Öl tropfenweise daruntermischen, bis 2 Eßlöffel Sauce entstehen. Mit einigen Tropfen Zitronensaft oder Essig verdünnen.
Hühnerbruststücke mit der Sauce bestreichen, ins Backrohr schieben und ca. 20 Minuten braten. Öfters mit der Sauce beträufeln. Falls erforderlich, mit etwas Gemüsebouillon aufgießen.

BUNTER SALAT MIT KÄSECREME

1 Radicchio
1 Kopfsalat
2 Tomaten
2 Zwiebeln
1/2 Salatgurke
5 Radieschen

Radicchio und Kopfsalat waschen, abtropfen lassen und zerteilen. Tomaten, Gurke und Radieschen waschen und in Scheiben schneiden, Zwiebeln ebenfalls in Scheiben schneiden, alles zum Salat geben und vorsichtig mischen.

M A R I N A D E :
2 Eßlöffel Quark/Topfen
1 Becher Joghurt
2 Eßlöffel gehackte Petersilie
2 Eßlöffel Essig
Salz und Pfeffer

Quark/Topfen, Joghurt und Petersilie cremig rühren. Mit Essig, Salz und Pfeffer würzen und über den Salat gießen.
Zu Hühnerbrüstchen und Salat entweder Vollkorngebäck oder Petersilienkartoffeln servieren.

LAUCHROLLEN

4 Lauchstangen
1/8 l Salzwasser
4 Scheiben gekochter Schinken
4 Scheiben Chesterkäse
Butterflöckchen

Lauch putzen, gründlich waschen und in Salzwasser dünsten, gut abtropfen lassen. Jede Lauchstange mit gekochtem Schinken und Käse umwickeln, in eine feuerfeste Form legen, mit Butterflöckchen belegen und bei 225 Grad 10 Minuten überbacken.

TOMATEN-GEMÜSE-SAUCE

1 kg Tomaten
1 kleine Zwiebel
1 kleine Möhre/Karotte
1 Stange Sellerie
1 Prise Zucker, Salz, weißer Pfeffer
1 Bund Petersilie

Tomaten waschen, in kleine Stücke schneiden. Zwiebel, Möhre/Karotte und Sellerie waschen und hacken. Alles zusammen in eine Kasserolle geben, mit Salz, Pfeffer und Zucker abschmecken. 20 Minuten leicht kochen lassen. Danach den Gemüsebrei mixen und noch einmal aufkochen. Petersilie fein hacken und kurz vor dem Servieren in die Sauce geben.
Dazu Perlweizen oder Kartoffeln reichen.

APFELFRISCHKOST

2 große säuerliche Äpfel

Die Äpfel halbieren und aushöhlen, das Fruchtfleisch hacken.

F Ü L L E :
4 entkernte Datteln
1 geriebene Möhre/Karotte
2 Kaffeelöffel gehackte Wal- oder Haselnüsse
Saft einer halben Zitrone
2 Kaffeelöffel Honig
etwas Zimt und Ingwerpulver
evtl. Schlagsahne/-obers zum Verzieren

Das Apfelfleisch mit den restlichen Zutaten vermengen, abschmecken und die Apfelhälften damit füllen.
Eventuell Schlagsahne/-obers steifschlagen und den Fruchtsalat damit verzieren.

BANANEN-GETREIDEFLOCKEN-AUFLAUF

3/8 l Milch
1 Prise Salz
50 g Fruchtzucker
Vanillearoma
100 g Getreideflocken
50 g gehackte Walnüsse oder Mandeln
30 g gewaschene Rosinen
4 in Scheiben geschnittene Bananen

Milch, Salz, Fruchtzucker und Vanillearoma aufkochen. Die Getreideflocken in der heißen Flüssigkeit einige Minuten quellen lassen, danach Walnüsse oder Mandeln und Rosinen untermischen.
Eine Auflaufform befetten.
Abwechselnd eine Schicht Getreideflockenbrei und eine Schicht Bananen einfüllen, zum Schluß eine Breischicht.
Obenauf Butterflöckchen setzen und den Auflauf im vorgeheizten Backrohr bei Mittelhitze ca. 45 Minuten backen.
Dazu kann man noch Fruchtsaft, Vanillesauce oder Schlagsahne/-obers reichen.

GEMÜSE-GETREIDEFLOCKEN-LAIBCHEN

100 g Getreideflocken
1 Stange Lauch
2 Möhren/Karotten
1 Zwiebel
1 Gemüsebrühwürfel
2 Eßlöffel Sojamehl
1 Ei
40 g geriebener Käse
Salz, Pfeffer, Majoran
Vollkornpaniermehl/-brösel
Fett oder Backpapier für ein Blech

Flocken in nur wenig Wasser einweichen, da noch das gedünstete Gemüse hinzukommt. Gemüse kleinhacken und in wenig Wasser 5 Minuten dünsten. Danach alle Zutaten vermengen, pikant würzen und kleine Laibchen formen. Diese in Paniermehl/Bröseln wenden und auf ein befettetes Backblech legen. Im Rohr bei 200 Grad knusprig backen.

GURKENGEMÜSE MIT SAURER SAHNE/SAUERRAHM

500 g Salatgurke
2 Eßlöffel Öl
Salz, weißer Pfeffer, Paprika
1 Zwiebel
5 Tomaten
1/8 l saure Sahne/Sauerrahm
1 Eßlöffel gehackter Dill

Salatgurke schälen, längs vierteln und in Stifte schneiden. Öl in einer Kasserolle erhitzen, Gurkenstifte dazugeben, salzen, pfeffern und mit Paprika würzen. Zwiebel schälen, achteln und ebenfalls dazugeben. Zugedeckt 30 Minuten garen.
Gewaschene Tomaten achteln, in den Topf geben und weitere 5 Minuten schmoren.
Zum Schluß saure Sahne/Sauerrahm und den gehackten Dill unterheben.

KERBELSUPPE

20 g Butter oder Margarine
20 g Vollweizenmehl
1/2 l Gemüsebrühe
Salz, Hefe-Extrakt
4 Eßlöffel Kerbel
1 Eigelb
150 g Vollkornbrot
Öl

Mehl in Fett anschwitzen und mit Gemüsebrühe ablöschen, mit Salz und Hefe-Extrakt abschmecken, dann den feingehackten Kerbel und das Eigelb unterrühren. Die Suppe nicht wieder aufkochen, sondern nur ziehen lassen.
Das Vollkornbrot würfelig schneiden und in Öl knusprig braten. Zur Suppe servieren.

SCHAFKÄSE IN FOLIE

pro Person eine Rolle Schafkäse
Olivenöl
frische Kräuter (Thymian, Basilikum, Origano)
Knoblauchzehen nach Geschmack
Alufolie

Käse auf ein Stück Folie legen, mit den Kräutern und Knoblauch bestreuen, Olivenöl darüberträufeln. Die Folie verschließen und im heißen Rohr ca. 8 Minuten braten.
Mit Vollkornbrot in der Folie servieren.

KOHLRÜBEN MIT WALNÜSSEN

400 g Kohlrüben
1 Zwiebel
1 Eßlöffel Öl
Salz, weißer Pfeffer, Muskatnuß
1/8 l saure Sahne/Sauerrahm
2 Kaffeelöffel frischer Kerbel
2 Eßlöffel grob gehackte Walnüsse

Kohlrüben putzen, zartes Grün beiseite legen. Kohlrüben in 1 cm dicke Stifte schneiden. Zwiebel fein hacken, in Öl glasig braten, Kohlrabistifte dazugeben und mitbraten, bis sie vollkommen vom Öl überzogen sind. Danach würzen. Mit wenig Wasser aufgießen und zugedeckt 5—8 Minuten bißfest garen.
Kerbel und Kohlrabigrün fein hacken, unter das Gemüse mischen, saure Sahne/Sauerrahm einrühren, mit Walnüssen bestreut servieren.
Petersilienkartoffeln oder Naturreis dazu reichen.

ERDBEERGELEE

250 g Erdbeeren
50 g Fruchtzucker
1/2 l Buttermilch
1 Prise Salz
1 Teelöffel Agar-Agar
Saft und Schale eine halben Zitrone
1 Ei

Erdbeeren waschen, abtropfen lassen und die Stielansätze abzupfen. Die Beeren wahlweise ganz lassen oder halbieren, in einer Schüssel mit 1 Eßlöffel Fruchtzucker mischen.
Den restlichen Eßlöffel Zucker mit der Buttermilch, dem Salz, dem Saft und der Schale der Zitrone und dem Ei in einem Topf mit der Schneerute mischen. Bei geringer Hitze unter Rühren aufkochen, Agar-Agar dazugeben.
Erdbeeren in 2 Dessertschalen verteilen — einige zum Garnieren zurücklassen. Die Creme zugeben, mit den zurückgelassenen Erdbeeren garnieren und in kaltem Wasser abkühlen lassen.

SÜSSE POLENTA

100 g Polenta (Maisgrieß)
50 g Fruchtzucker
1/4 l Milch
2 Eier
abgeriebene Zitronenschale
1 Prise Salz
1 Messerspitze Zimt
50 g Margarine
3 säuerliche Äpfel
2 Eßlöffel Rosinen

Polenta mit der kalten Milch verrühren, Fruchtzucker, Eier, Zitronenschale, Rosinen und Zimt dazugeben und nochmals gut verrühren.
In einer feuerfesten Form die Margarine heiß werden lassen, die Masse hineingießen und auf der Kochplatte kurz anbacken.
Die Äpfel schälen, grob raffeln und gleichmäßig auf der Polentamasse verteilen. Das Ganze im mittelheißen Backrohr ca. 10 Minuten backen. Danach etwas zerteilen und 10 Minuten weiterbacken. Dazu paßt kalte Milch, sowohl zum Anfeuchten als auch als Getränk.

KRÄUTERSPÄTZLE

100 g Vollweizenmehl
1 Eßlöffel Sojamehl
1 Ei
Salz
1/8 l Milch
1 Eßlöffel feingehackte Kräuter
20 g Reibkäse
Butterflöckchen zum Bestreuen

Aus Mehl, Ei und Milch einen Teig bereiten und kräftig schlagen, bis er Blasen wirft. Dann die feingehackten Kräuter und das Salz unterziehen.
Den Nockerlteig partienweise durch ein Nockerlsieb ins kochende Salzwasser drücken. Man kann den Teig auch mit Wasser von einem befeuchteten Brett ins Salzwasser streichen.
Wenn die Spätzle an der Oberfläche schwimmen, herausheben und auf eine Platte legen, mit geriebenem Käse bestreuen und mit Butterflöckchen belegen.

EISBERGSALAT „ROMANA"

1 Eisbergsalat
ca. 40 g Gouda

Salat in Blätter zerteilen, waschen, zerkleinern und abtropfen lassen, Käse reiben.

M A R I N A D E :
2 Eßlöffel Weinessig
1 Teelöffel Senf
Pfeffer, Salz
3 Eßlöffel Öl (evtl. Traubenkernöl)
2 Eßlöffel Sojakeimlinge

Aus Essig, Senf, Pfeffer, Salz und Öl eine Sauce herstellen. Salat, Käse und Marinade miteinander vermischen, zum Schluß mit Sojakeimlingen bestreuen.

SCHNITTLAUCHCREMESUPPE

5 Frühlingszwiebeln
100 g Kartoffeln
1 Eßlöffel Öl
1/2 l Gemüsebrühe (Instant)
1/8 l saure Sahne/Sauerrahm
Salz, Pfeffer, Lorbeerblatt
1 Bund Schnittlauch

Frühlingszwiebeln und geschälte Kartoffeln in dünne Scheiben schneiden und in Öl dünsten. Mit Gemüsebrühe auffüllen, Lorbeerblatt beigeben und weichkochen.
Danach die Suppe pürieren, geschnittenen Schnittlauch und Sahne/Rahm einmischen, mit Salz und Pfeffer abschmecken.

PUTENBRUST MIT QUARK-/TOPFENREMOULADE

100 g Quark/Topfen
2 Gewürzgurken
2 kleine Tomaten
1 Zwiebel
gehackte Petersilie, Schnittlauch
etwas Gurkenmarinade
Salz, Pfeffer
200 g aufgeschnittene, geräucherte Putenbrust

Gurken, Tomaten und Zwiebel würfelig schneiden, mit feingehackten Kräutern zum Quark/Topfen geben. Alles mit der Gurkenmarinade gut verrühren, mit etwas Salz und Pfeffer abschmecken.
Die Quark-/Topfenremoulade mit der dünn geschnittenen Putenbrust auf einem Teller anrichten, Vollkornbrot dazu servieren.

SESAMKARTOFFELN

500 g Kartoffeln
Öl
Sesam, Salz

Die Kartoffeln roh schälen und in 1/2 cm dicke Scheiben schneiden. Auf ein befettetes Blech oder auf Backpapier legen, mit wenig Öl bepinseln, wenig salzen und mit Sesam bestreuen. Im Rohr oder unter dem Grill knusprig braten.

FRISCHKOSTQUARK/-TOPFEN

250 g Quark/Topfen
1 Möhre/Karotte
1/4 Sellerie
Radieschen
1/8 l Milch
1 Kaffeelöffel Petersilie
Knoblauch, Salz

Quark/Topfen und Milch vermengen, Möhre/Karotte und Sellerie in die Masse reiben, Salz, feingeschnittene Radieschen, Petersiliengrün und Knoblauch unterrühren. Mit Radieschen und Petersilie garnieren.
Quark-/Topfenmischungen schmecken zu frisch zubereiteten Kartoffeln ebenso gut wie als Aufstrich zu Vollkornbrot.

PIKANTER KALTER TEE

Pro Tasse einen gehäuften Teelöffel Ceylon-Teeblätter und eine Gewürznelke in eine vorgewärmte, trockene Kanne geben, mit kochendem Wasser übergießen und 5 Minuten ziehen lassen. Durch ein Sieb gießen, abkühlen lassen, mit frischem Orangensaft würzen und mit Eiswürfeln servieren.

SCHOLLE MIT FENCHEL

2 Schollefilets
1 Zwiebel
1 Fenchelknolle
Öl, Salz, Pfeffer
1/8 l Weißwein
Alufolie
gehacktes Fenchelgrün

In eine geölte feuerfeste Form ringelig geschnittene Zwiebel geben, darauf die Fischfilets verteilen und den Wein darübergießen. Anschließend blättrig geschnittenen Fenchel dazugeben, würzen und nochmals mit Wein übergießen. Mit Alufolie bedecken und 25 Minuten im Backrohr braten. Zum Schluß 5 Minuten grillen, mit gehacktem Fenchelgrün bestreut servieren.

HIRSOTTO

125 g Hirse
1/2 Liter Gemüsebouillon (Würfel)
1 Zwiebel, Lorbeerblatt, Nelke
10 g Butter
40 g geriebener Käse

Hirse mit allen Zutaten außer Butter und Käse einmal aufkochen, dann 20 Minuten ziehen lassen. Vor dem Servieren Butter und geriebenen Käse unterziehen.

RAPUNZEL-/VOGERLSALAT MIT RADIESCHEN

100 g Rapunzel/Vogerlsalat
1 Bund Radieschen
1 Möhre/Karotte

Das Gemüse waschen, Radieschen und Möhre/Karotte in Scheiben schneiden, vom Salat die Wurzeln entfernen.

MARINADE:
3 Eßlöffel Zitronensaft
2 Eßlöffel Öl
1 Eßlöffel gehackter Schnittlauch
Kresse
1 Becher Joghurt
weißer Pfeffer, Salz

Aus Öl, Zitronensaft, Joghurt und Gewürzen eine Salatsauce rühren. Das Gemüse in eine Schüssel geben, kurz vor dem Servieren die Sauce darübergießen, mit gehacktem Schnittlauch und Kresse garnieren.

4

1 7 . J U N I

GEMÜSEAUFLAUF MIT QUARK-/TOPFENHAUBE
VOLLKORNGEBÄCK

1 8 . J U N I

QUARK-/TOPFENKNÖDEL
AUS VOLLKORNKNÖDELBROT
HAGEBUTTENSAUCE

GEMÜSEAUFLAUF MIT QUARK-/TOPFENHAUBE

je 250 g Blumenkohl/Karfiol,
grüne Bohnen/Fisolen und Tomaten
100 g Schinken

Blumenkohl-/Karfiolröschen und grüne Bohnen/Fisolen in wenig Salzwasser garkochen.
Tomaten achteln, Schinken in Streifen schneiden und mit dem gekochten Gemüse vermischen.
In eine feuerfeste Form geben.

ÜBERGUSS:
250 g Quark/Topfen
2 Eier
Salz, Pfeffer, Muskat
gehackte Petersilie

Quark/Topfen mit Eigelb, Salz, Pfeffer, Muskat und gehackter Petersilie verrühren, steifgeschlagenen Eischnee unterheben. Gemüse mit dem Quark/Topfen bedecken.
Auflauf im vorgeheizten Rohr 30 Minuten bei 200 Grad backen, dazu Vollkorngebäck servieren.

QUARK-/TOPFENKNÖDEL AUS VOLLKORNKNÖDELBROT

4—5 Vollkornbrötchen
250 g Quark/Topfen
Salz
80 g Vollweizengrieß
80 g Vollweizenmehl
1 Ei
1/4 l Milch
Salz

Vollkornbrötchen in Würfel schneiden, trocken rösten und mit den restlichen Zutaten verrühren. Daraus Knödel formen und in Salzwasser 20 Minuten ziehen lassen.

HAGEBUTTENSAUCE

5 Eßlöffel Hagebuttenmus
2 Eßlöffel süße Sahne/Schlagobers
6 Eßlöffel Weißwein
abgeriebene Schale einer Zitrone

Hagebuttenmus mit süßer Sahne/Schlagobers, Weißwein und abgeriebener Zitronenschale verrühren.

WARME KÄSE-NUSS-LAIBCHEN

200 g Hüttenkäse
150 g Vollkornpaniermehl/-brösel
100 g geriebene Haselnüsse
2 Eier
Knoblauch
gehackte Petersilie
Salbei, Salz
Öl oder Kokosfett zum Braten

Alle Zutaten miteinander vermischen, daraus Laibchen formen und in heißem Öl herausbacken.

FRISÉESALAT MIT AVOCADO

1 kleiner Kopf Friséesalat
1 Grapefruit
1 reife Avocado
Salz, Pfeffer, Zitronensaft

Salatblätter vom Strunk lösen, waschen, zerpflücken oder grob schneiden. Grapefruit in Filets schneiden, dabei das Fruchtfleisch zwischen den weißen Häuten der einzelnen Segmente herausschneiden.
Avocado halbieren, entkernen, schälen und dann in Scheiben schneiden. Mit Zitronensaft, Salz und Pfeffer würzen.

MARINADE:
1 Becher Joghurt
3 Eßlöffel Milch
3 Eßlöffel Zitronensaft
1 Prise Zucker
abgeriebene Schale einer Zitrone

Alle Zutaten miteinander verrühren, abschmecken und über den Salat gießen, das Ganze aber erst unmittelbar vor dem Servieren vermischen.

FRÜHLINGSZWIEBELSUPPE

1 Teelöffel Öl
1 Bund Frühlingszwiebeln
1/2 l Gemüsebrühe (Instant)
1/2 Stengel Estragon bzw. 1/2 Teelöffel
getrockneter Estragon
1 Prise Salz, Pfeffer

Frühlingszwiebeln putzen. Die weißen Teile in 2 cm, die grünen in 1/2 cm dicke Streifen schneiden. Die Blätter vom Estragonstengel abzupfen und hacken. Den Stengel beiseite legen.
Öl in einem Topf erhitzen, weiße Zwiebelstreifen dazugeben, kurz andünsten und mit der Suppe aufgießen. Estragonstengel ebenfalls zugeben. Die Suppe würzen, 25 Minuten leicht kochen lassen und danach den Estragonstengel entfernen.
Grüne Zwiebelstreifen und Estragonblätter zur Suppe geben und nochmals aufkochen, vier Minuten köcheln lassen und anschließend sofort servieren.

SCHWARZWEISSE WÜRFEL

50 g Gorgonzola
1 Eßlöffel geschälte Mandeln
Saft einer halben Zitrone
1 vollreife Avocado
weißer Pfeffer
Pumpernickel- oder dünne
Schwarzbrotscheiben

Käse mit einer Gabel zerdrücken, Mandeln reiben. Avocadofleisch ebenfalls zerdrücken und sofort mit Zitronensaft beträufeln. Alles zusammen zu einer glatten Paste verrühren und mit Pfeffer abschmecken.
Die Brotscheiben mit dieser Käsemischung bestreichen, 6 Scheiben aufeinanderlegen, die letzte ohne Aufstrich. Fest zusammendrücken und daraus Würfel schneiden.

4

2 1 . JUNI

TOFUWÜRFEL IM SALATBEET
VOLLKORNGEBÄCK

2 2 . JUNI

KIRSCHENAUFLAUF
AUS GRAHAMBRÖTCHEN

TOFUWÜRFEL IM SALATBEET

Sojasauce
gehackte Petersilie
Salz, Knoblauch, Zitronensaft
20 g Margarine
Wasser

Tofu in kleine Würfel schneiden, in einer Sauce aus Sojasauce, gehackter Petersilie, Salz, Wasser, Knoblauch und Zitronensaft marinieren. In Margarine anrösten und kaltstellen. Marinade nicht wegschütten!

SALATBEET:
1 kleiner Eisbergsalat
30 g Rapunzel/Vogerlsalat
1 Kressebeet
4 Radieschen
1 Kiwi
Senf, Curry

Salat und Kresse putzen und gefällig anrichten. Radieschen und Kiwi in Scheiben schneiden und dazulegen. Tofuwürfel in der Mitte des Tellers plazieren.
Restliche Marinade mit Senf und Curry abschmecken und dazureichen. Mit Vollkorngebäck servieren.

KIRSCHENAUFLAUF AUS GRAHAMBRÖTCHEN

5 Stück Grahambrötchen
3/8 l Milch
40 g Butter oder Margarine
40 g Fruchtzucker
2 Eigelb
2 Eiweiß
abgeriebene Schale einer Zitrone
250 g Kirschen

Backrohr auf 200 Grad vorheizen, eine feuerfeste Form befetten.
Grahambrötchen in Scheiben schneiden und mit der Milch übergießen.
Aus Butter oder Margarine, Fruchtzucker und Eigelb eine Schaummasse herstellen.
Danach die feuchten Brötchen und die abgeriebene Zitronenschale unter die Schaummasse geben, den Eischnee unterheben, zuletzt schichtweise mit den Kirschen in eine feuerfeste Form füllen.
Bei Mittelhitze ca. 40 Minuten backen.

VOLLKORNBANDNUDELN MIT KRÄUTERN UND SCHAFKÄSE

250 g Vollkornbandnudeln
Salz
1 1/2 l Wasser
2 Eßlöffel Öl

Vollkornbandnudeln in Salzwasser mit Öl bei mittlerer Hitze al dente kochen.

SAUCE:
1 Knoblauchzehe
je 1/2 Bund Petersilie und Schnittlauch
etwas Basilikum, Majoran und Liebstöckel
1 Eßlöffel Öl
1 Eßlöffel warmes Wasser
50 g Schafkäse
2 Eßlöffel Kaffeesahne/-obers
10 g Butter

Knoblauchzehe schälen, zerdrücken und in einer Schüssel mit den gehackten Kräutern, Öl, Salz und warmem Wasser mischen.
Schafkäse mit einer Gabel zerdrücken und mit Sahne/Obers zugeben. Alles so lange rühren, bis eine beinahe glatte Sauce entsteht.
Bandnudeln abgießen, auf einem Sieb mit kaltem Wasser kurz überspülen, abtropfen lassen und mit Butter noch einmal kurz erhitzen. Auf eine vorgewärmte Platte geben und die Kräutersauce darübergießen. Heiß servieren.

LAUCHSALAT MIT KOHLRÜBEN

200 g Lauch
80 g Kohlrübe
einige Radicchio- und Eichblattblätter

Lauch putzen, ringelig schneiden, waschen, einmal in heißem Wasser aufkochen lassen und abseihen. Kohlrübe schälen und in feine Streifen schneiden. Salatblätter waschen.

MARINADE:
1 Joghurt
2 Eßlöffel Zitronensaft
1 Teelöffel geriebener Meerrettich/Kren
Salz, Pfeffer
frische Pfefferminze
gehackte Petersilie

Joghurt mit den übrigen Zutaten vermischen und die Lauch- und Kohlrübenstreifen damit marinieren, auf den bunten Salatblättern anrichten. Mit gehackter Petersilie bestreuen.

FRISCHE GURKENSUPPE

20 g Butter oder Margarine
1 mittelgroße Zwiebel
1 Salatgurke
Salz, weißer Pfeffer
1 Bund Dill
2 Eßlöffel Apfelessig
1/2 l Gemüsebrühe (Instant)
4 Eßlöffel Weißwein
1 Becher Joghurt
2 Möhren/Karotten

Butter oder Margarine in einem Topf zerlassen. Zwiebel schälen und sehr fein schneiden, in Fett dünsten.
Gurke schälen, in kleine Würfel schneiden und 5 Minuten mitdünsten. Leicht salzen und pfeffern, Dill schneiden und zusammen mit dem Apfelessig und der Gemüsebrühe kurz aufkochen lassen.
Joghurt mit etwas warmem Wasser mischen und unter die Suppe ziehen. Möhren/Karotten feinreiben und mit Weißwein beträufeln. Die Suppe in Suppentassen füllen und mit geriebenen Möhren/Karotten bestreuen.

GEBRATENER MOZZARELLA

250 g Mozzarella
1 Ei
1 Eßlöffel Weizenvollmehl
3—4 Eßlöffel Vollkornpaniermehl/-brösel
Öl oder Kokosfett zum Braten
Tomatenscheiben
frische Kräuter

Mozzarella abtropfen lassen und in vier Scheiben scheiden. Mozzarellascheiben zuerst in Mehl, dann im verrührten Ei und zuletzt in Paniermehl/Bröseln wenden.
Fett erhitzen, Mozzarellascheiben darin von beiden Seiten bei mittlerer Hitze 2 Minuten braten, bis sie goldbraun und weich sind. Zum Schluß mit Tomatenscheiben und gehackten Kräutern garnieren. Dazu Vollkornbrot servieren.

KARTOFFEL-KOHL-EINTOPF

100 g magerer Speck, würfelig geschnitten
1 feingehackte Zwiebel
1 Eßlöffel Öl
1 kleiner Wirsingkohl
250 g Möhren/Karotten
1/4 l heiße Gemüsebrühe (Würfel)
Salz, Pfeffer
500 g Kartoffeln

Speck und Zwiebel in Öl glasig braten. Kohl vierteln, in grobe Streifen schneiden und zusammen mit den geputzten, gewaschenen und stiftelig geschnittenen Möhren/Karotten in einen Topf geben. Mit heißer Brühe aufgießen, würzen und aufkochen.
In der Zwischenzeit die Kartoffeln schälen, waschen, in Würfel schneiden und zum Gemüse geben. Zugedeckt 40 Minuten kochen lassen. Eventuell während der Kochzeit etwas Brühe zugießen.
Mit Schwarzbrot servieren

KOHLRÜBEN AUF FEINSCHMECKER-ART

4 kleine, junge Kohlrüben
1/2 l Gemüsebouillon (Instant)

Kohlrüben schälen, einen Deckel abschneiden und aushöhlen. In der Gemüsebouillon knackig garkochen, herausnehmen und abtropfen lassen.

FÜLLE:
1 kleine Zwiebel
20 g Margarine
200 g Kalbfleisch
1/2 Bund Petersilie
1 Becher Créme fraîche
Salz, Pfeffer, Muskat
Butterflöckchen

Feingehackte Zwiebel in Margarine glasig werden lassen, in Streifen geschnittenes Fleisch dazugeben und kräftig anbraten. Würzen und herausnehmen. Kohlrübenfleisch im Bratenfond andünsten, mit 1/8 Liter der Gemüsebrühe aufgießen und weichdünsten. Gehackte Petersilie und Créme fraîche unterrühren und fein pürieren, würzen. Die Kohlrüben in eine befettete Auflaufform setzen, mit dem Fleisch füllen und mit Sauce übergießen. Butterflöckchen aufsetzen und bei 200 Grad im Rohr ca. 20 Minuten schmoren. Dazu Vollkorngebäck reichen.

ERDBEERSCHNEE

125 g Quark/Topfen
1/16 l Milch
1 Eßlöffel Honig
1 Eßlöffel Öl
Vanillearoma
125 g frische Erdbeeren

Aus den Zutaten eine schaumige Creme rühren, kleingeschnittene Erdbeeren untermengen.

BROKKOLI À LA PROVENÇALE

500 g Brokkoli
Salz

Brokkoli in etwas gesalzenem Wasser nicht zu weich kochen und abseihen. Die Kochflüssigkeit aufheben.

GEMÜSESAUCE:
1 Zwiebel
125 g Champignons
250 g Tomaten
Salz, Pfeffer, Thymian, Basilikum
50 g geriebener Käse
einige gehackte Walnüsse

Zwiebel in Ringe schneiden und in heißem Öl goldbraun rösten. Die in Scheiben geschnittenen Champignons hinzufügen und kurz mitdünsten. Enthäutete, kleingehackte Tomaten sowie die Gewürze zugeben und zugedeckt 15 Minuten dünsten. Etwas Gemüsewasser zur Sauce geben. Brokkoli mit der Sauce übergießen, mit Käse und Nüssen bestreuen. Im Rohr kurz überbacken.

KÄSEHÖRNCHEN

300 g Blätterteig
150 g geriebener Emmentaler
1/8 l Kaffeesahne/-obers
1 Ei
Salz, Muskat, feingehackte Petersilie
Zitronensaft
1 Eigelb

Blätterteig 3 mm dick ausrollen und in handgroße Quadrate schneiden. Emmentaler mit Sahne/Obers, Ei, Salz, Muskat, Petersilie und Zitronensaft mischen, etwas davon auf jedes Teigstück geben und von einer Ecke her zu Hörnchen aufrollen. Mit Eigelb bepinseln und bei mittlerer Hitze im Ofen knusprig braun backen. Heiß servieren.

APFEL-KOHLRABI-FRISCHKOST

250 g Kohlrabi
1 Apfel
1 Kaffeelöffel Sonnenblumenkerne
1 Eßlöffel Rosinen

Kohlrabi schälen und raspeln, Apfel ebenfalls schälen, vom Gehäuse befreien und in Stifte schneiden.
Kohlrabi, Apfel, Sonnenblumenkerne und Rosinen mischen.

MARINADE:
1 Becher Joghurt
Saft einer Zitrone
1 Teelöffel Meerrettich/Kren
1 Prise Zucker, Salz, Pfeffer

Aus den Zutaten eine Sauce bereiten und damit die Frischkost marinieren.

OBSTKNÖDEL

250 g Quark/Topfen
200 g Vollweizenmehl
60 g Margarine
1 Ei
1 Prise Salz
1 Eßlöffel Honig
Marillen, Erdbeeren, Zwetschken, Äpfel usw.

Alle Zutaten außer Obst mischen, Teig etwas stehen lassen. Mit dem Obst als Fülle Knödel formen und ca. 20 Minuten in Salzwasser ziehen lassen.

ZUM GARNIEREN:
Butter zergehen lassen, mit Honig süßen. Vollkornpaniermehl/-brösel, zerkleinerte Kuchenreste, Weizenkeime oder geriebene Nüsse unterrühren.

DINKELBÄLLCHEN

90 g Dinkelflocken
3/8 l Wasser
20 g Butter
Zwiebel, Petersilie
1 Ei, 2 Eßlöffel Sojamehl
Fett oder Backpapier für ein Backblech

Butter und Wasser aufkochen, Flocken einlaufen lassen, bis die Masse dick ist und sich vom Gefäß löst.
Zwiebel und Petersilie anrösten, zu den Flocken geben und überkühlen lassen. Dann das Sojamehl und das Ei dazurühren, aus der Masse kleine Bällchen formen und auf einem befetteten Blech backen.

ZUM BESTREUEN:
50 g geriebener Käse
2 geriebene Möhren/Karotten

Kurz vor Ende der Backzeit geriebenen Käse und geriebene Möhren/ Karotten über die Laibchen verteilen und nochmals kurz überbacken.

ROHER GEMÜSESALAT

1 grüne und 1 rote Paprikaschote
1 Möhre/Karotte
1/4 Salatgurke, 1 Tomate
1 Bund Frühlingszwiebeln
1 Bund Radieschen

Paprikaschoten putzen, in Streifen schneiden. Möhre/Karotte und Salatgurke schälen und in Scheiben schneiden. Tomate würfeln, Kerne entfernen. Frühlingszwiebeln in Ringe, Radieschen in Scheiben schneiden. Alle Salatzutaten in einer Schüssel mischen.

MARINADE:
2 Eßlöffel gemischte Kräuter
1 Knoblauchzehe, Salz
3 Eßlöffel Rotweinessig
1 Eßlöffel Rotwein
Pfeffer, 1 Prise Zucker, 3 Eßlöffel Öl

Knoblauchzehe mit Salz zerdrücken, Rotweinessig, Rotwein, Salz, Pfeffer und Zucker verrühren, Öl nach und nach unterschlagen. Gehackte Kräuter und Knoblauch dazugeben, Marinade über den Salat gießen und alles vorsichtig mischen.

BROKKOLISUPPE
HARZER-/QUARGELAUFSTRICH
VOLLKORNGEBÄCK

BROKKOLISUPPE

300 g tiefgekühlten oder
frisch geputzten Brokkoli
1/2 l Wasser
1 Gemüsebrühwürfel
Salz, Muskat, Basilikum
1/8 l saure Sahne/Sauerrahm
einige in Streifen geschnittene
Möhren/Karotten

Das Wasser erhitzen und den Gemüse-
brühwürfel darin auflösen. Brokkoli in
kochender Suppe weich kochen.
Suppe mit einem Pürierstab oder mit
Hilfe eines Mixers pürieren, erneut er-
hitzen und nach dem Aufkochen mit
Gewürzen abschmecken. Mit saurer
Sahne/Sauerrahm verrühren und mit
Möhren-/Karottenstreifen garniert ser-
vieren.

HARZER-/QUARGELAUFSTRICH

1 Päckchen Harzer/Quargel
250 g Quark/Topfen
1/8 l saure Sahne/ Sauerrahm
1 Zwiebel
Kümmel
100 g Butter
Pfeffer, Schnittlauch

Harzer/Quargel zerdrücken, mit dem
Quark/Topfen mischen und so viel saure
Sahne/Sauerrahm untermischen, daß
eine streichfähige Masse entsteht. Mit
Kümmel, feingeschnittenem Schnittlauch, gehackter Zwiebel und Pfeffer
abschmecken. Butter schaumig rühren
und die Käsemasse untermischen.
Mit Vollkorngebäck servieren.

BROKKOLI UND KARTOFFELN MIT KÄSESAUCE
GEFÜLLTE MELONE

SCHOLLE MIT CHAMPIGNONS, IN FOLIE GEDÜNSTET
FRISCHKOSTVARIATION
KARTOFFELPÜREE ODER VOLLKORNGEBÄCK

BROKKOLI UND KARTOFFELN MIT KÄSESAUCE

300 g Kartoffeln
500 g Brokkoli
Salz

Kartoffeln in der Schale weichkochen. Brokkoli putzen, waschen und garen. Röschen erst nach 3 Minuten zu den Stielen geben. Brokkoli warmhalten, Kartoffeln schälen und in Scheiben oder Würfel schneiden.

KÄSESAUCE:

50 g Raclette-Käse
1/8 l süße Sahne/Schlagobers
10 g Butter
weißer Pfeffer
1 Eßlöffel gehackte, gemischte Kräuter

Käse in kleine Würfel schneiden. Sahne/Obers mit Butter aufkochen, Käse darin schmelzen. (Die Sahne darf nicht zu heiß werden, sonst verbindet sie sich nicht mit dem Käse.) Sauce abschmecken, Kräuter in die Sauce mischen, Brokkolikartoffeln mit der Käsesauce überziehen.

GEFÜLLTE MELONE

1 kleine Wassermelone
50 g Erdbeeren
1 kleiner Apfel
1 kleine Birne
1 Orange
1 Eßlöffel Honig
1/8 l Apfelsaft
Getreideflocken zur Verzierung

Die Melone halbieren und aushöhlen. Das Fruchtfleisch der Melone und der Früchte zerkleinern. Apfelsaft mit Honig verrühren, das zerkleinerte Obst hinzugeben und unterheben.
Den Fruchtsalat in die Melonenhälften füllen und mit Getreideflocken verzieren.

SCHOLLE MIT CHAMPIGNONS, IN FOLIE GEDÜNSTET

2 Schollenfilets (à 150 g)
Salz, Pfeffer
Saft einer Zitrone
150 g frische Champignons
1/2 Bund Petersilie
Öl
Alufolie

Die Schollenfilets waschen, trockentupfen und mit Salz, Pfeffer und Zitronensaft würzen. Geputzte Champignons in Scheiben schneiden. Zwei Stück Alufolie mit Öl bepinseln, die Fischfilets und die Champignonscheiben darauflegen und locker in die Folie einschlagen. Die Kanten gut falten, damit beim Garen kein Wasser eindringt. In einem Fischkocher oder einem Topf Wasser erhitzen.
Fischpakete mit der Faltstelle nach oben hineingeben und zugedeckt 30 Minuten garen lassen. Fisch herausnehmen, auf eine Platte legen, Folie öffnen. Mit Petersilie garnieren.

FRISCHKOSTVARIATION

2 Äpfel
100 g Möhren/Karotten
200 g Sellerieknolle
1 Zitrone
20 g Walnußkerne

Äpfel schälen, vierteln, Kerngehäuse herausschneiden. Möhren/Karotten und Sellerie putzen, alles in Streifen schneiden und mit Zitronensaft beträufeln. Mit den Nüssen vermischen.

MARINADE:

1 Becher Joghurt
1/2 Teelöffel Fruchtzucker
Salz, weißer Pfeffer

Joghurt verquirlen, mit Fruchtzucker, Salz und einer Prise Pfeffer mixen. Über den Salat verteilen.
Als Beilage zum Fisch und zur Frischkost Kartoffelpüree oder Vollkorngebäck servieren.

Melanzani Istanbul
Rezept auf Seite 162

Schollenfilets in Petersiliensauce
Rezept auf Seite 75

KOHLRÜBEN MIT CHAMPIGNONS

2 Kohlrüben
feingehackte zarte Kohlrübenblätter
Petersilie, Schnittlauch
Salz
1 gehackte Zwiebel
20 g Butter oder Margarine
100 g Champignons
Zitronensaft, Kümmel, Knoblauch
1/8 l saure Sahne/ Sauerrahm

Kohlrüben schälen, grobnudelig schneiden und mit gehackten Kohlrübenblättern, Petersilie, Schnittlauch, Salz und Zwiebel vermischen. In Butter oder Margarine zugedeckt fast weich dünsten.
Champignons blättrig schneiden, mit Zitronensaft, Kümmel und zerdrücktem Knoblauch würzen, zu den Kohlrüben geben und noch 10 Minuten zugedeckt weiterdünsten.
Zuletzt saure Sahne/Sauerrahm versprudeln und über die Kohlrüben gießen, kurz erwärmen und gleich servieren.

BUCHWEIZEN

120 g Buchweizen
Salz, Majoran, Muskat
20 g Butter

Buchweizen erst kalt, dann heiß waschen und in 1/2 Liter kochendes Wasser einrühren. Salz zugeben und 15 Minuten köcheln lassen, dabei nicht umrühren. Am Anfang den rötlichen Schaum abschöpfen, bei Bedarf noch etwas Wasser und Gewürze zugeben. Mit wenig Butter noch 1/4 Stunde nachquellen lassen.

WALDORFSALAT

Photo auf Seite 138
80 g fein geriebener Sellerie
80 g grob geriebener Sellerie
1/8 frische, in Scheiben geschnittene Ananas
20 g grob gehackte Walnüsse
1 Apfel und 1 Orange, geschält und
kleinwürfelig geschnitten

M A R I N A D E :
100 g Quark/Topfen
2 Eßlöffel Kaffeesahne/-obers
2 Eßlöffel saure Sahne/Sauerrahm
Saft einer halben Zitrone
1 Teelöffel Honig
2 Eßlöffel Öl

Sellerie, Apfel, Orange, Ananas und gehackte Walnußkerne mit einer Marinade aus obigen Zutaten vermischen und mit Nüssen garnieren.

NUSSNOCKEN

300 g Vollweizenmehl
1 Ei
2 Eßlöffel Sojamehl
1 Teelöffel Salz
ca. 1/8 l Wasser
20 g Butter
50 g geriebene Walnüsse

1,5 Liter Salzwasser zum Kochen bringen. Aus Mehl, Sojamehl, Ei, Wasser und Salz einen zähen Teig bereiten.
Aus diesem Teig Nocken abstechen, in das Salzwasser einlegen und 10 Minuten ziehen lassen. Abseihen und abschrekken. Nocken in einer feuerfesten Form in heißer Butter schwenken und 10 Minuten im Rohr ausdünsten lassen.
Die Nocken werden mit geriebenen Nüssen bestreut serviert.

OBSTMUS

250 g Aprikosen
250 g Pfirsiche
150 g Äpfel
Saft einer Zitrone
1 Eßlöffel Fruchtzucker

Obst waschen und würfelig schneiden, mit Fruchtzucker aufkochen und passieren oder im Mixer pürieren. Zuletzt mit Zitronensaft vermischen.

DINKELRATATOUILLE

100 g Dinkel
3/8 l Wasser

Dinkel mindestens eine Stunde einweichen, aufkochen, dann bei kleiner Hitze 30 Minuten weichkochen.

GEMÜSEMISCHUNG:
200 g Aubergine
Salz
200 g Tomaten
1 rote und 1 grüne Paprikaschote
1 Zwiebel
2 Knoblauchzehen
3 Eßlöffel Rotwein
Gemüsebrühwürfel
Thymian, Pfeffer
50 g Bergkäse oder Emmentaler

Aubergine in 1 cm große Würfel schneiden, mit Salz bestreuen. Paprikaschoten in feine Streifen schneiden, Tomaten häuten, würfeln, Kerne entfernen, Zwiebel und Knoblauch fein hacken.
Zwiebel, Knoblauch, Tomatenwürfel, Paprikastreifen und Auberginenwürfel unter Rühren glasig braten.
Dinkelkörner mit dem Restwasser zugeben und unter Rühren mitschmoren.
Rotwein ebenfalls zugeben, einmal aufkochen, mit Gemüsebrühwürfel, Thymian und Pfeffer würzen, 10 Minuten dünsten lassen.
Käse reiben, Dinkel mit Salz abschmecken, mit geriebenem Käse bestreuen und sofort servieren.
Man kann unter das Dinkelratatouille noch kleingeschnittenes, weichgekochtes Hühnerfleisch oder geröstete Leber mischen.

GEMISCHTER SOMMERSALAT

100 g frischer Spinat
1 Bund Radieschen
1 Zwiebel
1 Tomate
1 säuerlicher Apfel
1/2 Salatgurke
Kresse

Spinat putzen, waschen und nudelig schneiden. Zwiebel fein hacken.
Danach den Apfel kleinwürfelig, die Radieschen und die Salatgurke feinblättrig schneiden und die Tomate achteln.
Alle Zutaten mit der Kresse in einer Schüssel vorsichtig mischen.

MARINADE:
3 Eßlöffel Apfelessig
3 Eßlöffel Öl
Salz
1 zerdrückte Knoblauchzehe
1 Teelöffel Fruchtzucker oder Honig

Aus diesen Zutaten eine Salatsauce rühren. Die Marinade über den Salat gießen und einmal locker durchmischen.

SELLERIECREMESUPPE

250 g Sellerieknolle
Zitronensaft, Salz, Pfeffer
1/2 l Gemüsebouillon (Instant)
1 Eßlöffel Hirse- oder Haferflocken
1 Selleriestange
1 kleine Stange Lauch
1 Eßlöffel Öl
1 Eßlöffel gehackte Kräuter
1 Eßlöffel saure Sahne/Sauerrahm
Schnittlauch oder Kresse zum Bestreuen

Sellerie waschen, schälen, reiben und mit Zitronensaft beträufeln. Hirse- oder Haferflocken dazugeben, mit Gemüsebouillon aufgießen und 30 Minuten kochen lassen.
Stangensellerie und Lauch waschen, putzen, in dünne Streifen schneiden und in Öl anlaufen lassen, mit den Kräutern in die Suppe geben und noch 15 Minuten kochen lassen. (Die Gemüsestreifen sollen nicht zu weich werden.) Mit Salz, Pfeffer und Zitronensaft abschmecken, saure Sahne/Sauerrahm unterziehen und mit Schnittlauch oder Kresse bestreut servieren.

ÜBERBACKENE PAPRIKARINGE AUF TOASTBROT

1 Zwiebel
1 grüne und 1 rote Paprikaschote
1 Eßlöffel Öl
Salz, Pfeffer
2 Eßlöffel Tomatenmark
edelsüßer Paprika

Zwiebel in dünne Scheiben, Paprikaschoten in feine Streifen schneiden. Öl in einer Pfanne erhitzen, Zwiebel und Paprika darin unter Rühren anbraten. Salzen und pfeffern. Tomatenmark unterrühren, mit Paprikapulver würzen. 1/8 Liter kaltes Wasser zugeben, aufkochen und wieder eindampfen lassen, zum Schluß abschmecken.

ZUM BELEGEN:
4 Toastbrotscheiben
4 Käsescheiben
geviertelte Tomaten
Petersilie

Toastbrotscheiben auf feuerfeste Teller legen, Gemüse darauf häufen, mit je einer Käsescheibe abdecken. Unter dem Grill 5 Minuten überbacken. Vor dem Servieren mit Tomaten und Petersilie garnieren.

APRIKOSENPUDDING

500 g Aprikosen
1/4 l Weißwein
100 g Fruchtzucker oder Honig
6 Blatt Gelatine
evtl. süße Sahne/Schlagobers

Aprikosen waschen, entsteinen, in wenig Wasser garen und durch ein Sieb streichen oder im Mixer pürieren.
Weißwein dazugießen, bis das Ganze 1/2 Liter ergibt. Mit Fruchtzucker oder Honig nach Geschmack süßen.
Gelatine einweichen, in 1/16 Liter kochend heißem Wasser auflösen und in die Aprikosenmasse rühren.
Den Pudding in einer kalt ausgespülten Form erstarren lassen, stürzen und, eventuell mit Sahne/Obers, servieren.

MÖHREN-/KAROTTENMILCH

1/2 l saure Milch
2 mittelgroße Möhren/Karotten
1 Prise Salz, 1 Prise Zucker

Sauermilch mit geputzten, geraffelten Möhren/Karotten, Salz und Zucker gut verrühren.

FENCHELGEMÜSE

2 mittelgroße Fenchelknollen
1 Eßlöffel Öl
1/8 l Weißwein
2 Tomaten
100 g Champignons
1 Zwiebel
Salz, Pfeffer

Die Fenchelknollen putzen, von den groben Außenrippen befreien und — je nach Größe — vierteln oder achteln. In Öl und Wein bei nicht zu großer Hitze dünsten.
Tomaten, Zwiebel und Champignons putzen, fein schneiden und in heißem Öl einige Minuten dämpfen, mit Salz und Pfeffer abschmecken. Gemüse mit dem Fenchel mischen und servieren.

KARTOFFELNOCKEN

4 — 5 mehlige mittelgroße Kartoffeln
1 Eßlöffel Dinkelgrieß
2 Eßlöffel Sojamehl
1 Ei
Salz, 1 Knoblauchzehe
1 Eßlöffel gehackte Petersilie

Kartoffeln reiben und auspressen. Der Masse Grieß, Mehl, Ei und mit Salz zerdrückte Knoblauchzehe zufügen. Alles unterrühren und 20 Minuten stehen lassen.
Mit zwei Teelöffeln Nocken abstechen, in kochendes Salzwasser geben, einmal aufkochen und dann 20 Minuten ziehen lassen.
Mit gehackter Petersilie bestreut servieren.

HÜHNERSPIESSE

200 g würfelig geschnittenes Hühnerfleisch
1 grüne, in Würfel geschnittene Paprikaschote
100 g kleine Champignons
150 g kleine Tomaten
1 mittelgroße, in Stücke geschnittene Zwiebel
1 in dicke Scheiben geschnittene Zucchini
1 Kaffeelöffel gemischte Kräuter
Salz, Pfeffer
1/8 l Gemüsebouillon (Instant)
2 Lorbeerblätter

Das Fleisch mit den Kräutern in der Bouillon mit den Lorbeerblättern 10 Minuten lang dünsten, würzen. Das gedünstete Fleisch mit dem Gemüse bunt vermischt auf Spieße auffädeln, die Bouillon aufheben.
Die Spieße auf eine Backfolie legen, mit der Suppe bestreichen und bei mittlerer Hitze zehn Minuten lang grillen.

GRÜNE BOHNEN/FISOLEN MIT MANDELN

250 g frische, geputzte oder
tiefgekühlte grüne Bohnen/Fisolen
Salz
40 g halbierte, geschälte Mandeln
1 Eßlöffel Öl
10 g Butter
1/2 Teelöffel Weizenvollmehl
1/2 Becher Créme fraîche

Frische Bohnen/Fisolen in wenig Salzwasser 10 — 15 Minuten weichdämpfen (gefrorene nach Anweisung auf der Packung kochen).
Mandeln in einer Pfanne in Öl leicht bräunen, herausnehmen und mit wenig Salz bestreuen. Butter in einer Pfanne schmelzen lassen. Créme fraîche mit Weizenvollmehl einrühren und sehr rasch zum Kochen bringen, dabei ständig umrühren.
Das Ganze ca. 5 Minuten leicht kochen lassen, dann die Bohnen zufügen. Auf einer vorgewärmten Platte anrichten, mit Mandeln bestreuen oder die Mandeln extra dazu reichen.
Als Beilage Kartoffeln oder Vollkorngebäck reichen.

GURKEN MIT PILZFÜLLUNG

1 Salatgurke
1 Zwiebel
Salz
150 g Champignons
1 Eßlöffel gehackte Kräuter
Zitronensaft
20 g Margarine
1/2 Becher Joghurt
Butterflöckchen

Gurke schälen, halbieren, entkernen und die Innenseite mit Salz sowie Zitronensaft würzen, kleingeschnittene Zwiebel hineingeben. Champignons putzen, hacken und mit Salz, Zitronensaft, Joghurt und Kräutern vermischt in die Gurkenhälften füllen.
Diese mit Fettflöckchen belegen, in eine feuerfeste Form setzen und mit wenig Wasser im Rohr weichdünsten.

TOMATENSAUCE MIT SÜSSER SAHNE/SCHLAGOBERS

200 g Tomaten
1 Kaffeelöffel Vollweizenmehl
10 g Margarine
1/8 l süße Sahne/Schlagobers
Salz, Gemüseextrakt

Tomaten häuten und pürieren. Mehl in der Margarine hell anschwitzen, mit süßer Sahne/Schlagobers und Tomatenpüree auffüllen und aufkochen lassen. Abschmecken.
Zu den Gurken mit der Tomatensauce Vollkorngebäck servieren.

MÖHREN-/KAROTTENSUPPE

200 g Möhren/Karotten
200 g Kartoffeln
1/2 l Gemüsebrühe (Instant)
1 Becher Créme fraîche
Salz, weißer Pfeffer
10 g Butter
1/2 Bund Petersilie

Möhren/Karotten und Kartoffeln schälen, in Würfel schneiden und in der Gemüsebrühe kochen, danach pürieren. Mit Salz, Pfeffer, Petersilie und Butter abschmecken.
Créme fraîche kreisförmig auf der Suppe verteilen, diese mit Petersilienblättern garnieren.

OFENSCHLUPFER (ZWIEBACKAUFLAUF)

8 Stück Vollkornzwieback
2 in Würfel geschnittene Äpfel
2 Eßlöffel Zimt-Zucker-Mischung
2 Eigelb
1/4 l Milch
10 g Margarine
2 Eßlöffel Weizenkeime

Eine flache, feuerfeste Schüssel mit Margarine dünn ausstreichen, 4 Stück Zwieback einschlichten, Apfelwürfel, Zimt-Zucker-Mischung und Weizenkeime darüber verteilen.
Danach obenauf restlichen Zwieback legen. Eigelb und Milch verquirlen, über das Ganze träufeln.

ZUM ÜBERBACKEN:

2 Eiweiß
1 Teelöffel Fruchtzucker

Eiweiß mit Fruchtzucker zu Schnee schlagen, über den Auflauf streichen und im Backrohr bei 200 Grad überbacken.

GERSTENLAIBCHEN

200 g Gerstenschrot
3/8 l Wasser
Gemüsebrühwürfel
1 Zwiebel
1 Knoblauchzehe
1 geriebene Möhre/Karotte
gehackte Kräuter (Schnittlauch, Petersilie,
Majoran, Basilikum)
geriebene Muskatnuß, Salz

Die kleingeschnittene Zwiebel mit der Gemüsebrühe aufkochen, den Gerstenschrot einrieseln lassen, zu einem dicken Brei kochen und ausquellen lassen. Dann alle Zutaten gut einmengen, mit einem Eßlöffel Stücke abstechen, Laibchen formen und in nicht zu heißem Fett braten.

Man kann die Laibchen auch auf ein befettetes Backblech setzen und bei mittlerer Hitze (180 Grad) 25 Minuten backen.

JOGHURT-QUARK-/-TOPFEN-SAUCE

250 g Magerquark/-topfen
2 Eßlöffel Joghurt
4 dicke, stiftelig geschnittene Gurkenscheiben
5 stiftelig geschnittene Radieschen
1 feingehackte Zwiebel
1 feingeschnittene Knoblauchzehe
je eine Prise Salz und Pfeffer
Dill, Petersilie

Den Quark/Topfen mit Joghurt, Gurken- und Radieschenstiften, Zwiebel, Knoblauch und den Kräutern vermengen und mit Dillspitzen garnieren.

PAPRIKASALAT

150 g grüne Paprikaschoten
1 Zwiebel
1/4 l Wasser
1 Kaffeelöffel Salz
1 Prise Zucker
1 Eßlöffel Essig

Paprikaschoten waschen und in Streifen, Zwiebel in Ringe schneiden. Das Wasser mit Salz, Zucker und Essig aufkochen, Paprika und Zwiebel dazugeben und 3 Minuten kochen lassen. Aus dem Wasser nehmen, abkühlen lassen und in eine Schüssel geben.

MARINADE:
2 Eßlöffel Essig
2 Eßlöffel Öl
1 Eßlöffel Tomatenketchup
Salz, Pfeffer

Für die Marinade Essig, Öl und Ketchup mit der Schneerute gut verschlagen. Mit Salz und Pfeffer würzen, über den Salat gießen und durchmischen. Etwas ziehen lassen und servieren.

TOMATEN-KNOBLAUCH-SUPPE

3 Knoblauchzehen
5 Tomaten
1/2 Bund Petersilie
2 Eßlöffel Öl
1/2 l Gemüsebrühe (Instant)
Salz, weißer Pfeffer
Saft einer halben Zitrone

Knoblauchzehen schälen und sehr fein hacken. Tomaten mit kochendem Wasser überbrühen und häuten, dabei die Stengelansätze herausschneiden. Das Fruchtfleisch fein würfeln.
Petersilie waschen, fein schneiden. Öl in einem Topf erhitzen, Knoblauch, Tomatenwürfel und Petersilie dazugeben. Unter Rühren 10 Minuten durchschwitzen lassen, danach mit der heißen Gemüsebrühe aufgießen, aufkochen lassen. Mit Salz, Pfeffer und Zitronensaft würzen.

GEFÜLLTE PAPRIKARINGE

1 rote und 1 grüne Paprikaschote
250 g Quark/Topfen
1 Eßlöffel würfelig geschnittenes
Tomatenfleisch
1 Eßlöffel gehackte Petersilie
Kresse, Schittlauchröllchen
Salz, Pfeffer, Zitronensaft
Salatblätter

Quark/Topfen mit Tomatenwürfeln und Kräutern verrühren, mit Salz, Pfeffer und wenig Zitronensaft pikant abschmecken.
Beide Paprikaschoten in 4 Scheiben schneiden und mit der Quark-/Topfenmasse füllen. Auf Salatblättern anrichten, dazu Vollkornbrot reichen.

SAVOYER BROTAUFLAUF

500 g Vollkornbrot
100 g Gruyére, in Scheiben geschnitten
2 Eier
1/8 l Milch
1/8 l süße Sahne/Schlagobers
Salz, Pfeffer, Muskat
Margarine für die Form

Vollkornbrot in Scheiben schneiden, toasten und in eine befettete feuerfeste Form legen. Mit Gruyére-Scheiben belegen. Eier mit Milch und Sahne/Obers verquirlen, würzen und darübergießen. Im Backrohr bei mittlerer Hitze 40 Minuten backen.

ERBSENSALAT MIT CRÉME FRAÎCHE

1 Zwiebel
10 g Margarine
400 g frische Erbsen
1 Becher Créme fraîche
Salz, Pfeffer, etwas Zucker
1 Bund frischer Dill

Die geschälte Zwiebel sehr fein würfeln und in Margarine glasig dünsten. Erbsen zufügen und 5 Minuten garen. Créme fraîche würzen und mit gehacktem Dill verrühren, die abgekühlten Erbsen unterrühren, zum Schluß abschmecken.

14. JULI

SERBISCHER FISCHTOPF
VOLLKORNBROT

15. JULI

GEMÜSEPLATTE MIT VERSCHIEDENEN DIPS
INDISCHES FLADENBROT
PREISELBEER-GRIESS-FLAMMERI

SERBISCHER FISCHTOPF

200 g tiefgefrorene oder frische Kabeljaufilets
Saft einer halben Zitrone

Fischfilets mit Zitronensaft beträufeln (tiefgefrorene Filets etwas antauen lassen) und jede Portionsscheibe in 3 Teile schneiden.
Die Fischstücke 10 Minuten vor Ende der Garzeit in die Suppe geben und darin garziehen lassen.

GEMÜSETOPF:
3/8 l Gemüsebouillon (Instant)
1 Zwiebel
1 Lorbeerblatt
250 g Kartoffeln
1/2 Paket tiefgefrorenes Letscho-Gemüse (ca. 250 g)
1 Knoblauchzehe
250 g Tomaten
Zitronensaft
Salz, weißer Pfeffer, Paprika
1 Eßlöffel gehackte Petersilie

Gemüsebrühe aufkochen, Zwiebel schälen, vierteln und zusammen mit dem Lorbeerblatt in die Brühe geben.
Kartoffeln waschen, schälen, in 2 cm große Würfel schneiden und mit dem tiefgekühlten Gemüse in den Topf geben. Aufkochen und zugedeckt 20 Minuten bei schwacher Hitze kochen lassen. Knoblauchzehe schälen, zerdrükken und in die Brühe geben.
Tomaten kreuzweise einritzen, mit kochendem Wasser übergießen und abziehen. Tomaten vierteln, Kerne auslösen, das Fruchtfleisch in die Suppe geben. Mit Salz, Pfeffer, Paprika und Zitronensaft abschmecken, mit Petersilie bestreuen und mit Vollkornbrot servieren.

GEMÜSEPLATTE

1 Zucchini
Zitronensaft, Salz, Pfeffer
1 kleiner Blumenkohl/Karfiol
je 1 rote, 1 grüne und 1 gelbe Paprikaschote
2 Möhren/Karotten

Zucchini in lange Stifte schneiden, blanchieren, abtropfen lassen und mit etwas Zitronensaft beträufeln. Mit Salz und Pfeffer würzen.
Blumenkohl/Karfiol in Röschen pflükken und ebenfalls blanchieren, danach abtropfen lassen.
Möhren/Karotten und Paprikaschoten in Streifen schneiden, zum Schluß das Gemüse getrennt auf einer Platte anrichten.
Dazu verschiedene Dips und Saucen reichen.

COCKTAIL-DIP

1 Becher Joghurt
3 Eßlöffel Joghurtmayonnaise
2 Eßlöffel Ketchup
1 Eßlöffel Zitronensaft
1 Prise Zucker, Salz, Pfeffer
2 Eßlöffel Weinbrand

Die Zutaten in eine hohe Schüssel geben und mit einem Handrührgerät aufschlagen.

ROQUEFORT-DIP

50 g Roquefort
1 Eßlöffel Butter
1 Becher Joghurt
2 Eßlöffel saure Sahne/Sauerrahm
Zitronensaft, Paprikapulver

Butter schaumig rühren, dann Joghurt, Sahne/Rahm, Gewürze und Roquefort untermischen.

GEMÜSEPLATTE MIT VERSCHIEDENEN DIPS
INDISCHES FLADENBROT
PREISELBEER-GRIESS-FLAMMERI

DINKELGRIESSAUFLAUF MIT FRÜCHTEN
APRIKOSENSAUCE

KRÄUTER-DIP

1 Becher Joghurt
125 g Quark/Topfen
2 Eßlöffel saure Sahne/Sauerrahm
1 Eßlöffel Mayonnaise
je 1/2 Bund Schnittlauch, Dill, Petersilie
und Kerbel
1 Zwiebel, einige Kapern, 2 Essiggurken
Salz, 1 Prise Zucker, 1 Teelöffel Senf
1 Eßlöffel Essig oder Zitronensaft

Kräuter fein hacken, mit den restlichen Zutaten in eine Schüssel geben und mit einer Schneerute gut verrühren.

INDISCHES FLADENBROT

450 g Vollweizenmehl
1 — 2 Teelöffel Salz
100 g zerlassene Butter oder Margarine
1/4 l Joghurt

Mehl und Butter auf einem Brett abmischen, in der Mitte eine Vertiefung machen, restliche Zutaten dazugeben. Gut durchkneten.
Aus dem Teig eine Rolle machen, in Scheiben schneiden und dünn auswalken.
Auf befettetem Blech bei 200 Grad ca. 10 — 15 Minuten backen. Fladen eventuell nach 10 Minuten wenden und fertigbacken.

PREISELBEER-GRIESS-FLAMMERI

40 g Dinkelgrieß
1/4 l Milch
Honig zum Süßen, abgeriebene Zitronenschale
1 Ei, 20 g geriebene Nüsse
100 g Birnen
50 g Preiselbeerkompott

Die Milch zum Kochen bringen, Grieß einstreuen und unter Rühren etwa 8 Minuten kochen lassen.
Den Brei von der Kochstelle nehmen, abgeriebene Zitronenschale hinzufügen und das verquirlte Eigelb, Nüsse und Honig darunterheben. Das Ganze erkalten lassen und den steifgeschlagenen Schnee unterziehen. Flammeri in eine Schüssel füllen, vor dem Servieren mit halbierten Birnen und Preiselbeerkompott verzieren.

DINKELGRIESSAUFLAUF MIT FRÜCHTEN

20 g Butter
125 g Dinkelgrieß
1/2 l Milch
Salz
40 g Butter oder Margarine
2 Eigelb
2 Eiweiß
50 g Fruchtzucker
Zitronenschale
200 g Apfel- oder Birnenscheiben

Den Boden eines Kochtopfes mit Butter einfetten und Milch darin zum Sieden bringen. Eine Prise Salz und Dinkelgrieß unter ständigem Rühren beimengen und bei kleiner Hitze dick kochen, dann auskühlen lassen.
Butter oder Margarine mit Eigelb, Fruchtzucker und Zitronenschale schaumig rühren und der erkalteten Grießmasse samt geschlagenem Eiweiß beimischen.
Die Hälfte der Masse in eine gut befettete Auflaufform füllen, darüber eine Schicht Apfel- oder Birnenscheiben geben, obenauf den Rest der Masse streichen.
Den Auflauf im Rohr bei 220 Grad 40 Minuten backen.

APRIKOSENSAUCE

300 g frische Aprikosen
40 g Honig oder Fruchtzucker
1/8 l Apfelsaft
Aprikosenlikör

Aprikosen enthäuten und entkernen, pürieren und soviel Apfelsaft zufügen, bis eine dicke Sauce entstanden ist. Sauce nach Geschmack süßen und mit Aprikosenlikör verfeinern.

ÜBERBACKENE GRÜNKERNSPÄTZLE

2 Eier
150 g Grünkernmehl
Salz

Margarine mit Eidotter schaumig rühren, salzen. Eiweiß mit einer Prise Salz zu steifem Schnee schlagen und mit dem Mehl zugleich unterheben.
Die Masse 20 Minuten in den Kühlschrank stellen, mit zwei Eßlöffeln Spätzle formen und diese ca. 3 Minuten in leicht köchelndem Salzwasser garen.
Mit einem Netzschöpfer herausnehmen und in eine befettete feuerfeste Form legen.

ZUM ÜBERBACKEN:
100 g milder Schafkäse oder Mozzarella
frische Kräuter

Käse würfelig schneiden, Spätzle damit belegen und im vorgeheizten Rohr bei 200 Grad gratinieren.
Vor dem Servieren mit frischen Kräutern garnieren.

KOPF-RADICCHIO-SALAT

1 kleiner Kopfsalat
1 Radicchio
1 kleine Fenchelknolle

Blattsalate waschen und in mundgerechte Stücke reißen, Fenchelknolle fein reißen.

MARINADE:
3 Eßlöffel Öl
2 Eßlöffel Essig
1 Prise Zucker
2 Eßlöffel gehackte Kräuter (z. B. Dill,
Schnittlauch, Petersilie)
1/2 Teelöffel Estragonsenf

Alle Zutaten außer Öl verrühren, 10 Minuten ziehen lassen und erst dann das Öl einmischen.

KALTE GURKENCREMESUPPE MIT DILLSPITZEN

Photo auf Seite 156
1 — 2 Salatgurken
2 Becher Joghurt
1/8 l süße Sahne/Schlagobers
Salz, Knoblauch
20 g gehackte Walnüsse
Dill

Gurken waschen, eventuell entkernen und in kleine Stücke schneiden. Danach mit Joghurt vermischt im Mixer pürieren. Dill fein hacken, einige Spitzen zum Garnieren aufheben. Suppe mit Salz, Knoblauch und Dill abschmecken. Sahne/Obers schlagen, in die Suppe rühren, diese erkalten lassen.
Vor dem Servieren mit den übriggebliebenen Dillspitzen und den Walnüssen belegen.

FRISCHKÖSTLICHE BROTE

Verschiedene Vollkornbrot-Sorten
Butter

■ Vollkornbrotscheiben mit Butter bestreichen und mit
— Radieschen- und frischen Gurkenscheiben oder geraspeltem Rettich belegen, mit saurer Sahne/Sauerrahm marinieren und mit Petersilie bestreuen.
— Tomaten- und Eischeiben belegen, mit Schnittlauch bestreuen.
— Tomatenscheiben, Zwiebelringen und Paprikastreifen belegen, mit Salz und gehackter Petersilie bestreuen. Die Tomatenscheiben mit geriebenem Meerrettich/Kren belegen und etwas salzen.
— fein geschnittenem Salat oder Spinat, mit hartgekochten Eischeiben und Tomatenstücken belegen.

■ Vollkornbrotscheiben mit folgenden Quark-/Topfenmischungen bestreichen:
— Quark/Topfen, saure Sahne/Sauerrahm, Salz und Kümmel.
— Quark/Topfen, saure Sahne/Sauerrahm, Zwiebel, Majoran und Salz.
— Quark/Topfen, mit Radieschen belegt, mit gehackter Petersilie bestreut.
— Quark/Topfen, mit Gurkenwürfeln oder Tomatenscheiben belegt.

— Quark/Topfen, mit gehackten Mandeln oder Nüssen bestreut.

■ Buttermischungen auf Vollkornbrotscheiben:

— Brotscheiben mit Zitronenbutter bestreichen und mit abgeriebener Zitronenschale und gehackten Nüssen bestreuen. Zitronenbutter: schaumig gerührte Butter wird mit Zitronensaft vermengt.

— Brotscheiben mit Nußbutter bestreichen und mit Bananenscheiben belegen. Nußbutter: schaumig gerührte Butter wird mit gehackten Nüssen vermengt.

FRÜCHTETELLER AUF HIMBEERMOUSSE

100 g Himbeeren
1 Teelöffel Honig
60 g Pfirsich
60 g Erdbeeren
60 g Melone
60 g Bananen
80 g Ananas

Himbeeren im Mixer pürieren, mit Honig süßen.
Pfirsich filetieren, aus der Melone Kugeln ausstechen. Himbeermousse auf zwei Teller geben und die Früchte gefällig darauf placieren.

GEMÜSEKARTOFFELN MIT MEERRETTICH/KREN

500 g Kartoffeln
1/4 l Gemüsebouillon (Instant)
Salz
20 g Margarine
3 Möhren/Karotten
1/2 kleiner Sellerie
Meerrettich/Kren

Die Kartoffeln in Würfel schneiden, in Streifen geschnittene Möhren/ Karotten und Sellerie in etwas Margarine dämpfen, salzen, die Kartoffeln zugeben, kurze Zeit mitdämpfen.
Wenig Gemüsebouillon zugeben. Das Gericht in 15 Minuten weichdämpfen, dabei hie und da schütteln, damit es nicht anbrennt.
Mit geriebenem Meerrettich/Kren bestreut servieren.

FRISCHKOSTBIRNEN

4 Birnen
20 g Honig
Saft einer halben Zitrone
100 g Walderdbeeren

2 Birnen samt Schale und Kerngehäuse reiben, mit Honig und Zitronensaft abmischen. Die restlichen Birnen kleinwürfelig schneiden und mit der Frischkost verrühren.
Diese in tiefen Glasschüsselchen anrichten und mit einer Lage Walderdbeeren bestreut servieren.

TOASTS MIT GEFLÜGEL- ODER KALBSLEBER
GRÜNE-BOHNEN-/FISOLENSALAT
MIT TOMATEN

FENCHEL MIT WEISSWEIN
GERÖSTETER HAFER
PFIRSICHE MIT HEIDELBEEREN

TOASTS MIT GEFLÜGEL- ODER KALBSLEBER

200 g Geflügel- oder Kalbsleber
20 g Margarine
1 mittelgroße Zwiebel
1/2 Bund Petersilie
2 Möhren/Karotten
1 kleines Stück Sellerie
2 Eßlöffel Tomatenmark
6 Eßlöffel Weißwein
1 zerdrückte Knoblauchzehe
1 Eßlöffel geriebener Parmesan, Salz, Pfeffer

Gewürfelte Leber in heißer Margarine braten, herausnehmen und kleinwürfelig schneiden.
Im Fleischfond feingehackte Zwiebel, Petersilie, Möhren/Karotten und Sellerie andünsten.
Leber, Tomatenmark, Wein und Knoblauchzehen zufügen, alles kurz dünsten. Dann feingehackte Kräuter und Parmesan unterrühren. Würzen und abschmecken.

TOASTS:
6 Scheiben Vollkorntoast

Leber-Gemüse-Mischung auf die Toastscheiben verteilen, diese diagonal durchschneiden und kurz übergrillen.

GRÜNE-BOHNEN-/FISOLENSALAT MIT TOMATEN

200 g grüne Bohnen/Fisolen
Salz, Bohnenkraut

Bohnen/Fisolen putzen, in Salzwasser mit Bohnenkraut nicht zu weich kochen.

MARINADE:
1 rote Zwiebel
2 Eßlöffel Kräuteressig
Salz, Pfeffer, 1 Teelöffel Senf
2 Eßlöffel Öl
1 große Tomate

Zwiebel schälen und fein würfeln. Essig, Senf und Öl verrühren, Zwiebel dazugeben. Die Tomate waschen, ebenfalls würfeln. Tomatenwürfel mit Bohnenkraut in die Marinade mischen, würzen. Bohnen auf einer Platte anrichten und mit der Tomatenmarinade überziehen.

FENCHEL MIT WEISSWEIN

4 kleine Fenchelknollen (anstelle von Fenchel kann jedes andere Gemüse verwendet werden)
20 g Butter oder Margarine
1/4 l Weißwein
250 g Tomaten
Salz, weißer Pfeffer, Paprika
gehackte Petersilie zum Garnieren

Fenchel waschen, welke Blätter und Wurzelenden abschneiden. Den Fenchel in Scheiben und in grobe Streifen schneiden. Butter oder Margarine in einer Kasserolle erhitzen, Fenchel zugeben und darin dünsten. Weißwein dazugießen und bei kleiner Hitze kochen lassen.
Einstweilen die Tomaten mit heißem Wasser übergießen, abziehen, vierteln und schließlich zum Fenchel geben. Salz, Pfeffer und Paprika zugeben.
Unter gelegentlichem Rühren 20 Minuten dünsten. Petersilie waschen, trockentupfen und hacken. Fenchelgemüse kräftig abschmecken, mit gehackter Petersilie garnieren.

GERÖSTETER HAFER

150 g Haferkörner
Salz
20 g Butter
Koriander

Haferkörner waschen und abtropfen lassen. Die Körner entweder in der Pfanne 20 — 30 Minuten unter stetem Umrühren oder auf dem Backblech bei 100 Grad ohne Fett rösten.
Die Körner müssen ganz trocken sein und ein wenig Farbe angenommen haben. So vorbereitet schmecken sie besonders würzig und können in 3/8 Liter heißem Wasser in kurzer Zeit gargekocht werden.
Zum Schluß mit Salz, Butter und Koriander abschmecken.

PFIRSICHE MIT HEIDELBEEREN

2 große feste Pfirsiche
50 g Heidelbeeren
20 g Fruchtzucker, Zitronensaft
Alufolie

Pfirsiche halbieren und entkernen, mit der Schnittfläche nach oben auf die Alufolie legen.
In die Pfirsichhälften Heidelbeeren häufen, mit Fruchtzucker bestreuen und mit ein paar Tropfen Zitronensaft beträufeln. In die Folie einwickeln.
Die Pfirsiche bei mittlerer Hitze etwa 25 Minuten grillen, danach die Folie entfernen und warm servieren.

MAISFLOCKENAUFLAUF

1/2 l Milch
100 g Maisflocken
40 g Butter oder Margarine
2 Eßlöffel Honig
je 1/2 Päckchen Vanillezucker und Backpulver
1 Zitrone
2 Eier
2 Birnen
einige Rosinen
Fett zum Bestreichen einer Backform

In die kochende Milch die Maisflocken einlaufen lassen, Topf vom Feuer nehmen, danach Butter oder Margarine, Honig, Vanillezucker, Backpulver, geriebene Zitronenschale und die Eier einrühren.
Maisteig in eine befettete, feuerfeste Form geben, mit blättrig geschnittenen Birnenvierteln und Rosinen belegen.
Im vorgeheizten Backrohr eine halbe Stunde bei 200 Grad backen.

RHABARBER MIT BIRNEN

500 g Birnen
250 g Rhabarber
Saft einer Zitrone
2 Eßlöffel Honig
evtl. Vanillearoma

Zitronensaft mit Honig verrühren, die Birnen hineinraspeln (wenn möglich mit der Schale). Rhabarber schälen, sehr fein schneiden und untermischen.
Wenig Wasser zugeben, einmal aufkochen lassen und anschließend kühlstellen.

PIKANTE QUARK-/TOPFENLAIBCHEN

250 g Quark/Topfen
einige Eßlöffel Milch oder saure
Sahne/Sauerrahm
1 Ei
80 g Getreideflocken
1 Messerspitze gemahlener Kümmel
etwas Salbei, etwas Salz
beliebige Würzkräuter
1 Zwiebel

Den Quark/Topfen mit Milch oder saurer Sahne/Sauerrahm und Getreideflocken glattrühren, die Gewürze, die kleingeschnittene Zwiebel und das Ei beimengen.
Aus dieser Masse Laibchen formen und in einer Pfanne in Fett auf beiden Seiten schön braun braten.

BLANCHIERTER GEMÜSESALAT

1 in halbe Scheiben geschnittene Zwiebel
200 g Weißkohl/-kraut, in Streifen geschnitten
2 in Scheiben geschnittene Möhren/Karotten
1 kleiner ringelig geschnittener Lauch

1/2 Liter Wasser salzen und zum Kochen bringen. Nacheinander das Gemüse hineingeben und nach angegebener Zeit wieder herausnehmen: Möhren/Karotten nach 2 Minuten, Weißkohl/-kraut, Zwiebel und Lauch nach 1 Minute.

M A R I N A D E :
2 Eßlöffel Zitronensaft
Salz, 2 Eßlöffel Olivenöl
etwas Gemüsebrühe (Instant)

Alle Zutaten gut vermischen, blanchiertes Gemüse damit marinieren.

APRIKOSENSCHAUM

250 g Aprikosen
1/8 l Weißwein
2 Eßlöffel Honig
2 Eiweiß
Salz, Zimt, abgeriebene Orangenschale

Gewaschene, halbierte und entsteinte Aprikosen in Weißwein und Honig gardünsten, Eiweiß mit einer Prise Salz sehr steif schlagen.
Kaltes Aprikosenpüree unterrühren, mit Zimt abschmecken, in Gläser füllen und mit abgeriebener Orangenschale garnieren.

GEMÜSESUPPE MIT SCHOLLENSTREIFEN

1 Schollenfilet
1/2 Zitrone
1 Bund Schnittlauch

Das Filet quer zur Faser in 1 cm breite Streifen schneiden und auf 2 Suppenteller verteilen.
Zitrone auspressen, von der Zitronenhälfte ein hauchdünnes Schalenstück abschneiden, mit gehacktem Schnittlauch mischen und über den Fischstreifen verteilen. Den Fisch mit Zitronensaft beträufeln und ziehen lassen.
In der Zwischenzeit die Suppe bereiten.

S U P P E :
1 kleine Fenchelknolle
2 Möhren/Karotten
2 Frühlingszwiebeln
1/2 l Gemüsebouillon (Instant)
Salz

Den Fenchel putzen, halbieren und den keilförmigen Strunk mit einem spitzen Messer entfernen. Fenchel waschen und trockentupfen. Die Hälften noch einmal längs teilen und dann quer in dünne Streifen schneiden.
Die Möhren/Karotten waschen und in feine Stifte schneiden.
Die Frühlingszwiebeln putzen, waschen und mit etwa zwei Drittel des grünen Teils in hauchdünne Ringe schneiden.
Gemüsebrühe zum Kochen bringen, wenn sie sprudelnd kocht, Gemüse dazugeben und in etwa 2 Minuten bißfest garen.
Die Suppe mit wenig Salz abschmecken und sehr heiß über die Schollenstreifen gießen, das Fischfilet gart in der Suppe und bleibt zart und saftig. Die Suppe sofort servieren, am besten paßt Vollkornbrot dazu.

OFENKARTOFFELN

500 g mehlige Kartoffeln
2 Eßlöffel Öl
Kümmel

Backrohr auf 200 Grad vorheizen.
Die Kartoffeln gründlich waschen und bürsten, längs halbieren. Ein Backblech mit Öl bepinseln und mit Kümmel bestreuen. Die Kartoffeln mit den Schnittflächen nach unten darauflegen und im Backrohr 30—40 Minuten backen, bis sie weich sind.

GURKENJOGHURT

1 Becher Joghurt
1/2 Salatgurke
1 Knoblauchzehe
Salz, Pfeffer
1 Kaffeelöffel frischer Dill
1 Eßlöffel geriebene Walnüsse
* geriebener Meerrettich/Kren*

Salatgurke feinblättrig schneiden, mit dem Joghurt vermischen und mit der zerdrückten Knoblauchzehe, Salz, Pfeffer, Dill, Nüssen und Meerrettich/Kren würzen.
Die Ofenkartoffeln nach Wunsch noch salzen und mit Gurkenjoghurt anrichten.

FISCH MIT SCHALOTTEN UND KNOBLAUCH

2 Kaffeelöffel Öl
1 Kaffeelöffel gehackte Petersilie
2 Schalotten oder kleine Zwiebeln, fein gehackt
2 Fischfilets, enthäutet
Salz, Pfeffer, 1 zerdrückte Knoblauchzehe
1 mittelgroße, in Scheiben
geschnittene Tomate
1/16 l Weißwein
1 Eßlöffel Vollkornpaniermehl/ -brösel

Backrohr auf 180 Grad vorheizen.
Eine feuerfeste Form, groß genug für die Fischfilets, erwärmen und leicht mit Öl befetten. Den Boden mit Petersilie und einem Teelöffel Schalotten oder Zwiebeln bestreuen. Etwa 5 Minuten ziehen lassen, damit sich der Geschmack vermischen kann. Dann die Form mit den Fischfilets auslegen, salzen, pfeffern und mit Knoblauch und den restlichen Schalotten bestreuen. Jedes Fischfilet mit Tomatenscheiben belegen. Weißwein darübergießen, mit dem restlichen Öl beträufeln und Paniermehl/Brösel darüberstreuen.
Das Ganze 20 Minuten im vorgeheizten Rohr backen.

TOMATENSALAT MIT MEERRETTICH/KREN

500 g Tomaten

Tomaten kurz in heißes Wasser tauchen und die Haut abziehen. Danach grobblättrig schneiden, dabei den Großteil der Kerne entfernen und die Tomaten samt ausgeflossenem Saft in eine Salatschüssel geben.

MARINADE:
3 Eßlöffel Essig
1 Kaffeelöffel feinst gehackte Lauchzwiebel
etwas Selleriegrün
1 Prise Zucker, 1 Teelöffel Senf, 1 Eßlöffel Öl
Salz, geriebener Meerrettich/Kren

Alle Zutaten verrühren und über die Tomatenscheiben verteilen, Salat vor dem Servieren mit einem Häubchen aus geriebenem Meerrettich/Kren besetzen.
Zu Fisch und Salat Petersilienkartoffeln oder Vollkorngebäck reichen.

ZUCCHINIAUFLAUF

500 g Zucchini
1 in Scheiben geschnittene Zwiebel
250 g Champignons
4 Tomaten
Salz, Pfeffer
1 Eßlöffel Olivenöl
50 g geriebener Käse
2 Kaffeelöffel Thymian
1 Eßlöffel Olivenöl

Backrohr auf 190 Grad vorheizen.
Zucchini in dünne, Tomaten in dickere
Scheiben und Champignons blättrig
schneiden, salzen.
Eine feuerfeste Form einölen, Zucchini
und Zwiebel lagenweise einfüllen, darauf Champignons verteilen und mit
Tomatenscheiben abdecken.
Pfeffer, Thymian und geriebenen Käse
auf den Auflauf streuen und mit Öl beträufeln.
Im vorgeheizten Backrohr bei 190 Grad
30 Minuten garen, mit Vollkorngebäck
servieren.

APFELKALTSCHALE

250 g Äpfel
1/2 l Wasser (oder halb Wasser, halb Weißwein)
Schale einer halben Zitrone
1/2 Stange Zimt
2 Eßlöffel Honig
Vanillearoma
20 g Dinkelgrieß
20 g Rosinen

Äpfel schälen, achteln, das Kerngehäuse
entfernen. Wasser oder Wasser-Wein-
Gemisch, Zitronenschale, Zimt, Honig,
Vanillearoma, Dinkelgrieß und Rosinen
aufkochen, Äpfel zugeben und bei mittlerer Hitze 10 Minuten ziehen lassen.
Ab und zu umrühren, kaltstellen.

KRAFTSUPPE

50 g Dinkelflocken
10 g Butter
Salz, Kümmel, Kräuter
2 Tomaten
1 kleines Stück Sellerie
Meerrettich/Kren

Dinkelflocken in Wasser aufkochen lassen, ein Stückchen Butter unterrühren,
salzen. Kümmel, feingehackte Kräuter,
zerschnittene rohe Tomaten, geriebenen
Sellerie und Meerrettich/Kren dazumischen.

BUTTERMILCHSCHALE

je 30 g frische Erdbeeren,
Heidelbeeren und Himbeeren

Beeren in Portionsschälchen verteilen
und mit Buttermilchcreme übergießen.

CREME:
1/2 l Buttermilch
1 zerdrückte Banane
Zitronensaft
10 g Fruchtzucker oder 1 Kaffeelöffel Honig

Alle Zutaten miteinander versprudeln
und über die Beeren gießen.

Spinatspätzle mit Schinken
Rezept auf Seite 93

Waldorfsalat
Rezept auf Seite 121

GEDÜNSTETER FENCHEL
GRÜNKERN
APRIKOSENQUARK/-TOPFEN

GRÜNE-PFEFFER-TOASTS
BLUMENKOHL/KARFIOL
MIT RADIESCHEN UND KRESSE

GEDÜNSTETER FENCHEL

3 — 4 Fenchelknollen
20 g Butter
2 Eßlöffel Tomatenmark
1/2 Gemüsebrühwürfel
2 zerdrückte Knoblauchzehen
1 Teelöffel Apfelessig
Salbei, Rosmarin
2 Eßlöffel saure Sahne/Sauerrahm

Fenchelknollen putzen, halbieren und in wenig Wasser mit Brühwürfel, Essig und Knoblauch kernig weich dünsten. Das Fenchelwasser mit den restlichen Zutaten abschmecken und über den Fenchel gießen.

GRÜNKERN

1/2 l Wasser
150 g Grünkern
Salz
20 g Butter
1 gehackte Zwiebel
1 Lorbeerblatt
feingehackte Petersilie

Wasser zum Kochen bringen, Grünkern, Salz sowie Lorbeerblatt hinzugeben und ca. 45 Minuten bei kleiner Flamme garen. Vor dem Anrichten die goldgelb geröstete Zwiebel, etwas Butter und die Petersilie darübergeben.

APRIKOSENQUARK/-TOPFEN

300 g Aprikosen
2 Eßlöffel Honig
Vanillearoma
250 g Magerquark/-topfen
1/8 l süße Sahne/Schlagobers

Die reifen Aprikosen entsteinen, mit Honig und Vanille im Mixer pürieren (2 Aprikosen zum Garnieren zurücklassen) und unter den Quark/Topfen ziehen. Kurz kühlstellen.
Sahne/Obers steifschlagen. Die Masse in Schälchen füllen und mit je einer Aprikose und Sahne/Obers garnieren.

GRÜNE-PFEFFER-TOASTS

4 Scheiben Vollkorntoast
20 g Butter oder Margarine

Backrohr auf 180 Grad vorheizen. Toastscheiben mit Butter oder Margarine bestreichen. Mit der bestrichenen Seite nach unten in eine flache, feuerfeste Form legen.

ÜBERGUSS:
1/4 l trockener Weißwein
200 g geriebener Emmentaler
Salz, 1 Knoblauchzehe
1 Ei
weißer Pfeffer, 4 gestrichene Eßlöffel grüner Pfeffer aus dem Glas

Brotscheiben mit etwas Weißwein beträufeln, den restlichen Wein mit dem geriebenen Käse vermischen. Zerdrückte Knoblauchzehe und das Ei in die Käsemasse rühren, mit Salz und Pfeffer würzen, den abgetropften grünen Pfeffer unterheben. Diese Mischung auf die Brotscheiben verteilen.
Die Form im vorgeheizten Backrohr auf die oberste Leiste stellen, die Toastscheiben 8 Minuten überbacken.
Die fertigen Toasts halbieren und auf vorgewärmten Tellern anrichten, sofort heiß servieren.

BLUMENKOHL/KARFIOL MIT RADIESCHEN UND KRESSE

500 g Blumenkohl/Karfiol
1 Bund Radieschen

Blumenkohl/Karfiol waschen und in kleinste Röschen teilen, die Strünke fein hacken. Die Radieschen ebenfalls waschen und in Scheiben schneiden.

MARINADE:
2 Eßlöffel saure Sahne/Sauerrahm
1/8 l Joghurt
Salz, Zitronensaft, Kresse

Alle Zutaten verrühren, Blumenkohl/Karfiol und Radieschen einmengen, anrichten und mit frischer Kresse bestreut servieren.

KALTE GEMÜSESUPPE

1/2 Salatgurke
3 Tomaten
1 kleine Fenchelknolle
1/2 l Joghurt
Pfeffer, Salz, Knoblauch, Tabasco
1/2 Bund geschnittener Schnittlauch oder Dill

Salatgurke schälen und entkernen, ein Drittel davon fein würfeln, den Rest im Mixer pürieren.

Tomaten häuten, halbieren, entkernen und würfeln, Fenchelknolle in dünne Streifen schneiden.

Gemüse mit Joghurt, Kräutern und Gewürzen vermischen und, wenn möglich, etwas durchziehen lassen.

GEBACKENE KARTOFFELFÄCHER

500 g Kartoffeln
Salz, Pfeffer, Kümmel
20 g Butter oder Margarine
50 g geriebener Käse

Backrohr auf 200 Grad vorheizen.

Kartoffeln schälen und in dünne Scheiben schneiden, sie müssen aber an der Breitseite noch zusammenhalten und nicht durchgeschnitten sein. Eine flache, feuerfeste Form mit etwas Butter oder Margarine einfetten, die Kartoffeln dicht aneinander hineinsetzen.

Mit Salz, Pfeffer und Kümmel bestreuen und mit flüssiger Butter betropfen. Bei 200 Grad in den vorgeheizten Backofen geben und etwa 30 Minuten backen.

Zum Schluß mit Käse bestreuen und noch weitere 5—10 Minuten in den Ofen geben.

HIMBEER- ODER BROMBEERCREME

3/16 l Wasser
40 g Weizenvollmehl
1 Eidotter
1 Eiweiß
2 Eßlöffel Honig
Vanillearoma
200 g frische Him- oder Brombeeren
3 Eßlöffel süße Sahne/Schlagobers

1/8 Liter Wasser zum Kochen bringen. Das Weizenvollmehl mit 1/16 Liter Wasser anrühren und mit dem Schneebesen einrühren.

Eine Minute kochen lassen, danach im Wasserbad unter ständigem Rühren abkühlen. Eidotter, Honig, Sahne/Obers, Vanille und die Beeren unterheben, zum Schluß das zu Schnee geschlagene Eiweiß unterziehen.

In 2 Portionsschalen füllen.

MÖHREN/KAROTTEN MIT GESCHNETZELTEM
VOLLKORNGEBÄCK, PETERSILIENKARTOFFELN
ODER PERLWEIZEN

SPINATTASCHEN
KÄSESAUCE MIT SAURER SAHNE/RAHM
PFIRSICHCREME

MÖHREN/KAROTTEN MIT GESCHNETZELTEM

400 g Möhren/Karotten
1/8 l Wasser
1/8 l Weißwein
Salz

Möhren/Karotten putzen, waschen, abtropfen lassen und schräg in 3 mm dicke Scheiben schneiden. In einem Topf Wasser, Wein und Salz aufkochen, Möhren hinzugeben und zugedeckt 20 Minuten kochen lassen.

GESCHNETZELTES:
250 g mageres Rindfleisch
1 Zwiebel
20 g Butter oder Margarine
weißer Pfeffer, Salz
2 Eßlöffel saure Sahne/Sauerrahm
1/2 Bund Petersilie

Fleisch abspülen, trockentupfen und schräg zur Faser in hauchdünne Scheiben schneiden.
Zwiebel schälen und hacken, Butter oder Margarine in einer Pfanne erhitzen. Zwiebel und Fleisch darin unter Rühren 5 Minuten anbraten, mit Pfeffer und Salz würzen.
Geschnetzeltes zu den Möhren/Karotten geben und alles vorsichtig mischen. Saure Sahne/Sauerrahm unterrühren, mit Salz und Pfeffer abschmecken, schließlich erhitzen, aber nicht mehr kochen.
Möhren mit Geschnetzeltem in eine vorgewärmte Schüssel geben und mit der gewaschenen und gehackten Petersilie bestreuen.
Zu dieser Speise kann man Vollkorngebäck, Petersilienkartoffeln oder Perlweizen servieren.

SPINATTASCHEN

1/2 Packung Strudelblätter (tiefgekühlt oder getrocknet)
1 Ei zum Bestreichen

Strudelblätter nach der Beschreibung vorbereiten, Vierecke von 12 x 12 cm mit einem Teigrad ausschneiden.

FÜLLE:
250 g Blattspinat
Salz, Pfeffer, Muskat

Blattspinat mit heißem Wasser übergießen, hacken und würzen.
Teigquadrate mit gehacktem Blattspinat belegen, zusammenklappen und die Ränder fest zusammendrücken, eventuell nochmals abradeln.
Die Taschen auf ein befettetes Blech legen, mit Ei bestreichen und im gut vorgeheizten Backrohr bei 220 Grad 20 Minuten backen.

KÄSESAUCE MIT SAURER SAHNE/RAHM

1/4 l Gemüsebrühe (Instant)
50 g Edamer
2 Eßlöffel saure Sahne/Sauerrahm
1 Eßlöffel Vollweizenmehl
Salz, Muskat, Paprika
gehackte Petersilie

Gemüsebrühe aufkochen, Mehl mit wenig Wasser abrühren, in die Brühe einrühren und geriebenen Käse dazugeben. Danach würzen, vor dem Servieren mit saurer Sahne/Sauerrahm legieren, aber nicht mehr kochen. Zuletzt gehackte Petersilie unterziehen.
Man kann die Spinattaschen auch mit Tomaten- oder Champignonsauce servieren.

PFIRSICHCREME

2 große reife Pfirsiche
1 Eßlöffel Kokosflocken
1/8 l süße Sahne/Schlagobers

Pfirsiche mixen oder mit einer Gabel sehr fein zerdrücken. Schalenreste entfernen und Kokosflocken beimengen. Sahne/Obers steifschlagen und unter die Creme heben.

QUARK-/TOPFENAUFLAUF
MIT APRIKOSEN

DINKEL MIT PAPRIKAGEMÜSE
TOMATENSALAT MIT MOZZARELLA

QUARK-/TOPFENAUFLAUF MIT APRIKOSEN

500 g Magerquark/-topfen
2 gestrichene Eßlöffel Speisestärke
1 Teelöffel abgeriebene Zitronenschale
2 Eßlöffel Fruchtzucker oder Honig
2 Eier
Vanillearoma oder Vanillezucker
200 g Aprikosen
Zimt
2 Eßlöffel Milch
Fett für die Form

Backrohr auf 200 Grad vorheizen.
Den Quark/Topfen mit der Speisestärke und der abgeriebenen Zitronenschale mit dem Handrührgerät verrühren, den Fruchtzucker oder den Honig, Vanille und die Eier zufügen und alles zu einer Creme rühren.
Eine feuerfeste Form mit Fett bestreichen, halbierte Aprikosen auf den Boden der Form legen und mit Zimt bestreuen.
Quark-/Topfenmasse daraufgeben, glattstreichen und die Oberfläche mit Milch bepinseln. Auf der mittleren Schiene des Backrohres etwa 30 Minuten backen.

DINKEL MIT PAPRIKAGEMÜSE

150 g Dinkel

Dinkel eine Stunde (oder auch länger, z. B. über Nacht) in Wasser einweichen und bei kleiner Hitze 45 Minuten weichkochen, danach abseihen.

GEMÜSE:
1 Zwiebel
je 1 rote, 1 grüne und 1 gelbe Paprikaschote
1/8 l Tomatensaft
1 Eßlöffel Öl
Salz, Pfeffer, Knoblauch, Rosmarin

Zwiebel schälen und in feine Streifen schneiden. Paprikaschoten waschen, Strünke entfernen, das Fruchtfleisch in feine Streifen schneiden.
Zwiebel und Paprika in Öl anrösten und mit Tomatensaft ablöschen. Dinkel zugeben, aufkochen und mit Salz, Pfeffer, Knoblauch und einer Prise Rosmarin abschmecken.

TOMATENSALAT MIT MOZZARELLA

3 Tomaten und 150 g Mozzarella in Scheiben schneiden.

MARINADE:
1 Zwiebel
1 Eßlöffel Essig
1 Eßlöffel Öl
Salz, Pfeffer
evtl. grüner Blattsalat oder Kräuter

Zwiebel fein hacken.
Tomaten und Mozzarella separat marinieren, dann dekorativ auf Salattellern anrichten. Eventuell mit grünem Blattsalat oder Kräutern garnieren.

KNOBLAUCHSUPPE MIT PERLWEIZEN

50 g Perlweizen
1/2 l Gemüsebouillon (Instant)
5—10 Knoblauchzehen, Salz
gehackte Kräuter

Perlweizen in 1/4 Liter Wasser ca. 10 Minuten kochen, mit Gemüsebouillon aufgießen.
Geschälte Knoblauchzehen mit Salz zerdrücken und beigeben, 5 Minuten weiterkochen, mit gehackten Kräutern bestreut servieren.

SCHAFKÄSE IN KRÄUTERCREME

2 dicke Scheiben frischer Schafkäse
Schnittlauch
je 4 grüne und schwarze Oliven

K R Ä U T E R C R E M E :
1/8 l Joghurt
Salz, Pfeffer, Paprikapulver, Kümmel
je 1 Eßlöffel gehackter Dill und Kerbel
etwas Liebstöckel, 1 Knoblauchzehe

Joghurt mit Gewürzen, gehackten Kräutern und zerdrückter Knoblauchzehe vermischen, pikant abschmecken.
Schafkäse in die Kräutercreme setzen, mit Schnittlauchröllchen bestreuen und mit Oliven garnieren.
Dazu Vollkorngebäck servieren.

KARTOFFELN MIT PAPRIKARINGEN

500 g Kartoffeln
je 1 rote und 1 grüne Paprikaschote
2 Eßlöffel Öl
Salz
1 Bund Dill

Kartoffeln schälen, waschen, trockentupfen und in sehr dünne Scheiben schneiden.
Paprikaschoten halbieren, putzen, waschen und ebenfalls in dünne Streifen schneiden.
Öl in einem Topf erhitzen, Kartoffelscheiben dazugeben, salzen und in 20 Minuten bei wenig Hitze garbraten.
10 Minuten vor Ende der Garzeit die Paprikastreifen beigeben, Dill waschen, fein schneiden und untermischen.
Kartoffeln in einer Schüssel anrichten.

GURKENSALAT

1 Salatgurke schälen und in dünne Scheiben schneiden.

M A R I N A D E :
1/8 l saure Sahne/Sauerrahm
1 Eßlöffel Essig
Salz, Pfeffer
1 Teelöffel gehackter Dill

Zutaten verquirlen, die Sauce über die Gurkenscheiben gießen und alles gut vermengen.

SCHOLLENFILETS MIT LAUCH UND KARTOFFELN
TOMATENSALAT MIT STANGENSELLERIE

RATATOUILLE
GLACIERTE KALBSLEBER
VOLLKORNGEBÄCK

SCHOLLENFILETS MIT LAUCH UND KARTOFFELN

2 größere Schollenfilets
2 Eßlöffel Zitronensaft
20 g Butter oder Margarine
1 kleine Stange Lauch
Dill
Salz
Alufolie
500 g Kartoffeln

Auf die in der Mitte befettete Alufolie eine Schicht Lauchscheiben legen, den Fisch darauf betten, mit Zitronensaft beträufeln und mit einer weiteren Lauchschicht bedecken.

Folie ringsum so zusammenrollen, daß noch etwas „Luft" bleibt. Kartoffeln waschen und schälen, in einem entsprechend großen Topf Wasser zum Kochen bringen, die Fischpäckchen und die Kartoffeln hineinlegen und 30 Minuten garen lassen.

Beim Servieren mit etwas Salz und Dill bestreuen.

TOMATENSALAT MIT STANGENSELLERIE

250 g Tomaten
1 kleine Stange Sellerie
1 Zwiebel

Tomaten achteln, Sellerie und Zwiebel in feine Streifen schneiden und sofort mit der Salatsauce marinieren.

MARINADE:
20 g passierter Schimmelkäse
1 Eßlöffel Öl
2 Eßlöffel Milch
1 Eßlöffel Zitronensaft
Salz, Paprika
1 zerdrückte Knoblauchzehe
1 Eßlöffel Essig
1 Teelöffel Senf
1 Eßlöffel gehackte Petersilie
1 Kaffeelöffel feingehackte Essiggurke

Alle Zutaten miteinander verrühren.

RATATOUILLE

1 Zwiebel
je 1 rote und 1 grüne Paprikaschote
2 kleine Zucchini
1 kleine Aubergine
einige Tropfen Zitronensaft
1 Kaffeelöffel Öl
80 g Naturreis
1/2 l Wasser
2 Tomaten
1/2 Gemüsebrühwürfel
1 Knoblauchzehe
gehackte Kräuter, Salz, Pfeffer

Zwiebel schälen und in Ringe, Paprika in Streifen, Zucchini und Tomaten in Scheiben und Auberginen in Würfel schneiden. Auberginen mit Zitronensaft beträufeln.

Zwiebel in Öl andünsten, das übrige zerkleinerte Gemüse, den Reis, Wasser und Gewürze zugeben.

Alles zugedeckt 30 Minuten bei geringer Hitze garen.

Mit gehackten Kräutern bestreut servieren.

GLACIERTE KALBSLEBER

2 Kalbsleberschnitzel à 150 g
Salz, Pfeffer, Öl

Kalbsleberschnitzel beidseitig salzen und pfeffern. Öl erhitzen und die Schnitzel rasch abbraten — die Leber soll innen rosa bleiben.

Dazu Vollkorngebäck reichen.

CHICORÉE MIT APFELFÜLLUNG

1 große Staude Chicorée
Zitronensaft

Die Chicoréestaude waschen, putzen und der Länge nach halbieren. Den bitteren Strunk am Wurzelende keilförmig herausschneiden. Die Schnittflächen des Chicorées mit Zitronensaft bestreichen.

FÜLLE:
1 Eßlöffel Zitronensaft
je 1 Prise Salz und Zucker
1 Eßlöffel Öl
1 grünschaliger Apfel
50 g blaue Weintrauben
5 Walnußkerne
30 g Roquefortkäse

Zitronensaft, Salz, Zucker und Öl verrühren, Apfel waschen, ungeschält achteln, vom Kerngehäuse befreien und in Scheiben schneiden. Sofort in die Salatsauce geben.
Weintrauben waschen, trockentupfen, halbieren und die Kerne entfernen. Walnüsse grob hacken, Roquefortkäse zerbröckeln. Alles zu den Apfelscheiben geben, locker mischen und in die Chicoréehälften füllen. Mit Vollkorngebäck anrichten.

HIRSECREME MIT QUARK/TOPFEN

150 g Hirse
200 g Quark/Topfen
2 Eßlöffel Honig
1 Eigelb
1 Eßlöffel Zitronensaft
Vanillearoma oder Vanillezucker
5 gehackte Walnüsse

Hirse heiß überbrühen, in 1/3 Liter Wasser aufkochen und bei kleinster Flamme 15 Minuten weiterkochen.
Unter die überkühlte Hirse Quark/Topfen, Honig, Eigelb, Zitronensaft und Vanille mischen.
Die Creme in Glasschalen füllen, mit Walnüssen bestreuen und mit Aprikosenschnee servieren.

APRIKOSENSCHNEE

200 g Aprikosen
1 Eßlöffel Honig
1 Eiweiß
Zitronenschale und -saft
Vanillearoma oder Vanillezucker

Aprikosen passieren und mit Honig süßen. Aus dem Eiweiß Schnee schlagen und das Aprikosenmark unterziehen. Feinst geschnittene Zitronenschale, etwas Zitronensaft und Vanille beigeben.

KRÄUTERMILCH
FEINES GEMÜSE
TESSINER POLENTA

KRÄUTERMILCH

1/2 l Buttermilch
1 Eßlöffel feingewiegte Kräuter, z. B. Kresse,
Zitronenmelisse, Boretsch, Kerbel usw.

Kräuter mit der Buttermilch verrühren,
auf 2 Gläser aufteilen.

FEINES GEMÜSE

20 g Butter oder Margarine
1 Zwiebel
400 g Möhren/Karotten
200 g Sellerie
1 Stange Lauch
Salz, Pfeffer

Gemüse putzen und waschen. Möhren/
Karotten und Sellerie in feine Streifen,
Lauch in Ringe schneiden. Würfelig geschnittene Zwiebel in Butter oder Margarine glasig dünsten, Gemüse tropfnaß
zugeben und abgedeckt 15 Minuten
dünsten. Dann mit Salz und Pfeffer abschmecken.

TESSINER POLENTA

250 g grober Maisgrieß
20 g Butter
Salz
2 Eßlöffel Parmesan

1 Liter Wasser zum Kochen bringen, salzen und die Butter zugeben. Maisgrieß
langsam hineinrühren und unter ständigem Rühren zu einem dicken Brei verkochen. Mit einem Holzlöffel ein paar
Löcher hineindrücken, damit der
Dampf entweichen kann. Bei geringer
Hitze 10 Minuten leise weiterkochen
lassen, danach vom Herd nehmen und
20 Minuten zugedeckt stehenlassen. Mit
Parmesan bestreut servieren.

MÖHREN-/KAROTTEN-ZUCCHINI-SUPPE
HARZER-/QUARGELSALAT
VOLLKORNBROT

MÖHREN-/KAROTTEN-ZUCCHINI-SUPPE

100 g Möhren/Karotten
100 g Zucchini
1 Zwiebel
1 Knoblauchzehe
10 g Butter
1/8 l Milch
1/4 l Gemüsebrühe (Instant)
Salz, weißer Pfeffer, Muskat
1/2 Bund Petersilie

Möhren/Karotten in Scheiben, dann in
dünne Stifte schneiden. Die Zucchini
ungeschält in etwas dickere Scheiben
schneiden.
Zwiebel und Knoblauch in Butter erhitzen, Gemüse dazugeben und unter ständigem Rühren anbraten, Milch und
Gemüsebrühe dazugießen. Die Suppe
mit Salz, Pfeffer und Muskatnuß würzen, einmal aufkochen und 5 Minuten
bei schwacher Hitze köcheln lassen.
Petersilie waschen, fein hacken und
über die Suppe streuen.

HARZER-/QUARGELSALAT

2 grüne Salatblätter
200 g Harzer/Quargel in Scheiben
50 g Walnüsse
50 g Weintrauben
1 würfelig geschnittene Birne

Je einen Salatteller mit je einem Salatblatt belegen, Harzer-/Quargelscheiben,
Nüsse, Weintrauben und Birnenwürfel
darauf verteilen, das Ganze mit der
Marinade übergießen.

M A R I N A D E :
2 Eßlöffel Apfelessig
3 Eßlöffel Öl
Salz, Pfeffer, 1 Prise Zucker
1 Teelöffel Estragonsenf

Alle Zutaten der Salatsauce verrühren.
Zum Harzer-/Quargelsalat Vollkornbrot
servieren.

AVOCADODRINK

1 reife Avocado
Saft einer halben Zitrone
Saft von 2 Orangen
20 g Fruchtzucker
2 Becher Kefir
evtl. Zitronenmelisse

Avocado halbieren, Kern entfernen und das Fruchtfleisch aus der Schale lösen. Mit Zitronen- und Orangensaft im Mixer pürieren und abschmecken. Zum Schluß den Kefir untermischen.
In 2 Gläser füllen, eventuell mit Zitronenmelisse garnieren.

KARTOFFELN MIT KRÄUTERBUTTER

500 g Kartoffeln
40 g Kräuterbutter
Salz
50 g geriebener Käse
Fett für die Form

Kartoffeln waschen und zugedeckt 20 Minuten kochen. Danach abschrecken, schälen und in 1/2 cm dicke Scheiben schneiden.
Backrohr auf 200 Grad vorheizen.
Feuerfeste Form einfetten, Kartoffelscheiben hineinlegen, salzen und die Hälfte der Kräuterbutter in Flocken darüber verteilen. Mit Käse bestreuen, restliche Kräuterbutter daraufsetzen und im vorgeheizten Backrohr 25 Minuten bei 200 Grad backen.

K R Ä U T E R B U T T E R :
40 g Butter
1 zerdrückte Knoblauchzehe
Salz, Pfeffer
1 Teelöffel Zitronensaft
Worcestersauce
Salz
1 Eßlöffel gehackte Kräuter

Schaumig gerührte Butter mit allen Zutaten vermischen.

SELLERIE-SCHINKEN-SALAT

1 kleine Staude Stangensellerie
1 Bund Radieschen
100 g gekochter Schinken
1/2 Bund Petersilie

Selleriestangen mit Kartoffelschäler außen abhobeln, dann in 1 cm lange Stücke, Radieschen in Scheiben und Schinken in Streifen schneiden. Petersilie hacken.

M A R I N A D E :
1 Eßlöffel Öl
2—3 Eßlöffel Weinessig
1 Teelöffel Senf, Pfeffer, Salz

Alle Salatzutaten mit der Marinade vermischen.

HÜHNCHEN IM GEMÜSEBEET

2 Hühnerbrüstchen oder Hühnerkeulen
Salz, Pfeffer
2 Eßlöffel Öl

Fleisch mit Salz und Pfeffer einreiben und von beiden Seiten kurz in Öl anbraten.

GEMÜSEBEET:
1 kleine Zucchini
1 rote und 1 grüne Paprikaschote
50 g Champignons
1 Zwiebel
1 Knoblauchzehe
1/8 l Rotwein
1 Teelöffel Kräuter der Provence oder
frischer Rosmarin und frischer Thymian
1 Briefchen Safran

Geputztes und zerkleinertes Gemüse zu den angebratenen Fleischstücken geben, Rotwein zugießen, mit zerdrückter Knoblauchzehe, Safran und Kräutermischung bestreuen.
Zugedeckt auf kleiner Flamme 30 Minuten dünsten, Naturreis oder Grahambrot dazu servieren.

BUNTES GEMÜSE

2 Zwiebeln
2 Eßlöffel Öl
4 Tomaten
1 gelbe und 1 grüne Paprikaschote
1 Zucchini
2 Eßlöffel Wasser
Salz, 1 Eßlöffel Paprikapulver, Thymian

Zwiebeln schälen, vierteln und in Öl 10 Minuten braten. Tomaten häuten, ebenfalls vierteln und die Stengelansätze herausschneiden. Paprikaschoten halbieren, putzen und in 2 cm breite Streifen schneiden. Zucchini waschen, in 1/2 cm dicke Scheiben schneiden.
Alles zu den Zwiebeln geben, kurz mitbraten, Wasser zugeben und zugedeckt bei schwacher Hitze 15 Minuten dünsten. Mit Salz, Paprika und Thymian pikant abschmecken, noch einmal aufkochen lassen und sofort servieren.

ROQUEFORT-SNACK

50 g Roquefort
20 g Butter oder Margarine
8 Scheiben Pumpernickel
8 mit Paprika gefüllte grüne Oliven
geriebene Muskatnuß
1/2 Bund Petersilie

Roquefort mit Butter oder Margarine cremig rühren und auf die Pumpernickelscheiben streichen. Brotscheiben längs halbieren, je 2 Scheiben so aufeinanderlegen, daß die bestrichene Seite oben ist.
Oliven in Scheiben schneiden und jede Brotportion damit garnieren.
Mit geriebener Muskatnuß und feingehackter Petersilie bestreuen.

„VOGELHEU"
TRAUBENDESSERT

GRATINIERTE GRIESSSCHNITTEN
TÜRKISCHER SALAT

„VOGELHEU"

500 g Vollkornbrot
40 g Butter oder Margarine
2 Eier
1/4 l Milch

Vollkornbrot fein schneiden, in Butter oder Margarine anrösten. Eier und Milch verrühren, über das Brot gießen und die Masse unter öfterem Wenden backen.

TRAUBENDESSERT

300 g kernlose, grüne Weintrauben
1 Teelöffel Zitronensaft
je 2 Eßlöffel Honig und Cognac
1/8 l saure Sahne/Sauerrahm

Weintrauben entstielen, mit Zitronensaft, Honig und Cognac mischen. Vor dem Servieren etwas saure Sahne/ Sauerrahm darübergießen.

GRATINIERTE GRIESSSCHNITTEN

1/8 l Gemüsebrühe (Instant)
1/8 l Milch
Salz, Pfeffer, Muskatnuß
50 g Dinkel- oder Vollweizengrieß
1 Ei
50 g geriebener Emmentaler
Fett für die Form
20 g Butterflöckchen zum Belegen
1 Eßlöffel gehackte Kräuter

Backrohr auf 200 Grad vorheizen.
Gemüsebrühe mit Milch, Salz, Pfeffer und Muskatnuß aufkochen, Grieß langsam einrühren und auf der abgeschalteten Kochplatte oder auf kleiner Flamme 10 Minuten zugedeckt quellen und dann etwas abkühlen lassen.
Ei mit einer Gabel verquirlen und mit der Hälfte des Emmentalers unter den Grießbrei mischen.
Die Grießmasse in eine befettete Form streichen und 20 Minuten backen.
Den restlichen Käse mit den Kräutern vermischen und auf die Grießschnitten verteilen, mit Butterflöckchen belegen. Die Schnitten noch einmal 10 Minuten backen, bis sie oben schön gebräunt sind.

TÜRKISCHER SALAT

1/2 Salatgurke
2 Tomaten
2 kleine Zwiebeln

Salatgurke schälen und wie die Tomaten und die Zwiebeln in Scheiben schneiden.

MARINADE:
1 Eßlöffel Öl
1/8 l Joghurt
Salz

Zutaten der Marinade verrühren und über das Gemüse verteilen.

HEFESUPPE MIT GERÖSTETEN VOLLKORNBROTWÜRFELN

1/2 Würfel frische Hefe
20 g Butter oder Margarine
1 mittelgroße Zwiebel
1 Kaffeelöffel feingehackte Petersilie
etwas Kümmel
1 Kaffeelöffel Vollweizenmehl
1/2 l Gemüsebouillon (Instant) zum Aufgießen

Die feingehackte Zwiebel in Butter oder Margarine leicht anrösten und mit dem Mehl zu einer Mehlschwitze/Einbrenn rühren. Kümmel und zerbröselte Hefe dazugeben, gut durchmischen, mit Gemüsebouillon aufgießen. Einmal aufkochen, abschmecken und Petersilie einrühren.

EINLAGE:
50 g geröstete Vollkornbrotwürfel in die Suppe geben.

TOASTS MIT BIRNEN

4 Scheiben Vollkorntoast
20 g Butter
2 Birnen
2 Teelöffel Preiselbeeren
100 g Camembert
16 Gurkenscheiben
4 Salatblätter

Die Vollkorntoasts leicht vortoasten und mit der Butter bestreichen. Birnen halbieren, die Birnenhälften kurz dünsten und zusammen mit den Preiselbeeren auf den Toastscheiben verteilen. Mit Camembertscheiben belegen und bei 200 Grad 15—20 Minuten überbacken. Mit grünen Salatblättern garnieren.

BRATKARTOFFELN MIT ZUCCHINI

500 g kleine Kartoffeln
300 g kleine Zucchini
1 Eßlöffel Öl
10 g Butter
2 Knoblauchzehen
Salbei, Salz, Pfeffer

Kartoffeln bürsten, Zucchini waschen, beides in dünne Scheiben schneiden.
Öl und Butter in einer Pfanne erhitzen, Kartoffeln etwa fünf Minuten anbraten, dabei ab und zu wenden. Knoblauch schälen und in Scheiben schneiden.
Zucchini mit Salbei und Knoblauch zu den Kartoffeln geben, würzen und 10 Minuten weiterbraten.

KÄSESALAT

200 g Harzer/Quargel
100 g magere Truthahnwurst
1 Bund Radieschen
1 Zwiebel

Käse und Wurst in kleine Würfel schneiden und in eine Salatschüssel geben.
Radieschen putzen und in Scheiben, die Zwiebel in Würfel schneiden. Alle Zutaten miteinander vermischen.

MARINADE:
1/16 l Weißwein
1/16 l Wasser
2 Eßlöffel Öl
Salz, Pfeffer, 1 Prise Zucker
1 Bund Schnittlauch

Alle Zutaten verrühren und den Salat damit marinieren.

GRATINIERTE FISCHFILETS

2 Fischfilets
8 Tomaten
1 Zwiebel
20 g Butter
1 Eßlöffel Vollkornpaniermehl/-brösel
Salz, Zitronensaft

Fischfilets leicht salzen und mit Zitronensaft beträufeln.

Boden einer befetteten feuerfesten Schüssel mit Tomatenscheiben belegen und mit gehackter Zwiebel bestreuen.

Fischfilets darüberlegen und mit einer weiteren Schicht Tomatenscheiben und Zwiebelwürfel bedecken. Mit Paniermehl/Bröseln bestreuen, mit zerlassener Butter übergießen und ca. 45 Minuten im Rohr backen.

Mit Salzkartoffeln servieren.

SELLERIE-MELONEN-SALAT

200 g Selleriestangen
200 g Zuckermelone
Kresse
20 g gehackte Walnüsse

Stangensellerie in Streifen schneiden, Melonenkugeln, Kresse und Nüsse mit der Marinade binden.

M A R I N A D E :
1/8 l Joghurt
125 g Quark/Topfen
2 Eßlöffel Zitronensaft
Salz

GEFÜLLTE ZUCCHINI

2 große Zucchini
1 Eßlöffel Zitronensaft
Salz

Zucchini längs halbieren und mit einem Löffel aushöhlen. Mit Zitronensaft beträufeln und mit Salz bestreuen.

F Ü L L E :
Zucchini-Fruchtfleisch
150 g roh geriebene Kartoffeln
1/2 Bund Petersilie
Salz, Pfeffer
1/8 l Milch
1 Ei
40 g geriebener Emmentaler

Fruchtfleisch fein würfeln, mit geriebenen Kartoffeln sowie gehackter Petersilie mischen und in die Zucchini füllen, mit Salz und Pfeffer bestreuen.

Zucchini in eine feuerfeste Form legen und auf mittlerer Schiene im vorgeheizten Backofen bei 200 Grad 30 Minuten backen.

Inzwischen Milch, Ei und geriebenen Käse verrühren und 10 Minuten vor dem Ende der Backzeit über die Zucchini gießen. Weiterbacken, bis der Überguß eine braune Farbe hat.

KOHLRÜBEN-RADIESCHEN-FRISCHKOST

1 Kohlrübe
1 Bund Radieschen
1 Kästchen Kresse
1 Zitrone

Die Kohlrübe grob raspeln und die Radieschen in Scheiben schneiden. Die Kresse gründlich waschen, mit Zitronensaft beträufeln.

M A R I N A D E :
1/8 l Joghurt
Salz, 1 Prise Zucker, Zitronensaft
1 Teelöffel Weizenkeime

Eine Joghurtsauce rühren, mit Kohlrübe und Radieschen vermischen.

Kresse als Kranz auf 2 Portionstellern anrichten, in die Mitte den Salat füllen.

HAFERFLOCKEN-LEINSAMEN-PFANNKUCHEN

3/8 l Milch
3/8 l Wasser
50 g Vollweizenmehl
50 g Haferflocken
20 g geschroteter Leinsamen
20 g Fruchtzucker
1 Ei
Öl oder Kokosfett zum Herausbacken

Ei mit Fruchtzucker schaumig rühren, Haferflocken, Leinsamen und Mehl untermischen, danach soviel Milch und Wasser unterschlagen, daß ein dickflüssiger Teig entsteht.
Fett in einer Pfanne erhitzen, Teig dünn eingießen und von beiden Seiten knusprige Pfannkuchen backen.

APFELCREME MIT AGAR-AGAR

1/2 l Apfelsaft
1 Kaffeelöffel Agar-Agar
abgeriebene Schale einer Zitrone
2 Äpfel
Vanillearoma
1/8 l Milch
125 g Quark/Topfen

Agar-Agar in heißem Apfelsaft auflösen, Zitronenschale beifügen und vom Feuer nehmen. Nun die Äpfel mit der Schale hineinreiben und die Masse kalt rühren.
Zuletzt den mit Milch und Vanille abgerührten Quark/Topfen darunterheben.

BUCHWEIZENSTERZ

125 g Buchweizenmehl
1/8 l Buttermilch
1/8 l Mineralwasser
1 Eßlöffel Öl
Salz
Öl zum Braten

Aus Buchweizenmehl und den anderen Zutaten einen glatten Teig rühren und 30 Minuten quellen lassen.
Öl in einer Pfanne erhitzen, den Buchweizenteig einfüllen und bei mittlerer Hitze auf der Unterseite so lange backen, bis er an den Rändern fest wird. Dann wenden und auf der zweiten Seite backen, mit einer Gabel in Stücke teilen und den Schmarren unter häufigem Wenden weitere 2 Minuten backen.

SELLERIECOCKTAIL

1 Stange Staudensellerie
100 g Emmentaler
50 g gekochter Schinken

Stangensellerie putzen, waschen und in kleine Stücke schneiden. Käse und Schinken in kleine Würfel schneiden.

MARINADE:
125 g Créme fraîche
Salz, Pfeffer, Zitronensaft
Worcestersauce
etwas Kresse

Créme fraîche verrühren und mit den anderen Zutaten des Cocktails vermengen.
Den Cocktail mit Salz, Pfeffer, Zitronensaft und Worcestersauce abschmekken, in Gläsern anrichten und mit Brunnenkresse garnieren.

FENCHELCREMESUPPE
MARINIERTER CAMEMBERT
VOLLKORNBROT

KARTOFFEL-KRÄUTER-LAIBCHEN
SPINAT-AVOCADO-SALAT

FENCHELCREMESUPPE

500 g Fenchel
1/4 l Gemüsebrühe (Instant)
1/8 l saure Sahne/Sauerrahm
1/8 l Weißwein
10 g Butter
10 g Vollweizenmehl
Milch nach Bedarf
Salz, Pfeffer, gehackte Kräuter

Fenchel putzen, waschen und klein-schneiden. Mit der Gemüsebrühe auf-kochen, 15 Minuten dünsten lassen und danach pürieren.
Die zerlassene Butter mit Mehl stauben, mit der Milch ablöschen, Sahne/Rahm und Wein dazurühren, alles aufkochen lassen. Das Fenchelpüree beigeben und verkochen, würzen. Mit gehackten Kräutern bestreut servieren.

MARINIERTER CAMEMBERT

250 g Camembert
1 Zwiebel
1 grüner Salat
1 Paprikaschote
Essig, Öl
Salz, Pfeffer
3 Tomaten
1/2 Bund Petersilie

Salat putzen, waschen und in kleine Blätter zerpflücken. Zwiebel schälen und in Streifen schneiden, Tomaten ach-teln, Paprikaschote waschen und in klei-ne Würfel, Käse in dünne Scheiben schneiden. Salat, Zwiebel, Tomaten, Paprikastreifen und Camembertschei-ben mit Essig, Öl, Salz und Pfeffer mari-nieren und auf Tellern dekorativ anrich-ten. Als Beilage eignet sich Voll-kornbrot.

KARTOFFEL-KRÄUTER-LAIBCHEN

500 g Kartoffeln
10 g Butter
1 Eßlöffel frische gehackte Kräuter, Salz
Mehl für das Backblech

Kartoffeln waschen und in der Schale weich garen, schälen, grob reiben und mit zerlassener Butter, Salz und Kräu-tern mischen.
Ein Backblech bemehlen, fingerdicke Laibchen formen, diese auf das Blech legen und bei 220 Grad 10 Minuten backen.
Durch Zugabe von Champignons, Käse- oder Schinkenwürfeln können die Laib-chen variiert werden.

SPINAT-AVOCADO-SALAT

100 g frischer Spinat
Salz
1 Avocado
1 kleingeschnittene Jungzwiebel

Spinat waschen und abtropfen lassen. Die Avocado halbieren, vom Kern be-freien, schälen und in Spalten schnei-den.
Spinat, Avocadospalten und Zwiebel-röllchen auf 2 Salattellern anrichten, sal-zen.

M A R I N A D E :
30 g Créme fraîche
15 g Edelpilzkäse
1 Eßlöffel Zitronensaft
Salz, weißer Pfeffer
1 gepreßte Knoblauchzehe

Créme fraîche mit dem zerdrückten Edelpilzkäse und dem Zitronensaft glattrühren, mit Salz, Pfeffer und Knob-lauch abschmecken. Marinade über die Salatportionen verteilen.

GURKENFRISCHKOST

1 kleine Salatgurke

Die Salatgurke schälen und in dünne Scheiben schneiden. Die Gurkenscheiben in einer flachen Glasschüssel anrichten.

MARINADE:
2 Eßlöffel saure Sahne/Sauerrahm
Saft einer halben Zitrone
Salz, Pfeffer, Dill, Schnittlauchröllchen
2 Möhren/Karotten
gehackte Nüsse
nudelig geschnittene grüne Salatblätter

Die Gurkenscheiben mit der Marinade überziehen. Mit gehacktem Schnittlauch bestreuen, mit geriebenen Möhren/Karotten, den Nüssen und den Salatblättern garniert servieren.

HÜHNERFRIKASSEE

500 g Hühnerfleisch zum Kochen
Salz, Lorbeerblatt
1 Zwiebel

Hühnerfleisch mit Wasser, Zwiebel, Lorbeerblatt und Salz zum Kochen bringen, 25 Minuten kochen.

SAUCE:
20 g Butter oder Margarine
250 g Champignons
Salz
20 g Vollweizenmehl
1/16 l Kaffeesahne/-obers
1/8 l saure Sahne/ Sauerrahm
gehackte Kräuter

Blättrig geschnittene Champignons in Butter oder Margarine kurz anrösten und mit Mehl stauben. Danach mit Kaffeesahne/-obers aufgießen, köcheln lassen und würzen.
Zum Schluß gekochtes Hühnerfleisch dazugeben, saure Sahne/Sauerrahm mit gehackten Kräutern verrühren und beim Anrichten obenauf geben.
Mit Hirsenudeln servieren.

TOMATEN MIT ZWIEBEL

1 kg Tomaten
2 Eßlöffel Öl
1 gehackte Zwiebel
Salz, Knoblauch, Rosmarin
Basilikum, Lorbeer, Schnittlauch
1 Eßlöffel Sojamehl

Junge, knackige Tomaten mit heißem Wasser übergießen — sie lassen sich dann leichter schälen. Sehr reife Tomaten können auch ohne heißes Wasserbad geschält werden.
Tomaten in Öl in einer Kasserolle leicht bräunen, mit gehackter Zwiebel noch etwas weiterdämpfen, dann würzen. Sojamehl mit wenig Wasser anrühren und den Tomatensaft damit binden.

CROUNS

4 Vollkorntoastscheiben
100 g Emmentalerscheiben
Pfeffer, edelsüßes Paprikapulver

Toastscheiben mit Emmentalerscheiben belegen. Pfeffer und Paprikapulver darübergeben, in Dreiecke schneiden und unter dem Grill überbacken.

ZUCKERMELONE

1 kleine Zuckermelone
4 Eßlöffel Joghurt
Vanillearoma
2 Teelöffel Honig
8 rote Sauerkirschen

Die Zuckermelone von der Schale befreien und in 4 Teile zerschneiden. Je zwei Stück in eine kleine Schüssel legen. Joghurt mit Vanillearoma vermischen und über die Zuckermelonenstücke geben, darüber je 1 Teelöffel Honig fließen lassen und je 4 rote Sauerkirschen auflegen. Kühl servieren.

Überbackene Nudeln mit Gemüse
Rezept auf Seite 175

Kalte Gurkencremesuppe mit Dillspitzen
Rezept auf Seite 130

GEMISCHTER SALAT

150 g Tomaten, 1 kleine Salatgurke
1 Zwiebel, 1 Paprikaschote
70 g Emmentaler Käse
2 Knoblauchzehen

Tomaten waschen und in dünne Scheiben schneiden.
Gurke ebenfalls waschen, halbieren, ungeschält in dünne Scheiben schneiden.
Paprikaschote waschen, halbieren, putzen und in feine Ringe schneiden.
Knoblauch halbieren und den Emmentaler in Stäbchen schneiden. Zwiebel fein hacken.

MARINADE:
2 Eßlöffel Olivenöl
3 Eßlöffel Weinessig
Salz, Pfeffer, frische Kräuter, z. B. Dill,
Petersilie, Estragon, Basilikum, Schnittlauch

Mit den Knoblauchzehen eine Salatschüssel kräftig ausreiben, danach Öl, Essig, Salz und Pfeffer in der Schüssel glattrühren und mit den Salatzutaten gut vermengen.
Vor dem Servieren den Salat mit feingehackten Kräutern bestreuen.

STACHELBEERAUFLAUF

1/4 l Milch, 1/4 l Wasser
1 Prise Salz, 80 g Dinkelgrieß
50 g Butter oder Margarine
100 g Fruchtzucker oder 3 Eßlöffel Honig
1 Zitrone, 2 Eier
500 g Stachelbeeren
Fett für die Form

Milch-Wasser-Mischung mit Salz zum Kochen bringen, Dinkelgrieß einrieseln lassen und dick einkochen.
Butter oder Margarine mit Honig oder Fruchtzucker rühren und die Eidotter nach und nach in den Abtrieb einrühren.
Dann die abgekühlte Grießmasse unterheben und mit der abgeriebenen Schale einer Zitrone sowie dem Zitronensaft abschmecken.
Stachelbeeren waschen, putzen und mit dem geschlagenen Eischnee unter die Masse heben.
Alles in eine befettete Auflaufform füllen und bei Mittelhitze backen.

PIZZA SAN VITO

250 g Vollweizenmehl
250 g magerer Quark/Topfen
80 g Sonnenblumenöl
Salz, 1 Kaffeelöffel Backpulver

Aus Weizenvollmehl, Quark/Topfen, Öl, Salz und Backpulver einen Teig herstellen, ausrollen, belegen und bei guter Hitze 20 Minuten backen.

BELAG:
5 Eßlöffel Tomatenmark
2 Zwiebeln
2 Paprikaschoten
2 Eßlöffel Öl
Salz, Pfeffer, Origano
500 g Tomaten
50 g Parmesan

Die Zutaten für den Belag auf dem Teig verteilen, Parmesan darüberstreuen.

ZUCCHINISALAT

125 g Zucchini
125 g Tomaten
100 g Paprikaschote
1 Zwiebel

Zucchini, Tomaten, Paprikaschote und Zwiebel in Scheiben schneiden und in eine Schüssel geben.

MARINADE:
1 Eßlöffel Rotweinessig
2 Eßlöffel Öl
1 Eßlöffel Wasser
1 Teelöffel Senf
Salz, Pfeffer, 1 Prise Zucker
1 gepreßte Knoblauchzehe
Schnittlauchröllchen und Dill

Zutaten für die Marinade gut verrühren und über den Salat gießen.

GAZPACHO

2 Knoblauchzehen
1 Teelöffel Kümmel
etwas Paprika oder roter spanischer Pfeffer
6 reife Tomaten
1 feingehackte Paprikaschote
4 Eßlöffel Öl
2 Eßlöffel Essig
Salz

Tomaten überbrühen, enthäuten, zerkleinern und mit Knoblauch, Kümmel, Paprikapulver, Paprikaschote, Essig, Öl und Salz kräftig verrühren, kühl stellen.

BEILAGE:
Auf einem Teller extra anrichten und zur Suppe servieren:
Gurken-, Zwiebel- und Tomatenwürfel, Paprikastreifen, geröstete Brotwürfel.

GEBACKENER CAMEMBERT

4 Scheiben Vollkornbrot
20 g Butter
100 g Camembert
4 Teelöffel Preiselbeeren
wenig Curry

Vollkornbrot mit Butter bestreichen, mit Camembert und Preiselbeeren belegen, mit wenig Curry bestreuen und übergrillen.

FRISCHKOSTCOCKTAIL

100 g Möhren/Karotten
100 g Sellerie
1 rote und 1 grüne Paprikaschote
1 Zwiebel
2 Kaffeelöffel Weizenflocken
4 grüne Salatblätter

Möhren/Karotten und Sellerie fein reiben, Paprikaschoten nudelig schneiden. Zwiebel fein hacken, mit den Weizenflocken vermischen und auf den Salatblättern anrichten. Zum Schluß mit der Marinade übergießen.

MARINADE:
2 Eßlöffel Weinessig
1 Eßlöffel Senf
2 Eßlöffel Öl
1 Prise Zucker, Salz, Pfeffer
1 Eßlöffel gehackte gemischte Kräuter

KARTOFFELN IM SILBERMANTEL

5 mittelgroße Kartoffeln
Alufolie

Die Kartoffeln gut waschen und mit einer Gabel mehrmals einstechen, danach in Alufolie einwickeln und im Ofen etwa 40 Minuten backen. Kreuzweise durch die Folie einschneiden und durch seitlichen Druck das Kartoffelinnere etwas herausdrücken.

VARIATIONEN:
Mit je einem Stück Butter, etwas saurer Sahne/Sauerrahm oder Kräuterbutter servieren. Kräuterquark/-topfen schmeckt zu den Kartoffeln besonders gut.

MEERRETTICH-/KRENSAUCE

1/4 l Milch
20 g Butter oder Margarine
20 g Vollweizenmehl
1 kleiner Apfel
geriebener Meerrettich/Kren
etwas Zitronensaft, Salz

Mehl in Margarine leicht anrösten, mit Milch auffüllen und aufkochen lassen. Die Sauce dann mit geriebenem Meerrettich/Kren und Apfel vermischen, mit Zitronensaft und Salz abschmecken.

Zu diesem Zeitpunkt darf die Sauce nicht mehr kochen, da das Eigelb sonst gerinnt und der Meerrettich/Kren durch das Kochen bitter wird.

PERLWEIZEN MIT SUGO

150 g Perlweizen
Salz

Perlweizen in 1/3 Liter Salzwasser weichdünsten.

S A U C E :
300 g Tomaten
100 g Möhren/Karotten
1 Zwiebel
100 g Sellerie
2 Eßlöffel Öl
Salz, Pfeffer, Origano, Salbei, Thymian
150 g Rindfleischhack
50 g geriebener Käse

Die Tomaten kurz überkochen, kalt abschrecken, von der Haut befreien und vierteln. Möhren/Karotten und Sellerie grob reißen.

Öl erhitzen und feingeschnittene Zwiebel darin rösten. Das Fleisch zugeben, mitrösten, später auch Sellerie und Möhren/Karotten, Tomaten und Gewürze beigeben. 20 Minuten dünsten.

Perlweizen mit Sauce übergießen und mit geriebenem Käse bestreuen.

MÖHREN-/KAROTTENSALAT MIT STANGENSELLERIE

150 g Stangensellerie
150 g Möhren/Karotten
evtl. 40 g Datteln
einige bunte Salatblätter

Stangensellerie in 1 cm große Stücke schneiden, Möhren/Karotten raspeln, eventuell nudelig geschnittene Datteln dazugeben. Mit der Marinade abschmecken und auf bunten Salatblättern servieren.

M A R I N A D E :
125 g Créme fraîche
2 Eßlöffel gehackte Kräuter
1 Eßlöffel Apfelessig
1 Eßlöffel Tomatenketchup
Salz, Pfeffer, Paprika, 1 Prise Zucker
1 Eßlöffel Öl

Créme fraîche, Kräuter und alle anderen Zutaten verrühren, abschmecken.

Diese Sauce eignet sich für Kopf-, Chicorée- und Radicchiosalat, für Salatgurken und als Dip zum Fleischfondue.

MAIS-GEMÜSE-TOPF
VOLLKORNGEBÄCK

SALATMOUSSE
QUARK-/TOPFEN-ZWETSCHKEN-AUFLAUF

MAIS-GEMÜSE-TOPF

1 größerer gelber Maiskolben
100 g grüne Bohnen/Fisolen
100 g Möhren/Karotten
1 kleiner Lauch
1 grüne und 1 rote Paprikaschote
1/4 l Gemüsebouillon (Instant)
Salz, Pfeffer
1 Eßlöffel Öl
1 rote Zwiebel
1 Eßlöffel Öl zum Zwiebelrösten

Maiskolben schälen, in leicht gesalzenem Wasser kernig weich kochen, herausnehmen, die Maiskörner mit einer Gabel abschaben.
Öl in einer Kasserolle erhitzen, Paprikastreifen und in Ringe geschnittenen Lauch kurz anrösten. Stiftelig geschnittene Möhren/Karotten dazugeben, nochmals durchrösten, Suppe aufgießen.
Grüne Bohnen/Fisolen in 1 cm lange Stücke schneiden, dazugeben. 10 Minuten leicht wallend kochen, Maiskörner ebenfalls dazugeben, wenn nötig noch etwas Suppe oder Wasser zugießen, unter öfterem Umrühren weitere 10 Minuten kochen.
In der Zwischenzeit Zwiebel in feine Ringe schneiden und in Öl hell rösten. Zum Schluß den Maistopf abschmecken und die geröstete Zwiebel daraufgeben. Als Beilage Vollkorngebäck servieren.

SALATMOUSSE

1 Kopfsalat
4 Eßlöffel Milch
2 Eßlöffel saure Sahne/Sauerrahm
30 g Butter
Salz, Pfeffer

Salatblätter in Salzwasser 5 Minuten kochen, abtropfen lassen und mit kaltem Wasser abschrecken. Wasser mit den Händen ausdrücken.
Blätter fein hacken und mit Milch im Mixer pürieren, mit Sahne/Rahm, Butter, Salz und Pfeffer bei starker Hitze unter ständigem Rühren 10 Minuten einkochen lassen.

ZUM BESTREUEN:
Geröstete Vollkorntoastwürfel

QUARK-/TOPFEN-ZWETSCHKEN-AUFLAUF

250 g Zwetschken
25 g Butter oder Margarine
60 g Fruchtzucker oder 2 Eßlöffel Honig
2 Eigelb
Saft einer Zitrone
250 g Quark/Topfen
35 g Dinkelgrieß
1 Teelöffel Stärkemehl
2 Eiweiß
1 Eßlöffel gehackte Mandeln
20 g Butterflöckchen

Zwetschken waschen und entsteinen.
Butter oder Margarine, Fruchtzucker oder Honig, Eigelb und Zitronenschale schaumig rühren.
Quark/Topfen, Dinkelgrieß und Stärke dazugeben, Eiweiß steifschlagen und unter die Quark-/Topfenmasse heben.
In eine befettete feuerfeste Form eine Schicht Quark/Topfen, in die Mitte Obst und darüber wieder eine Schicht Quark füllen, mit Mandeln und Butterflöckchen bestreuen.
Den Auflauf im vorgeheizten Backrohr auf Mittelschiene bei 250 Grad ca. 30 Minuten backen.
Wird Zwetschkenkompott verwendet, den Saft eindicken oder zu einer Fruchtschaumsauce verarbeiten.

POLENTA-PIZZA

100 g Maismehl
1/2 l Gemüsebrühe (Instant)
Salz, 1 Kaffeelöffel Tomatenmark
1 Knoblauchzehe
Salz, Pfeffer, Origano, Basilikum
1 Zwiebel
4 Tomaten
1 Kaffeelöffel Öl
2 Eßlöffel geriebener Käse

Gemüsebrühe aufkochen, mit der Schneerute Maismehl einrühren und bei kleinster Flamme ca. 10 Minuten kochen.

Hitze abschalten und 10 — 20 Minuten quellen lassen. Es muß ein dicker Brei entstehen. In der Zwischenzeit das Tomatenmark mit Wasser zu einem dicken Brei verdünnen, Knoblauch und Gewürze zugeben.

Zwiebel und Tomaten kleinschneiden und in Öl dünsten, salzen.

Den noch heißen Maisbrei in einer Form ca. 1 cm hoch aufstreichen. Tomatenmark daraufstreichen, Gemüse und Käse darüber verteilen und eine Viertelstunde im Rohr überbacken.

ORIENTALISCHER SALAT

2 grüne Paprikaschoten
1 Salatgurke
2 Zwiebeln

Paprika in Streifen schneiden, in der Marinade rasch aufkochen und wieder herausnehmen. Abkühlen lassen, mit feingeschnittener Gurke und Zwiebel vermischen und mit der ausgekühlten Marinade beträufeln.

M A R I N A D E :
3 Eßlöffel Essig
3/8 l Wasser
1 Knoblauchzehe
4 Pfefferkörner
1 Teelöffel Salz
1 Lorbeerblatt
1 geviertelte Zwiebel

Alle Zutaten ca. 15 Minuten kochen.

SPANISCHE TOMATENSUPPE

1/3 l Gemüsebouillon (Instant)
Salz
10 g Weizenvollmehl
2 Eßlöffel Wasser
30 g Tomatenmark
Zitronensaft
1 Teelöffel Honig
1 Zwiebel
Pfeffer

In die kochende Gemüsebouillon das mit Wasser angerührte Vollweizenmehl einrühren und 1 Minute kochen lassen, salzen.

Tomatenmark mit Zitronensaft, Honig, gehackter Zwiebel und Pfeffer mixen. Diese Mischung unter die Suppe rühren, die dann aber nicht mehr kochen darf.

E I N L A G E :
1 grüne Paprikaschote
1 kleine Zucchini
1 Grahambrötchen
5 g Margarine

Für die Einlage Paprikaschote und Zucchini fein würfeln, das ebenfalls gewürfelte Grahambrötchen in einer Pfanne mit Margarine rösten.

Die Einlage in 2 Suppentassen verteilen und mit Suppe übergießen.

THUNFISCHSALAT

einige grüne Salatblätter
4 Selleriestangen
4 Tomaten
200 g Thunfisch

Den Salat putzen, waschen und abtropfen lassen. Sellerie in 1/2 cm dicke Scheiben schneiden, die Tomaten vierteln und den Thunfisch mit einer Gabel zerteilen.

Alles vorsichtig miteinander vermischen.

M A R I N A D E :
2 Eßlöffel Olivenöl
Essig, Salz, Pfeffer
1 Eßlöffel gehackte Petersilie

Aus Öl, Essig, Salz und Pfeffer eine Vinaigrette zubereiten, über den Salat gießen. Die Petersilie darüberstreuen, dazu Vollkornbrot servieren.

KARTOFFELSANDWICHES
TOMATENSALAT MIT BASILIKUM

KRÄUTERFISCH IN FOLIE
MELANZANI ISTANBUL
VOLLKORNGEBÄCK

KARTOFFELSANDWICHES

500 g große Kartoffeln
Öl
Alufolie

Kartoffeln sehr gut waschen, Schale etwas einölen, Kartoffeln in Alufolie einwickeln und im vorgeheizten Rohr bei 200 Grad 30 bis 45 Minuten braten.
Sobald die Kartoffeln gar sind, quer durchschneiden, füllen, mit Petersilie, Paprikaringen und Zwiebelwürfeln dekorieren und in der Folie oder auf einem Salatblatt servieren.

FÜLLE:
200 g Cottage cheese
2 Knoblauchzehen
Salz, weißer Pfeffer, Zitronensaft
1 Eßlöffel feingehackte Kräuter (Schnittlauch, Dill, Petersilie, Kresse, Kerbel)
1 in Ringe geschnittene Paprikaschote
1 in Würfel geschnittene Zwiebel

Alle Zutaten vermischen und auf den Kartoffelhälften verteilen.

TOMATENSALAT MIT BASILIKUM

500 g Tomaten
1 Zwiebel, 2 Knoblauchzehen

Tomaten waschen, in Scheiben schneiden, den Stengelansatz dabei entfernen. Zwiebel schälen und in hauchdünne Scheiben schneiden, dann in Ringe teilen. Knoblauchzehen schälen und fein hacken.
Alles in eine Schüssel füllen.

MARINADE:
2 Eßlöffel Essig
Salz, Pfeffer
1 Teelöffel scharfer Senf
2 Eßlöffel Öl
frische Basilikumblätter

Aus Essig, Salz, Pfeffer, Senf und Öl eine Marinade rühren. Die Basilikumblättchen zum Salat geben und unterheben.
Den Tomatensalat abschmecken und kurz durchziehen lassen.

KRÄUTERFISCH IN FOLIE

400 g Fischfilets
Zitronensaft, Salz
frische Kräuter (Thymian, Dill, Kerbel, Petersilie)
Öl
Alufolie

Fischfilets waschen, mit Zitronensaft beträufeln, salzen und gehackte Kräuter darauf verteilen.
Folie mit Öl bestreichen, Fisch daraufsetzen, verschließen und im heißen Rohr bei 220 Grad ca. 30 Minuten garen.

MELANZANI ISTANBUL

Photo auf Seite 119
2 Melanzani
1/16 l Öl
2 große Tomaten
1 grüne Paprikaschote
1 große Zwiebel
4 Scheiben Emmentaler
Salz, Pfeffer, Rosmarin

Melanzani der Länge nach halbieren und in Öl rundherum anbraten. Auf einem befetteten Backblech mit der Schnittfläche nach oben bei 200 Grad so lange braten, bis das Fruchtfleisch weich ist.
Zwischendurch immer mit etwas Öl beträufeln. Dann die Melanzani salzen, mit Tomatenscheiben, Paprikastreifen und Zwiebelringen belegen, würzen und noch einige Minuten überbraten.
Zuletzt mit Käsestreifen dekorieren und noch so lange ins Rohr geben, bis der Käse schmilzt.
Dieses Gericht kann auch als warme Vorspeise oder als kleiner Imbiß mit Vollkornbrot serviert werden.

GURKENGEMÜSE MIT KÄSE

2 große, feste Gurken
20 g Butter oder Margarine
1/8 l Milch
100 g Gouda
10 g Vollweizenmehl
Salz, Pfeffer

Die Gurken schälen, der Länge nach vierteln und von den Kernen befreien. Die Gurkenstreifen schräg in dicke Scheiben schneiden.

In einem Topf Butter oder Margarine zerlassen und die Scheiben darin 10 Minuten rasch braten, dann die Milch zugießen und einige Minuten heiß werden lassen. Den geriebenen Käse mit dem Mehl vermischen und langsam in das Gemüse rühren.

Würzen und noch 15 Minuten ziehen lassen.

PERLWEIZEN

100 g Perlweizen
Salz

Perlweizen in der doppelten Menge gesalzenem, kochenden Wasser 15 Minuten kochen lassen.

ZUM GARNIEREN:
1 Zwiebel
10 g Margarine
Basilikum, Kreuzkümmel
3 feste, reife Tomaten
1 Eßlöffel gehackte Petersilie
Salz, Pfeffer

Gehackte Zwiebel in Margarine mit Basilikum und Kreuzkümmel rösten. Sobald der Perlweizen gar ist, diesen zu den Zwiebelstückchen rühren. Die gewürfelten Tomaten daruntermengen, würzen und mit gehackter Petersilie bestreuen.

KARTOFFEL-SPINAT-SUPPE

300 g geschälte Kartoffeln
150 g geschälte Sellerieknolle
50 g Blattspinat
3/4 l Gemüsebrühe (Instant) oder Wasser
2 Eßlöffel saure Sahne/Sauerrahm
Salz, Muskat
1 Bund Liebstöckel

Sellerie und Kartoffeln in gröbere Würfel schneiden, mit Gemüsebrühe oder Wasser aufgießen und garen. Liebstöckel und Salz zugeben.

Die Suppe mit saurer Sahne/Sauerrahm pürieren, würzen, erwärmen und grobgehackten Blattspinat zugeben.

BIRNENPFANNKUCHEN

4 Birnen
20 g Butter oder Margarine
1 Eßlöffel Honig

Die Birnen schälen und halbieren. Butter oder Margarine in einer Pfanne zerlassen, Birnen hineingeben, mit Honig überziehen und in der geschlossenen Pfanne in etwa 10 Minuten fast weich dünsten.

ÜBERGUSS:
2 Eßlöffel Vollkornpaniermehl/-brösel
2 Eier
4 Eßlöffel Wasser
1 Prise Salz
abgeriebene Zitronenschale

Vollkornpaniermehl/-brösel mit Eiern, Wasser, Salz und Zitronenschale verrühren. Den Teig über die Birnen geben und zugedeckt etwa 10 Minuten bei mittlerer Hitze backen.

Dann den Pfannkuchen umdrehen und noch 5 Minuten ohne Deckel backen.

SPINATKLÖSSE
TOMATEN-CHAMPIGNON-SALAT

MARINIERTE KALTE ZUCCHINI
GRILLIERTER TOFU
VOLLKORNGEBÄCK

SPINATKLÖSSE

150 g Blattspinat
50 g Vollkornknödelbrot
5 Eßlöffel Milch
1 Ei
1 kleine gehackte Zwiebel
20 g Butter oder Margarine
Salz, Pfeffer
1 zerdrückte Knoblauchzehe
30 g Vollweizenmehl

Spinat gründlich waschen und abtropfen lassen, Vollkornknödelbrot in eine Schüssel geben und mit dem in der Milch versprudelten Ei übergießen.
Zwiebel in heißer Butter oder Margarine anlaufen lassen, mit Salz und Pfeffer abschmecken, Knoblauch zugeben. Den Spinat und das Mehl unter die Masse geben, gut durcharbeiten, kleine Klöße formen und in Salzwasser ca. 15 Minuten kochen. Gekochte Klöße aus dem Wasser nehmen.

ZUM BESTREUEN:
20 g Parmesan
20 g Butter
Salz, Pfeffer

Die gekochten Klöße in eine feuerfeste Form mit zerlassener Butter geben, mit Parmesan bestreuen und ca. 15 Minuten im Backrohr bei 220 Grad gratinieren.

TOMATEN-CHAMPIGNON-SALAT

6 Tomaten
250 g frische Champignons
125 g roher Schinken
1 Zwiebel

Tomaten und Pilze in Scheiben schneiden, Schinken würfeln, Zwiebel fein hacken.

MARINADE:
3 Eßlöffel Öl
Saft zweier Zitronen
Salz, Pfeffer
1 Kästchen Kresse

Öl, Zitronensaft, Salz und Pfeffer verquirlen, Salat damit beträufeln und mit Kresse bestreuen.

MARINIERTE KALTE ZUCCHINI

2—3 Zucchini
Salz

Zucchini waschen und von den Enden befreien, in Salzwasser garen, abtropfen und abkühlen lassen, der Länge nach halbieren.

MARINADE:
1 Eidotter
1 Teelöffel scharfer Senf
2 Kaffeelöffel Essig
1 Kaffeelöffel Öl
Salz, Pfeffer

Alle Zutaten verrühren und über die Zucchini gießen. Leicht pfeffern.

GRILLIERTER TOFU

200 g Tofu

Tofu in 1 cm dicke Scheiben schneiden, in der Sauce marinieren.

SAUCE:
1 Eßlöffel Sojasauce
1 Kaffeelöffel Weißwein
1 Kaffeelöffel Öl
1 Knoblauchzehe
1 Teelöffel Honig
Ingwerpulver, Senfpulver

Alle Zutaten gut vermischen.
Den marinierten Tofu auf einem Tuch abtropfen lassen und am Grill grillieren, danach mit restlicher Sauce und Vollkorngebäck servieren.

MEERRETTICH-/KRENKARTOFFELN

500 g Kartoffeln
2 Eßlöffel geriebener Meerrettich/Kren
1/2 l Milch
20 g Butter oder Margarine
2 Teelöffel gehackte Petersilie

Kartoffeln schälen, in Scheiben schneiden und in eine befettete Form schichten. Dabei den Meerrettich/Kren zwischen den Schichten verteilen. Die Butter oder Margarine in die kochende Milch geben, die Kartoffeln damit begießen und im Backrohr bei Mittelhitze garen, dabei soll die Milch von den Kartoffeln aufgesaugt werden. Die Kartoffeln mit Petersilie bestreut servieren.

BUNTER BLATTSALAT MIT RADIESCHEN

50 g Radicchio
1 kleine Endivie
1 Bund Radieschen

Die Salate waschen. Radicchio in Blättchen teilen, Endivie in Streifen und Radieschen in Scheiben schneiden. Alles mit der Marinade vermischen.

MARINADE:
3 Eßlöffel Öl
2 Eßlöffel Apfelessig
Salz
1 Teelöffel Fruchtzucker oder Honig
1 gehackte Knoblauchzehe

SEELACHSFILETS IN APFEL-WEIN-SAUCE

300 g Seelachsfilets (frisch oder tiefgekühlt)
Zitronensaft, Salz

Den Fisch waschen (tiefgekühlten auftauen lassen), abtrocknen und mit Zitronensaft beträufeln. Etwa 15 Minuten stehenlassen, nochmals abtrocknen und mit Salz bestreuen.

SAUCE:
20 g Butter oder Margarine
1 Zwiebel
1 Apfel
1/8 l Weißwein
1/8 l saure Sahne/Sauerrahm
Pfeffer, Salz, 1 Prise Zucker

Zwiebel und Apfel schälen und in Würfel schneiden. Danach die Butter oder Margarine zerlassen, Zwiebel- und Apfelwürfel darin glasig dünsten lassen.
Den Fisch und den Weißwein hinzufügen.
Den Fisch gardünsten lassen, aus dem Topf nehmen, auf einer vorgewärmten Platte anrichten und warmstellen.
Saure Sahne/Sauerrahm unter den Fischsud rühren, erwärmen, abschmecken und über den Fisch geben.
Als Beilage eignen sich Petersilienkartoffeln.

RADIESCHENFRISCHKOST MIT APFEL

200 g Radieschen
200 g Apfel
1 Teelöffel Schnittlauch
Zitronensaft, Salz

Radieschen in Scheiben schneiden, Apfel raffeln, beides mit Zitronensaft, Schnittlauch und einer Prise Salz vermischen.

GEFÜLLTE PAPRIKASCHOTEN

6 Paprikaschoten

Paprikaschoten aushöhlen und waschen.

FÜLLE:
1 Zwiebel
1 Eßlöffel Petersilie
1 kleine Zucchini
1 Knoblauchzehe
1 Eßlöffel Vollkornpaniermehl/-brösel
150 g Quark/Topfen
50 g geriebener Käse
1 Ei
Origano, Salz, Pfeffer
1 Eßlöffel Weinessig
Öl zum Braten

Zwiebel fein hacken und in Öl mit Salz und Pfeffer anbraten. Petersilie, gehackten Knoblauch, Origano und grobgeraspelte Zucchini zugeben, verrühren und ca. 5 Minuten braten.

Vollkornpaniermehl/-brösel, Quark/Topfen, Käse und Ei vermischen und mit der Zucchini-Mischung verrühren, anschließend nachwürzen. Paprika damit füllen, mit etwas Öl in eine feuerfeste Form geben und bei 180 Grad 45 Minuten zugedeckt braten.

Danach den ausgetretenen Gemüsesaft einkochen, mit Weinessig würzen und mitservieren, Vollkorngebäck dazu reichen.

SÜSSER GETREIDEBREI

200 g Getreideflocken
Zitronenschale
1 Prise Salz
1/2 l Milch
1/2 l Wasser
2 Eßlöffel Honig, Zimt

Die Getreideflocken unter Beigabe von etwas abgeriebener Zitronenschale und Salz in halb Wasser und halb Milch weichkochen und beim Anrichten mit einem Zimt-Honig-Gemisch übergießen.

BRATÄPFEL

2 Äpfel
1 Eßlöffel Himbeermarmelade
1 Eßlöffel gehackte Nüsse
1 Teelöffel Rosinen
1/2 Teelöffel Zimt
2 Teelöffel Margarine oder Butter
Alufolie zum Einpacken

Grill vorheizen.

Äpfel waschen und trockentupfen. Kerngehäuse ausstechen, am besten mit einem Apfelausstecher.

Zimt, Rosinen und gehackte Nüsse vermischen, die Äpfel mit dieser Mischung füllen und Löcher mit Marmelade abschließen.

Die Apfelschalen dünn mit Butter oder Margarine einfetten. Jeden Apfel, in Alufolie eingepackt, je nach Größe 10—20 Minuten grillen.

KÄSE-SEMMELKNÖDEL

125 g Vollkornknödelbrot
ca. 1/8 l Milch
1 Ei
1 Eßlöffel Sojamehl
2 — 3 Eßlöffel Weizenvollkornmehl
Salz, Petersilie
1 Zwiebel, gedünstet
100 g würfelig geschnittener Käse

Milch, Ei, Sojamehl, Salz und Petersilie mischen, über das Knödelbrot gießen und 20 Minuten stehen lassen.
Zwiebel, Mehl und Käse zu der Masse geben, mit nassen Händen Knödel formen, gut zusammendrücken und 25 Minuten in Salzwasser ziehen lassen.

ZUM GARNIEREN:

20 g Butter
1 Eßlöffel gehackter Schnittlauch

Knödel mit zerlassener Butter und Schnittlauch servieren.

ZUCCHINI-PAPRIKA-GEMÜSE

700 g Zucchini
3 grüne Paprikaschoten
1 Zwiebel
20 g Butter oder Margarine
2 Eßlöffel Tomatenmark
Salz, Thymian, Knoblauch

Zucchini schälen, entkernen und kleinwürfelig schneiden, Paprikaschoten halbieren, in Streifen und Zwiebel kleinschneiden.
Das Gemüse in wenig Wasser kernig dünsten, mit den Gewürzen abschmecken und die Butter oder Margarine einrühren.

MÖHREN-/KAROTTENSUPPE MIT SCHNITTLAUCH

1 Zwiebel
20 g Butter oder Margarine
500 g Möhren/Karotten
1/2 l Gemüsebrühe (Instant)
1/8 l Kaffeesahne/-obers
Salz, weißer Pfeffer
Worcestersauce, Zitronensaft
1 Bund Schnittlauch

Die Zwiebel schälen, fein hacken und in einem Topf in heißer Butter oder Margarine weich dünsten. Die Möhren/Karotten ebenfalls schälen, waschen und mit dem Gurkenhobel direkt in den Topf schneiden. Mit der Gemüsebrühe aufgießen und 10 Minuten zugedeckt weich kochen. Mit dem Pürierstab oder im Mixer fein zerkleinern, aufkochen. Kaffeesahne/-obers zugießen und weitere zehn Minuten leicht kochen lassen, mit Salz, Pfeffer, Worcestersauce und Zitronensaft kräftig abschmecken.
Den Schnittlauch abbrausen und kleinschneiden. Vor dem Servieren in die Suppe streuen.

BROT-KÄSE-AUFLAUF

500 g kleingeschnittenes Grahambrot
1/4 l warme Milch
2 Eigelb
2 Eiweiß
100 g geriebener Käse

Backrohr auf 200 Grad vorheizen.
Grahambrot in warmer Milch einweichen und im Mixer pürieren. Mit Eigelb, geriebenem Käse und zuletzt Eischnee mischen.
Auflaufmasse in eine befettete Form füllen und 40 Minuten im Rohr backen.

PIKANTE SELLERIESCHEIBEN

1 große Sellerieknolle
Salz, Zitronensaft

Sellerie in 1/2 cm dicke Scheiben schneiden und in Salzwasser mit etwas Zitronensaft fast weich kochen.

S A U C E :
1 Zwiebel
100 g Champignons
1 Eßlöffel gehackte Petersilie
Saft einer halben Zitrone
1 Eßlöffel Öl
3 Eßlöffel Tomatenmark
Salz, Pfeffer, gehackter Schnittlauch

Feingehackte Zwiebel und blättrig geschnittene Champignons in Öl anrösten. Danach Petersilie, Zitronensaft, Tomatenmark, Salz und Pfeffer hinzufügen, mit Selleriesud zu einer leicht flüssigen Sauce aufgießen, in der die Selleriescheiben vollends weich gedünstet werden.

Für Tisch mit Schnittlauch bestreuen und Salzkartoffeln als Beilage geben.

HIRSECREME

1/2 l Milch-Wasser (1 : 1)
100 g Hirseschrot
3 Eßlöffel Honig
Zitronensaft
Vanillearoma
50 g gehackte Haselnüsse
1/16 l Schlagsahne/-obers

Milch-Wasser zum Kochen bringen, den Hirseschrot einlaufen lassen und bei kleiner Flamme 10 Minuten garen. Etwas abkühlen lassen, dann mit Honig, Zitronensaft, Vanillearoma und Haselnüssen abschmecken.
Sahne/Obers schlagen und unterziehen.

AUBERGINEN-LAUCH-GULYAS

1 Zwiebel
200 g Auberginen
1 kleine Stange Lauch
400 g Rinderfilet
3 Tomaten
2 Eßlöffel Öl
Salz, Pfeffer
1 Kaffeelöffel Paprikapulver
2 Knoblauchzehen
evtl. 1 Kaffeelöffel Sojasauce

Zwiebel schälen und würfeln. Die Auberginen waschen und ungeschält in Scheiben, Lauch in Ringe schneiden. Tomaten waschen, grob würfeln und dabei die Stengelansätze wegschneiden.
Das Rinderfilet in 2 cm große Würfel schneiden. Öl stark erhitzen und die Rinderfiletwürfel darin unter häufigem Wenden 3 Minuten durchbraten. Die gewürfelte Zwiebel zugeben und mit dem Fleisch goldbraun braten. Knoblauch und Paprika beigeben, salzen und pfeffern.
Restliches Gemüse in das Gulyas geben, im geschlossenen Topf 15 Minuten schmoren, eventuell mit Sojasauce würzen. Eine interessante, wohlschmeckende Mischung, zu der man Vollkorngebäck, Vollkornnudeln oder Naturreis servieren kann.

ZUCCHINI, MIT QUARK/TOPFEN UND SCHINKEN GEFÜLLT

2 mittelgroße Zucchini

Die Zucchini waschen, der Länge nach halbieren, die Kerne dabei entfernen, und leicht aushöhlen. In kochendem Wasser 5 Minuten dünsten, aus der Kochflüssigkeit nehmen und abtropfen lassen.

FÜLLE:
50 g gekochter Schinken
250 g Quark/Topfen
1 Eidotter
1 Eßlöffel saure Sahne/Sauerrahm
gehackter Dill und gehackte Petersilie
Salz, weißer Pfeffer, Paprika
1 zerdrückte Knoblauchzehe
20 g Butterflöckchen
2 Kaffeelöffel Vollkornpaniermehl/-brösel

Schinken in Streifen schneiden und auf den Zucchinihälften verteilen. Quark/Topfen, Eidotter, saure Sahne/Sauerrahm, Kräuter und Gewürze verrühren und damit die Zucchini füllen. Mit Butterflöckchen belegen, Paniermehl/ Brösel darüberstreuen und im vorgeheizten Backrohr bei 200 Grad 15 Minuten garen.
Die Zucchini auf einer heißen Platte warmstellen.

SAUCE:
1/8 l saure Sahne/Sauerrahm
1 Eßlöffel gehackte Kräuter
evtl. noch etwas Salz

Bratflüssigkeit mit saurer Sahne/Sauerrahm und Kräutern binden, kurz erhitzen. In die Sauce geschnittene Kartoffeln geben und zu den Zucchini reichen. Als Beilage zu diesem Gericht eignen sich sowohl Kartoffeln als auch Vollkorngebäck oder Perlweizen.

VOLLKORN-APFEL-SCHEITERHAUFEN

125 g (ca. 6 Scheiben) Vollkorntoast
500 g Äpfel
40 g Honig
60 g Rosinen
50 g grob gehackte Haselnüsse
Zimt
3/8 l Milch
1 Ei
30 g Butter oder Margarine

Backrohr auf 200 Grad vorheizen.
Eine feuerfeste Auflaufform leicht ausfetten und mit 3 Toastscheiben auslegen.
Die Äpfel waschen, dünn schälen, vom Kerngehäuse befreien und grob raspeln.
Die Apfelmasse mit dem Honig, den Rosinen und den Haselnüssen vermischen und in die Form geben, mit etwas Zimt bestreuen.
Die Milch mit dem Ei verquirlen. Den Auflauf mit Toastscheiben bedecken, mit der Eiermilch begießen und die Butter in Flöckchen obenauf geben.
Die Form in den auf 200 Grad vorgeheizten Backofen geben und 45 Minuten backen lassen. Heiß servieren.

HIRSE MIT SCHMORGEMÜSE

100 g Hirse
400 ml Gemüsebrühe (Instant)
50 g Erbsen

Die Hirse in der Gemüsebrühe zum Kochen bringen, bei kleiner Hitze zugedeckt 30 Minuten köcheln lassen. 5 Minuten vor Ende der Garzeit die Erbsen zufügen.

G E M Ü S E :
200 g Zucchini
1 Zwiebel
2 Tomaten
1 Eßlöffel Öl
Salz, Pfeffer
100 g Tofu
1/2 Bund Petersilie

Die Zucchini und die Zwiebel in Scheiben schneiden. Die Tomaten einritzen, in kochendes Wasser geben, von der Haut befreien und danach achteln.
Zucchinischeiben, Zwiebelringe und Tomatenachtel in einen Topf geben, Öl, Salz und Pfeffer zufügen. Zugedeckt bei mittlerer Hitze 30 Minuten schmoren.
Den Tofu in feine Streifen schneiden.
Die Hirse und das Gemüse in eine vorgewärmte Schüssel geben, den Tofu und die gehackte Petersilie darüberstreuen.

HOLUNDERCREME

100 g Holunderbeeren
wenig Wasser
Zitronenschale
1 Kaffeelöffel Honig
20 g Stärkemehl
3 Eßlöffel Milch
1 Apfel oder 1 Birne

Holunderbeeren mit Wasser und Zitronenschale aufkochen und durch ein Sieb streichen. Das Holundermark wieder zum Kochen bringen, mit in Milch angerührtem Stärkemehl vermischen, nochmals aufkochen und anschließend mit Honig süßen.
Apfel oder Birne grob reiben, in 2 Schälchen füllen und mit Holundercreme bedecken.

JULIENNE-SUPPE

1/2 Stange Lauch
1 Möhre/Karotte
1 weiße Rübe
1/8 Wirsingkohl
1 Zwiebel
1/2 l Gemüsebouillon (Instant)
Salz, Pfeffer, Muskat
1 Eßlöffel gehackte Petersilie

Gemüse putzen, in sehr schmale Streifen schneiden und zuerst in 3 Eßlöffel Suppe dünsten. Dann mit der restlichen Suppe aufgießen und noch 1/2 Stunde kochen lassen.
Würzen und mit Petersilie bestreuen.

VOLLKORNBROTE MIT GEBRATENEM TOFU

100 g Tofu
1 kleine Zwiebel
2 Kaffeelöffel Buchweizengrütze
Salz, Pfeffer
1 kleine zerdrückte Knoblauchzehe
etwas Öl oder Kokosfett
4 Tomaten

Tofu mit gehackter Zwiebel, Buchweizengrütze und Gewürzen vermischen. Zwei flache Laibchen formen und in einer Pfanne in heißem Fett von beiden Seiten kurz braten.
Tomaten in Scheiben schneiden. Tofu-Laibchen auf das Vollkornbrot geben und Tomatenscheiben dazu essen.

JUNGE KÜMMELKARTOFFELN

400 g nicht zu kleine, junge Kartoffeln
2 Teelöffel Kümmel
10 g Öl

Die Kartoffeln sehr sauber bürsten und waschen, quer durchschneiden, die Schnittflächen in Kümmel tauchen und auf ein befettetes Backblech setzen.
Im vorgeheizten Ofen bei Mittelhitze etwa 40 — 50 Minuten backen.

GEMÜSE MIT QUARK-/TOPFENCREME

Möhren/Karotten
Kohlrüben
Stangensellerie

Möhren halbieren und in lange Streifen schneiden, Kohlrüben schälen, zuerst in Scheiben und dann ebenfalls in Streifen schneiden.
Stangensellerie von groben Fasern befreien.
Alle drei Gemüsesorten zusammen in Salzwasser kernig weich kochen, aus dem Sud heben, auf Portionstellern anrichten und noch warm mit der Quark-/Topfencreme übergießen.

C R E M E :
150 g Quark/Topfen
3 Eßlöffel saure Sahne/Sauerrahm
Salz
2 Kaffeelöffel feingehackter Schnittlauch

Quark/Topfen mit saurer Sahne/Sauerrahm glattrühren und mit Salz und feingehacktem Schnittlauch würzen.

FISCHRAGOUT

400 g Fisch
1 Zwiebel
4 Möhren/Karotten
4 geschälte Tomaten
200 g Sellerie
Thymian, Lorbeer, Pfeffer, Öl
1/16 l Weißwein
1 Eßlöffel gehackte Petersilie

Den Fisch in Stücke teilen, Möhren/Karotten und Tomaten kleinschneiden, Sellerie sehr klein schneiden.
Öl in eine Pfanne geben, die Zwiebel 3 Minuten, dann den Fisch 5 Minuten lang dünsten, anschließend die übrigen Zutaten dazugeben.
In einer geschlossenen Pfanne langsam 30 bis 40 Minuten garen. Mit gehackter Petersilie bestreuen und dazu entweder Petersilienkartoffeln, Perlweizen oder Vollkorngebäck servieren.

ÜBERBACKENE ZUCCHINI
GRIECHISCHES TOMATENMUS

GRIECHISCHER SALAT
QUARK-/TOPFEN-APFEL-AUFLAUF

ÜBERBACKENE ZUCCHINI

4 Zucchini
Salz, Pfeffer
20 g Butter oder Margarine
Fett und Paniermehl/Brösel für die Form

Zucchini schälen, in ca. 2 cm breite Scheiben schneiden, salzen, pfeffern und in zerlassener Butter oder Margarine kurz überbraten.
Zucchinischeiben in eine befettete, mit Paniermehl/Bröseln bestreute Auflaufform schichten.

S A U C E :
1/8 l Milch
1/8 l Weißwein
1 Eßlöffel geriebener Käse
Pfeffer, Salz
1 Ei
Vollkornpaniermehl/-brösel
10 g Butter

Den Bratenrückstand der Zucchinischeiben mit Milch, Wein, der Hälfte des Reibkäses, Gewürzen und Ei verrühren und dies über die Zucchinischeiben gießen.
Obenauf eine dünne Lage Reibkäse, Paniermehl und ein paar Butterflöckchen streuen und das Gemüse im sehr heißen Rohr backen, bis der Aufguß gestockt ist.

GRIECHISCHES TOMATENMUS

500 g kleine Tomaten
1/16 l Öl
2 Knoblauchzehen
1/2 Teelöffel Origano
1 Teelöffel Petersilie
etwas Weinessig

Öl erhitzen und zerdrückte Knoblauchzehen darin 5 Minuten dünsten lassen, die restlichen Gewürze beigeben. Leicht anlaufen lassen.
In der Zwischenzeit Tomaten überbrühen, häuten, in die heiße Öl-Gewürz-Mischung legen und unter Rühren weichdünsten, aber nicht zerkochen. Eventuell mit Weinessig abschmecken.

GRIECHISCHER SALAT

1 Kopfsalat
1 kleine Salatgurke
1 Tomate
200 g Schafkäse
5 schwarze und 5 grüne Oliven
1 rote Zwiebel

Den Kopfsalat putzen, waschen und abtropfen lassen.
Die Gurke waschen, in feine Scheiben, die Tomate in grobe Scheiben schneiden.
Die Zwiebel in Ringe schneiden.

M A R I N A D E :
2 Eßlöffel Olivenöl
3 Eßlöffel Weinessig
Salz, Pfeffer, Origano

Salatblätter, Gurke, Tomate, Zwiebelringe, grüne und schwarze Oliven auf 2 Salattellern anrichten und mit Origano bestreuen, salzen und pfeffern.
Schafkäse in Stücke teilen, obenauf legen, Salat mit reichlich Marinade beträufeln.

QUARK-/TOPFEN-APFEL-AUFLAUF

500 g Äpfel

Geschälte Äpfel in feine Spalten schneiden.

Ü B E R G U S S :
500 g trockener Magerquark/-topfen
2 Eier
1 Eßlöffel Vollweizenmehl
1/2 Kaffeelöffel Backpulver
Vanillearoma
3 Eßlöffel Honig
Saft einer Zitrone
1 Eßlöffel Rum
Margarine für die Form
2 Eßlöffel Rosinen
Zimt

Quark/Topfen mit Dottern, Vollweizenmehl, Vanille, Rum, Zitronensaft, Backpulver und Honig verrühren.
Eiweiß zu festem Schnee schlagen, unter die Quark-/Topfenmasse behutsam einmengen.

Dinkelspätzle mit Käse
Rezept auf Seite 29

Spaghetti mit Gorgonzolasauce
Rezept auf Seite 36

GRIECHISCHER SALAT
QUARK-/TOPFEN-APFEL-AUFLAUF

JOGHURT MIT OBST-GEMÜSE-SAFT
ÜBERBACKENE NUDELN MIT GEMÜSE

Eine Auflaufform mit Margarine bestreichen, die Apfelspalten einlegen, gewaschene Rosinen und etwas Zimt darauf verteilen. Die Quark-/Topfenmasse darübergeben und einige Butterflöckchen daraufsetzen.
Bei 180 Grad etwa 50 Minuten im Rohr backen.

JOGHURT MIT OBST-GEMÜSE-SAFT

1 Becher Joghurt
1/8 l schwarzer Johannisbeersaft
1 Likörglas Rote-Bete-/Rote-Rüben-Saft
1 Eßlöffel süße Sahne/Schlagobers
Zitronensaft nach Geschmack

Alles verquirlen und gut gekühlt servieren. ◀

ÜBERBACKENE NUDELN MIT GEMÜSE

Photo auf Seite 155
120 g Vollkornnudeln
Salz

Die Nudeln in Salzwasser bißfest kochen.

GEMÜSE:
1 Zwiebel
2 Möhren/Karotten
1 Zucchini
1/2 kleiner Knollensellerie
1 Paprikaschote
1/2 Bund Petersilie
Salz, Pfeffer, Muskat
Öl
2 Scheiben Knäckebrot
50 g geriebener Käse
10 g Butter

Gehackte Zwiebel in wenig Öl glasig dünsten.
Gemüse waschen, putzen und in kleine Stücke schneiden, zur Zwiebel geben und mitrösten, gehackte Petersilie untermischen, würzen.
Nudeln mit Gemüse vermengen, in eine befettete Auflaufform geben und würzen.
Das Knäckebrot zu Paniermehl/Brösel zerstoßen, mit dem geriebenen Käse und den Butterflöckchen über den Auflauf streuen.
Im vorgeheizten Rohr bei 200 Grad 20 Minuten lang backen.

GEMÜSECREMESUPPE

200 g roh geschälte Kartoffeln
200 g junge geschälte Sellerieknolle
100 g geschälte Möhren/Karotten
3/4 l Gemüsebrühe (Instant)
2 Eßlöffel saure Sahne/Sauerrahm
Salz
1 Kaffeelöffel gehackte frische Kräuter
1 Kaffeelöffel Hefeflocken

Kartoffeln, Möhren/Karotten und Sellerieknolle in kleine Würfel schneiden, mit Gemüsebrühe auffüllen und garen, saure Sahne/Sauerrahm und Hefeflocken zugeben.
Suppe im Mixer oder mit dem Mixstab pürieren, nachwürzen und mit frischen Kräutern garnieren.

APFELCOCKTAIL

2 säuerliche Äpfel
125 g Sellerie
1 reife Avocado
50 g Rapunzel/ Vogerlsalat
125 g Camembert oder Brie
3 Eßlöffel gehackte Walnüsse

Äpfel waschen, halbieren, entkernen, mit der Schale grob raspeln oder in feine Streifen schneiden.
Sellerie putzen und fein stifteln, die Avocado längs aufschneiden, den Kern herausnehmen, das Fruchtfleisch aus der Schale herauslösen und in kleine Würfel schneiden.
Nüsse grob hacken, alles locker mit dem Blattsalat und dem Käse vermischen.
Mit der Marinade übergießen und nicht mehr mischen.

MARINADE:
125 g Joghurt
1/8 l Kaffeesahne/-obers
1 Kaffeelöffel Senf
Salz, Ingwer, Zitronensaft

Joghurt und Sahne/Obers mischen, mit Senf, Salz, Ingwer und Zitronensaft abschmecken, dann schaumig rühren.
Apfelcocktail mit Vollkorngebäck servieren.

ÜBERBACKENE TOMATEN

8 fleischige Tomaten
Salz, Pfeffer, Petersilie, Basilikum, Knoblauch
50 g geriebener Käse
2 Eßlöffel Olivenöl

Die Flüssigkeit aus den Tomatenhälften herausdrücken, diese mit der Schnittfläche nach oben nebeneinander in eine Gratinform legen.
Petersilie, frisches Basilikum und Knoblauch sehr fein hacken, würzen und die Tomaten damit und mit geriebenem Käse füllen.
Mit Öl beträufeln und im mittelheißen Ofen backen.

GEBRATENE KARTOFFELN TESSINER ART

1 Zwiebel
gehackter Knoblauch
100 g Speckwürfel
2 Eßlöffel Öl
400 g Kartoffeln
frische Kräuter

Gehackte Zwiebel, Knoblauch und die Speckwürfel zusammen in heißem Öl anbraten.
Die Kartoffeln gut waschen und roh mit der Schale dazureiben. Zugedeckt unter öfterem Wenden braten.
Zuletzt leicht salzen und mit gehackten Kräutern bestreuen.

HÜHNERBRUST À LA FEDELINARO
CHAMPIGNONS À LA GRECQUE
VOLLKORNTOASTS

HÜHNERBRUST À LA FEDELINARO

2 Stück Hühnerbrust
Mehl
Salz
2 Eßlöffel Olivenöl
2 Salbeiblätter
1/8 l Weißwein

Hühnerbrust flachklopfen, mit gesalzenem Mehl bestäuben und auf einer Seite in Olivenöl braun braten. Umdrehen, auf jedes Stück ein Salbeiblatt legen und auch die Unterseite braten. Weißwein darübergießen und das Fleisch garen.

CHAMPIGNONS À LA GRECQUE

250 g Champignons
1/8 l Weißwein
1 Eßlöffel Olivenöl
Saft einer halben Zitrone
1 Lorbeerblatt
1 Knoblauchzehe
etwas Petersilie und Dill
einige Pfefferkörner

Wein mit etwas Wasser, Olivenöl, Zitronensaft und den Gewürzen aufkochen. Ganze Champignons dazugeben und bei kleiner Hitze 6—8 Minuten kochen lassen. Champignons mit ein wenig Fond übergießen, kalt oder warm mit Vollkorntoasts servieren.

GEMÜSETOPF

1 Aubergine
4 Tomaten
je 1 grüne und 1 rote Paprikaschote
1 Zwiebel
2 Knoblauchzehen
2 Eßlöffel Öl
Salz, Pfeffer, Paprika
1/2 Bund Petersilie

Aubergine und Tomaten waschen, Tomaten mit kochendem Wasser übergießen, schälen, beide Gemüse würfelig schneiden.
Paprikaschoten halbieren, entkernen, waschen und in Streifen schneiden.
Geschälte Zwiebel in Ringe schneiden, Knoblauchzehen schälen, fein hacken.
Danach das Öl in einer Kasserolle erhitzen, das Gemüse hineingeben, mit Salz, Pfeffer und Paprika würzen.
Das Ganze zugedeckt im eigenen Saft 20 Minuten dünsten.
Zum Schluß Petersilie waschen, abtropfen lassen und vor dem Servieren gehackt darüberstreuen.

HIRSE

100 g Hirse
2 Wacholderbeeren
1 Lorbeerblatt
Majoran, Liebstöckel, Basilikum
Salz, Gemüsebrühwürfel

Hirse zweimal heiß waschen. Danach in 1/3 Liter kochende Gemüsebrühe einrühren, würzen, 5—6 Minuten kochen und 20 Minuten auf ausgeschalteter Herdplatte ausdünsten lassen.

ZWIEBELSUPPE

1 Zwiebel
20 g Butter oder Margarine
1/3 l Gemüsebrühe (Instant)
1/8 l Weißwein
Lorbeerblatt, Salz

Zwiebel in Scheiben schneiden und in Fett andünsten.
Gemüsebrühe, Wein und das Lorbeerblatt hinzufügen, salzen und 10 Minuten kochen lassen, abschmecken.

EINLAGE:
2 Scheiben Vollkorntoast
10 g geriebener Käse

Suppe in der Tasse mit gerösteten Toastscheiben belegen, mit Käse bestreuen und im Backrohr überkrusten.

POLENTA MIT ÄPFELN

20 g Maisgrieß
1/2 l Wasser
1 Prise Salz
5 Eßlöffel Kaffeesahne/-obers
2 Eßlöffel Honig
Vanillearoma
Zitronenschale
50 g Butter oder Margarine
500 g Äpfel
30 g Rosinen
2 Eier
Zimt

Maisgrieß in das gesalzene Wasser einrühren und kochen lassen, bis eine dickliche Masse entsteht.
Danach Eier, Kaffeesahne/-obers und Gewürze einrühren.
In einer Auflaufform Butter oder Margarine zergehen lassen, Maismasse einfüllen und mit geschnittenen Äpfeln und Rosinen bestreuen (man kann beides auch unter die Maisgrießmasse mischen).
Grieß-Apfel-Masse im heißen Rohr ca. 25 Minuten backen.

PERLWEIZEN MIT GEMÜSE

150 g Perlweizen
1 Zwiebel
2 Knoblauchzehen
1 Eßlöffel Öl
1/3 l Gemüsebrühe (Instant)
4 Tomaten
150 g Brokkoli
Salz, Pfeffer
1/2 Bund Petersilie

Perlweizen kalt abspülen. Zwiebel und Knoblauch fein hacken und in Öl glasig braten, Perlweizen zugeben und 5 Minuten anschwitzen. Die Hälfte der Gemüsebrühe zugeben, Perlweizen aufkochen, dann zugedeckt 20 Minuten köcheln lassen, dabei die restliche Gemüsebrühe nach und nach dazugießen.

Tomaten häuten, achteln, die Kerne entfernen. Brokkoli in wenig Salzwasser garen, eiskalt abschrecken.

Tomatenachtel auf den Perlweizen legen und zugedeckt noch einml 5 Minuten garen.

Brokkoli ebenfalls zum Perlweizen geben, alles vorsichtig mischen und mit Salz und Pfeffer würzen.

Perlweizen mit gehackter Petersilie bestreut servieren.

KÄSESAUCE MIT SHERRY

25 g Blauschimmelkäse
125 g Créme fraîche
2 Eßlöffel Sherry dry
1 Eßlöffel Weinessig
2 Eßlöffel Olivenöl
Salz, grob gemahlener Pfeffer

Den Käse mit einer Gabel fein zerdrücken, mit Créme fraîche, Sherry, Essig und Öl verrühren, mit Salz und Pfeffer abschmecken.

JOGHURTDESSERT

1 Honigmelone
2 Becher Joghurt
1 Eßlöffel Honig
Saft einer Zitrone
gehackte Nüsse

Das in Würfel geschnittene Fleisch der Honigmelone mit einer Sauce aus Joghurt, Zitronensaft und Honig übergießen und mit gehackten Nüssen bestreuen.

KÜRBISSUPPE
PIKANTER CAMEMBERT
MIT BROT ODER GURKENSCHEIBEN

KARTOFFELLETSCHO
GRAPEFRUITCREME

KÜRBISSUPPE

100 g Kürbisfleisch
10 g Butter oder Magarine
10 g Vollweizenmehl
1 kleine Zwiebel
1/2 l Gemüsebrühe (Instant)
2 Tomaten
1/2 Bund Suppengemüse
Salz

Butter oder Margarine schmelzen, die kleingeschnittene Zwiebel darin andünsten, mit Mehl stauben.

Danach die Zwiebel mit der Gemüsebrühe auffüllen, die Suppe einmal aufkochen lassen, das in kleine Stücke geschnittene Kürbisfleisch und das Suppengemüse sowie die Tomaten hinzufügen und alles zusammen weich kochen.

Die Suppe mixen und würzen.

PIKANTER CAMEMBERT
MIT BROT ODER GURKENSCHEIBEN

100 g Camembert
1 Eßlöffel Weißwein
100 g Hüttenkäse
wenig Cayennepfeffer
geröstete Mandelstifte zum Garnieren

Camembert mit der Gabel zerdrücken, Wein, Hüttenkäse und Pfeffer unter die Masse mengen.

Mit dem Camembertaufstrich Vollkorntoastscheiben, Pumpernickel oder Gurkenscheiben bestreichen. Geröstete Mandelstifte darüberstreuen.

KARTOFFELLETSCHO

3 grüne Paprikaschoten
250 g Tomaten
500 g Kartoffeln
2 Eßlöffel Öl
1 kleine Lauchstange
1 Knoblauchzehe
Salz, Paprika, Kümmel
gehackte Petersilie und geriebener
Meerrettich/Kren zum Garnieren

Die geputzten Paprikaschoten grobnudelig, die Tomaten in dicke Scheiben, die Kartoffeln in Würfel und die Lauchstange samt zartem Grün ringelig schneiden.

Die Lauchringe, Kartoffelwürfel und Paprikastücke mit Salz, Knoblauch und Kümmel in Öl anrösten.

Dann mit etwas kaltem Wasser auffüllen und das Ganze zugedeckt kochen lassen, bis die Kartoffeln nahezu zerfallen.

Wenn es soweit ist, die vorbereiteten Tomaten obenauf legen und das Letscho noch einmal kurz aufkochen lassen.

Vor dem Servieren mit Petersilie und Meerrettich/Kren bestreuen.

GRAPEFRUITCREME

250 g Quark/Topfen
100 g Banane
Saft und Fleisch einer halben Grapefruit
1 Eßlöffel Honig
Saft und Schale einer halben Zitrone

Quark/Topfen mit zerdrückter Banane, zerkleinertem Grapefruitfleisch, Honig, Zitronen- und Grapefruitsaft verrühren.

GEBRATENE ZANDERKOTELETTS AUF TOMATEN-ZWIEBEL-BEET

2 Zanderkoteletts
Zitronensaft, Salz, Pfeffer
etwas Mehl
Fett zum Braten

Zanderkoteletts abspülen, mit Zitronensaft säuern, mit Salz und Pfeffer würzen.

TOMATEN-ZWIEBEL-BEET:
500 g Tomaten
2 Zwiebeln
2 Eßlöffel Öl
2 Eßlöffel Créme fraîche
Salz, Pfeffer, 1 Prise Zucker
1/2 Bund Petersilie

Tomaten kreuzweise einschneiden und kurz in kochendes Wasser geben. Auf einem Sieb mit kaltem Wasser abschrecken, die Haut abziehen und das Fruchtfleisch in Würfel schneiden.
Die Zwiebeln grob hacken, in Öl glasig braten, Tomatenwürfel und Créme fraîche zugeben, mit Salz, Pfeffer und Zucker abschmecken. So lange einkochen, bis eine dickliche Sauce entstanden ist. Petersilie hacken und unterrühren.
Zanderkoteletts kurz in Mehl wenden und im heißen Fett von beiden Seiten braten. Auf der Sauce mit Vollkorngebäck oder Naturreis servieren.

KOCHSALAT MIT SCHINKENCREME

500 g Kochsalat
Salz

Kochsalat von den dunkelgrünen Blättern befreien, nur wenn er sehr dick ist, der Länge nach halbieren, sonst im ganzen lassen. Ca. 10 Minuten in Salzwasser leicht kochen, aus dem Sud nehmen, abtropfen lassen und warmstellen.

SCHINKENCREME:
20 g Butter oder Margarine
20 g Vollweizenmehl
50 g Schinken
etwas Zitronensaft
1/8 l Schlagsahne/-obers
Salz

Aus Butter oder Margarine, Vollweizenmehl und 1/4 Liter Kochsud eine helle Mehlschwitze/Einmach bereiten, mit Zitronensaft und Salz würzen, den feingehackten Schinken beigeben, zuletzt Sahne/Obers steifschlagen und unterziehen.
Den abgetropften Kochsalat auf eine vorgewärmte Platte legen, einen Teil der Schinkencreme so über den Kochsalat gießen, daß die grünen Spitzen frei bleiben.
Die restliche Sauce gesondert servieren, Vollkorngebäck dazu reichen.

PREISELBEER-NUSS-CREME

200 g Preiselbeeren
1 Eßlöffel Honig
100 g feingemahlene Nüsse
1/8 l Schlagsahne/-obers

Die Preiselbeeren zerdrücken, mit Honig und gemahlenen Nüssen gut verrühren, Sahne/Obers schlagen und unterheben.

HAFERFLOCKENAUFLAUF

20 g Margarine
50 g Haferflocken
20 g Fruchtzucker oder Honig
25 g Vollweizenmehl
3/16 l Milch
1 Ei
2 mittelgroße Äpfel, entkernt und
blättrig geschnitten
Zimt

Backrohr auf 200 Grad vorheizen, eine feuerfeste Form befetten.
Margarine in einer Kasserolle schmelzen lassen, Haferflocken und Fruchtzucker oder Honig einrühren, von der Flamme nehmen und das Mehl einrühren. Milch und Ei miteinander verrühren und zu den Haferflocken geben.
Die Hälfte der Äpfel in die feuerfeste Form legen und mit der Haferflockenmasse bedecken. Die restlichen Apfelstückchen darauf verteilen, mit Zimt bestreuen und im Backrohr ca. 45 Minuten backen, bis die Haferflockenmasse fest ist.
Der Auflauf kann heiß oder kalt gegessen werden.

REINECLAUDENSAUCE

400 g Reineclauden
2 Eßlöffel Honig

Reineclauden entkernen und mit Honig pürieren.

ROGGENSCHROTPFANNKUCHEN

2 Kaffeelöffel Kürbiskerne
2 Eier
1/4 l Joghurt
1/8 l Milch
1 Eßlöffel Sesam
70 g Roggenschrot
Salz
Öl oder Kokosfett zum Backen
1/2 Bund Schnittlauch zum Garnieren

Kürbiskerne möglichst fein zerkleinern. Eier, Joghurt und Milch verrühren, Kürbiskerne, Sesam und Schrot unterrühren, mit Salz abschmecken.
In heißem Fett ungefähr 10 kleine Pfannkuchen backen, auf einem Küchenkrepp abtropfen lassen und mit Schnittlauchröllchen bestreut heiß servieren.

ERBSEN

1 Zwiebel
1 kleines Päckchen tiefgekühlte Erbsen
Salz, weißer Pfeffer

Feingehackte Zwiebel in wenig Fett anrösten, tiefgekühlte Erbsen zugeben und · erhitzen. Erbsengemüse dünsten, mit Salz und weißem Pfeffer abschmecken.

KRÄUTERSAUCE

je 1 Bund Petersilie,
Schnittlauch, Kerbel, Dill,
Borretsch, Estragon und Basilikum
1/2 Kästchen Brunnenkresse
1 kleine Zwiebel
125 g Créme fraîche
Salz, Pfeffer, 1 Prise Zucker

Die Kräuter waschen, die Zwiebel abziehen.
Alle Zutaten grob zerkleinern und mit Créme fraîche schaumig rühren. Die Sauce mit Salz, Pfeffer und einer Prise Zucker abschmecken.

STANGENSELLERIESUPPE
GRÜNKERNAUFSTRICH
VOLLKORNGEBÄCK

KARTOFFELN, MIT SPINAT GEFÜLLT
GRÜNER KÄSE-DIP
BIRNENFRISCHKOST MIT NÜSSEN

STANGENSELLERIESUPPE

250 g Stangensellerie
10 g Butter oder Margarine
1/4 l Gemüsebrühe (Instant)
1/8 l saure Sahne/Sauerrahm
50 g Hüttenkäse
Salz
Schnittlauch

Sellerie putzen, waschen und in nicht zu dicke Scheiben schneiden, gehacktes Selleriegrün zurücklassen.
Selleriestücke in heißer Butter oder Margarine andünsten, mit Gemüsebrühe aufgießen und zugedeckt ca. 20 Minuten garen.
Danach saure Sahne/Sauerrahm zur Suppe geben, Hüttenkäse unter Rühren darin auflösen, würzen und mit Schnittlauch und Selleriegrün anrichten.

GRÜNKERNAUFSTRICH

(für ca. 450 g)
100 g Grünkernschrot
ca. 1/2 l Wasser
1 grüne Paprikaschote
1 Zwiebel
100 g Quark/Topfen
1 Essiggurke
1 Eßlöffel saure Sahne/Sauerrahm
Salz, Petersilie, Dill, Schnittlauch

Grünkern im Wasser ca. 30 Minuten weich kochen, dann auskühlen lassen.
Paprikaschote, Zwiebel, Essiggurke und Kräuter fein hacken, mit den restlichen Zutaten und dem Grünkern gut durchmischen.
Zu Vollkorngebäck reichen.

KARTOFFELN, MIT SPINAT GEFÜLLT

4 große Kartoffeln
100 g blanchierter, gehackter Blattspinat
1 Ei
Salz, Muskat
20 g Butter

Kartoffeln gut waschen und bürsten, ziemlich gar dämpfen, danach in der Mitte aushöhlen.
Die Kartoffelmasse, den Spinat, das Ei und die Gewürze gut vermengen und in die ausgehöhlten Kartoffeln füllen.
Butterflocken oben daraufsetzen und kurz im Ofen überbacken.

GRÜNER KÄSE-DIP

50 g Butter
100 g geriebener Emmentaler
100 g Quark/Topfen
2 Eßlöffel gehackte grüne Kräuter,
vor allem Schnittlauch
etwas Spinatsaft

Butter schaumig rühren, geriebenen Käse, Quark/Topfen, Kräuter und Spinatsaft unterrühren.

BIRNENFRISCHKOST MIT NÜSSEN

3 grüne Birnen
Saft einer halben Zitrone
1 Eßlöffel Honig
2 Kaffeelöffel gehackte Nüsse
1/8 l Schlagsahne/-obers

Die Hälfte der Birnen mit der Schale fein reiben, die andere Hälfte kleinwürfelig schneiden.
Birnenfleisch mit Zitronensaft, Honig und Nüssen vermischen, Sahne/Obers steifschlagen und unterheben.

12. OKTOBER

FEUERTOPF MIT HÜHNERKEULEN
VOLLKORNGEBÄCK

13. OKTOBER

TOMATENAUFLAUF
AVOCADOCOCKTAIL
GEFÜLLTE ZUCKERMELONE

FEUERTOPF MIT HÜHNERKEULEN

2 Hühnerkeulen (frisch oder tiefgefroren)
Salz, Pfeffer
Öl

Hühnerkeulen mit Salz und Pfeffer bestreuen. Öl in einem Topf erhitzen, Hühnerkeulen hineinlegen und auf beiden Seiten gut anbraten.

G E M Ü S E :
1 Zwiebel
2 Möhren/Karotten
1 kleine Kohlrübe
100 g grüne Bohnen/Fisolen
1 grüne oder 1 rote Paprikaschote
1/8 l Weißwein
3 geschälte Tomaten
je 1 Teelöffel Thymian und Rosmarin
1 Pfefferonischote

Zwiebel in Würfel, Möhren/Karotten, Kohlrübe und Paprikaschoten in Streifen schneiden, grüne Bohnen/Fisolen in der Mitte einmal durchbrechen.

Gemüse zu den Hühnerkeulen geben, Weißwein zugießen, Fleisch und Gemüse zugedeckt bei geringer Hitze 15 Minuten schmoren.

Dann die geschälten und gehackten Tomaten, Thymian, Rosmarin und die feingehackte Pfefferonischote (ohne Kerne) zufügen. Das Gericht noch 20 Minuten garen, danach mit Vollkorngebäck servieren.

TOMATENAUFLAUF

1 Zwiebel
1/2 Bund Petersilie
20 g Butter oder Margarine
4 feinwürfelig geschnittene Vollkornbrötchen
750 g Tomaten
50 g dünn geschnittener Emmentaler
Salz, Pfeffer, Thymian, Basilikum
einige Butterflöckchen

Gehackte Zwiebel und Petersilie in Butter oder Margarine dünsten, geschnittene Vollkornbrötchen zugeben und mitrösten.

Diese Mischung nun abwechselnd mit Tomaten- und Emmentalerscheiben in eine Auflaufform schichten, dabei jede Tomatenschicht mit Salz, Pfeffer, Thymian und Basilikum würzen.

Auflauf mit einigen Butterflöckchen belegen und bei 220 Grad 1/2 Stunde backen.

AVOCADOCOCKTAIL

2 geschälte Avocados
1 kleingeschnittene Tomate
1 kleine gehackte Zwiebel
Salz, Pfeffer
1 Teelöffel Zitronensaft
1 Eßlöffel saure Sahne/Sauerrahm
1 Teelöffel Öl
2 Tropfen Tabascosauce

Die Avocados nicht zu fein mit der Gabel zerdrücken und mit allen Zutaten zu einem glatten Brei verrühren.

TOMATENAUFLAUF
AVOCADOCOCKTAIL
GEFÜLLTE ZUCKERMELONE

TOMATEN-SELLERIE-SUPPE
GEBACKENE APFELSCHEIBEN
KOMPOTT

GEFÜLLTE ZUCKERMELONE

1 Zuckermelone
1 Apfel
1 Banane
1 Birne
1 Orange
125 g blaue Weintrauben
Zitronensaft

Die Melone halbieren, mit einem Löffel zuerst die Kerne, dann das Fruchtfleisch herausnehmen. Dieses in Würfel schneiden.
Apfel und Birne nur dann schälen, wenn die Schalen zu hart sind. Obst klein würfeln, die Weintrauben halbieren und die Kerne herausnehmen.
Alles gut vermischen und mit Zitronensaft beträufeln.

M A R I N A D E :
1 Eigelb
1 Eßlöffel Honig
1 Prise Salz
1 Prise Ingwer
1/8 l süße Sahne/Schlagobers
50 g Walnüsse

Eigelb, Honig, Salz und Ingwer mit der Schneerute schaumig schlagen, bis eine dickliche Creme entsteht.
Sahne/Obers ebenfalls schlagen, unter die Creme heben, über das Obst geben und vorsichtig vermengen.
Die Schale der Melonenhälften auszacken und das gemischte Obst einfüllen. Mit grob gehackten Nüssen garnieren.

TOMATEN-SELLERIE-SUPPE

1/2 l Gemüsebouillon (Instant)
100 g tiefgefrorenes Tomatenmark
100 g Sellerie
1 Teelöffel Vollweizenmehl
Salz, Pfeffer, Knoblauch, Schnittlauch
1 Eßlöffel saure Sahne/Sauerrahm

In der Gemüsebouillon das tiefgefrorene Tomatenmark aufkochen lassen, den Sellerie grob reißen, dazugeben und weichkochen. Mit angerührtem Vollweizenmehl binden, mit Salz, Pfeffer und Knoblauch würzen.
Die Suppe mit saurer Sahne/Sauerrahm und Schnittlauch servieren.

GEBACKENE APFELSCHEIBEN

8 Scheiben Vollkorntoast
1 Apfel
1 Ei
etwas Milch
Salz, Muskat
Vollweizenmehl

Backrohr auf 200 Grad vorheizen.
Toastbrot und Apfel feinwürfelig schneiden, mit Ei und Milch abmischen, würzen und soviel Mehl einarbeiten, daß sich Laibchen formen lassen.
Laibchen auf ein befettetes Blech geben und im Backrohr 15 Minuten backen.
Dazu paßt am besten Kompott.

QUARK-/TOPFEN-DINKELGRIESS-LAIBCHEN

1 Zwiebel
1/4 l Milch
Salz
50 g Dinkelgrieß
80 g Quark/Topfen
gehackte Petersilie
1 kleinwürfelig geschnittenes Vollkornbrötchen
1 Ei
evtl. Vollkornpaniermehl/-brösel
Öl oder Kokosfett zum Braten

Feingehackte Zwiebel in Öl anlaufen lassen, mit Milch aufgießen, salzen, aufkochen und den Dinkelgrieß einlaufen lassen. Unter Rühren zu einer dicken Masse verkochen.

Nach dem Überkühlen Quark/Topfen, Petersilie, Brötchen und Ei dazugeben, eventuell auch etwas Vollkornpaniermehl/-brösel.

Aus dieser Masse vier flache Laibchen formen, in Paniermehl/ Bröseln wenden und in heißem Fett braten.

BUNTER CHAMPIGNONSALAT

500 g Champignons
250 g Tomaten
1 rote und 1 grüne Paprikaschote
1/8 l Apfelessig

Champignons in dünne Scheiben, Tomaten und Paprikaschoten in grobe Scheiben schneiden und unter die Pilze mischen. Mit Apfelessig beträufeln und 10 Minuten ziehen lassen.

M A R I N A D E :
3 Eßlöffel Apfelessig
1 Eßlöffel Tomatenmark
1 Teelöffel Senf
1 Teelöffel geriebener Meerrettich/Kren
Salz, Pfeffer
3 Eßlöffel Öl

Essig von den Champignons abgießen, 3 Eßlöffel davon abmessen, mit Tomatenmark, Senf, Meerrettich/Kren, Salz, Pfeffer und Öl verrühren. Über den Salat gießen.

CHINAKOHLSUPPE

1 Zwiebel
1 Eßlöffel Öl
3/4 l Wasser
1 Gemüsebrühwürfel
150 g Chinakohl
100 g Champignons
150 g Kartoffeln
Pfeffer, Majoran, Salz
1/2 Becher Créme fraîche
gehackte Petersilie

Gehackte Zwiebel in Öl glasig werden lassen, mit Wasser aufgießen, Gemüsebrühwürfel hinzugeben.

Nudelig geschnittenen Chinakohl, würfelig geschnittene Kartoffeln und blättrig geschnittene Champignons der Suppe beifügen, würzen und auf kleiner Flamme nicht zu weich kochen. Vom Feuer nehmen.

Créme fraîche verschlagen, in die Suppe einrühren und mit gehackter Petersilie bestreut servieren.

TOFU MIT KAPERN UND FRISCHEN KRÄUTERN

200 g Tofu
60 g Kapern
grüne Salatblätter

Tofu in Scheiben schneiden, mit Kapern auf Salatblättern anrichten.

M A R I N A D E :
frische Kräuter,
z. B. Petersilie, Dill, Thymian, Estragon
Salz, Pfeffer
Saft einer Zitrone
3 Eßlöffel Olivenöl

Kräuter auf Tofuscheiben verteilen, mit Zitronensaft und etwas Öl übergießen, mit Salz und Pfeffer würzen.

Zum Tofu Vollkorngebäck servieren.

UNGARISCHE LAUCHKARTOFFELN

750 g Kartoffeln
Salz, Kümmel
150 g Lauch
2 Kaffeelöffel Vollweizenmehl
20 g Butter oder Margarine
Paprikapulver
2 Eßlöffel Tomatenmark
1 Knoblauchzehe
feingehackter zartgrüner Lauch zum Garnieren

Die Kartoffeln roh schälen, grobwürfelig schneiden, mit kaltem Wasser auffüllen, mit Salz und Kümmel würzen. Zugedeckt kernig weich, eher fest, kochen. Weißes und zartes Grün vom Lauch feinringelig schneiden, in Fett hell anrösten, mit Mehl stauben, mit Paprika, Tomatenmark und Knoblauch würzen, mit Kartoffelsud aufgießen und zu einer glatten Sauce aufkochen.

Nach kurzem Verkochen die Kartoffeln einmischen, noch 10 Minuten langsam dünsten lassen.

Für Tisch die Speise mit reichlich feingehacktem zartgrünen Lauch bestreuen.

BANANEN-SANDDORN-CREME

2 Bananen
1 Eßlöffel Sanddornsaft
2 Becher Joghurt

Banane im Mixer pürieren, Sanddornsaft beigeben, mit dem Joghurt cremig aufschlagen.

FISCH VOM ROST

2 Fischfilets von je 200 g
Saft einer halben Zitrone
2 Eßlöffel Öl
etwas Mehl zum Bestäuben
Salz
gehackte Petersilie

Fisch unter fließendem Wasser kurz abspülen, abtrocknen, mit dem Zitronensaft beträufeln und 15 Minuten durchziehen lassen.

Danach salzen, alle Seiten mit Öl bestreichen und den Grillrost ebenso einölen.

Fisch mit Mehl bestäuben, auf dem Rost unter den vorgeheizten Grill schieben, 10—15 Minuten grillen.

Fischstücke nach der halben Garzeit wenden.

Auf einer vorgewärmten Platte anrichten, mit Petersilie garniert servieren.

PEPERONATA

2 gelbe und 2 grüne Paprikaschoten
4 Tomaten
1 Zwiebel
2 Eßlöffel Öl
etwas Weinessig
Salz, Pfeffer
gehackte Kräuter

Paprikaschoten entkernen, in schmale Streifen schneiden, Tomaten kurz in heißes Wasser legen, schälen, vierteln und ausdrücken. Zwiebel in Scheiben schneiden. Alles zusammen in Öl kurz anbraten, zudecken und bei mittlerer Hitze dämpfen.

Zum Schluß einen Schuß Weinessig dazugießen. Nach Geschmack würzen und Kräuter zugeben. Warm oder kalt servieren.

Den Fisch und die Peperonata mit Petersilienkartoffeln oder Vollkorngebäck servieren.

AUBERGINEN À LA NIÇOISE
VOLLKORNGEBÄCK
MELONENSALAT

„DINKELSCHMARREN"
APFEL-ROSINEN-KOMPOTT

AUBERGINEN À LA NIÇOISE

500 g Auberginen
Salz, Pfeffer, Öl

Auberginen in fingerdicke Scheiben schneiden, salzen, pfeffern und in wenig heißem Öl anbraten. Sofort wieder herausnehmen, gut abtropfen lassen und in eine eingefettete, feuerfeste Schüssel legen.

ZUM ÜBERBACKEN:

2 Zwiebeln
250 g Tomaten
1 Knoblauchzehe
Salz, Pfeffer
50 g geriebener Käse

Tomaten kurz in heißes Wasser tauchen, schälen, in grobe Würfel schneiden und die Kerne entfernen.
Im Bratfett der Auberginen die gehackten Zwiebeln, die Tomaten und die zerdrückte Knoblauchzehe anbraten, danach würzen und alles zusammen über die Auberginenscheiben gießen.
Im mäßig heißen Ofen ungefähr 20 Minuten backen.
Kurz vor Ende der Garzeit mit geriebenem Käse bestreuen, Vollkorngebäck dazu reichen.

MELONENSALAT

1 Honigmelone
100 g Brombeeren
2 Kiwis
Saft einer halben Zitrone
1 Becher Joghurt
20 g Walnüsse
100 g helle Weintrauben
1 Eßlöffel Honig
Ingwerpulver, Minzblätter

Honigmelone halbieren, aus dem Fruchtfleisch mit einem Kugelausstecher Kugeln formen.
Kiwischeiben und die anderen Obstsorten vorsichtig mischen, mit etwas Zitronensaft und Honig marinieren.
In Sektschalen portionieren, mit Walnußhälften und Minzblättern dekorieren, dann vorsichtig Joghurt-Ingwer-Gemisch übergießen.

„DINKELSCHMARREN"

150 g Dinkelmehl
3/8 l Milch oder Wasser
Salz
1 Teelöffel Honig
2 Eier
1 Eßlöffel eingeweichte Rosinen
etwas Zimt
20 g Butter oder Margarine zum Herausbacken

Mehl mit Milch oder Wasser verrühren, Salz und Honig dazugeben und ca. 1/2 Stunde quellen lassen. Die Eier zum Teig geben und gut durchrühren.
Etwas Butter oder Margarine in einer Pfanne erhitzen und den Dinkelschmarren in zwei Portionen backen.
Mit Rosinen bestreuen und mit zwei Gabeln zerreißen, mit Zimt bestreut servieren.

APFEL-ROSINEN-KOMPOTT

500 g Äpfel
2 Eßlöffel Honig
Saft einer Zitrone
100 g Rosinen

Kochäpfel schälen, in Scheiben schneiden und mit Honig in wenig Wasser weich kochen.
Rosinen in Wasser vorquellen und mit dem Zitronensaft unter das Kompott mischen.

VEGETARISCHER „FALSCHER HASE"
EISBERGSALAT MIT FRÜCHTEN UND NÜSSEN

VEGETARISCHER „FALSCHER HASE"

150 g Vollkornbrot
ca. 1/8 l Gemüsebrühe (Instant)
1 Zwiebel
1 Kaffeelöffel Kapern
1 Gewürzgurke
2 Tomaten
100 g Champignons
Salz
1 Kaffeelöffel Zitronensaft
20 g Butter
1 Ei
4 Eßlöffel Paniermehl/Brösel
Petersilie, Schnittlauch

Brot in warmer Brühe einweichen, dann ausdrücken. Die Zwiebel würfelig schneiden, Kapern abtropfen lassen und die Tomaten würfeln. Champignons in dünne Scheiben schneiden, mit Zitronensaft beträufeln.

Danach die Butter erhitzen, Zwiebelwürfel, Kapern, würfelig geschnittene Gewürzgurke, Tomaten und Champignons hinzufügen und kurz dünsten, salzen.

Die abgekühlte Masse mit dem verquirlten Ei, Brot, Kräutern und Paniermehl/Bröseln vermischen.

Eine feuerfeste Form befetten, mit Paniermehl/Bröseln ausstreuen, die Masse hineinfüllen und im vorgeheizten Backrohr bei 200 Grad etwa 30 Minuten backen.

EISBERGSALAT MIT FRÜCHTEN UND NÜSSEN

1 Kopf Eisbergsalat
1 Grapefruit
1 Orange
1 Kiwi
50 g Walnußkerne

Eisbergsalat von den schlechten Blättern befreien, die einzelnen Salatblätter in mundgerechte Stücke zupfen und mit kaltem Wasser waschen. Abtropfen lassen.

Grapefruit und Orange schälen, vierteln und in Scheiben schneiden,
Kiwi schälen, in Scheiben schneiden.
Alle Salatzutaten mit den Walnußkernen mischen und sofort mit der Marinade vermischt servieren.

M A R I N A D E :
Saft zweier Zitronen
2 Eßlöffel Apfelessig
3 Eßlöffel Öl
1 Prise Zucker, Salz, Pfeffer

4

22. OKTOBER

SPINATSUPPE MIT KNOBLAUCHCROÛTONS
VITAMINAUFSTRICH
VOLLKORNGEBÄCK

23. OKTOBER

GEBACKENE KÄSEKARTOFFELN
ROTKOHL-/-KRAUTSALAT

SPINATSUPPE MIT KNOBLAUCHCROÛTONS

200 g frischer Spinat
1 Zwiebel
20 g Butter oder Margarine
1/2 l Gemüsebrühe (Instant)
1 Eßlöffel Vollweizenmehl
4 Eßlöffel Kaffeesahne/-obers
Salz, Muskat

Spinat putzen, waschen. Zwiebel in feine Würfel schneiden, in Butter oder Margarine glasig werden lassen. Spinat zugeben und 10 Minuten auf kleiner Flamme garen, anschließend pürieren oder hacken und in die heiße Gemüsebrühe geben.
Vollweizenmehl mit Kaffeesahne/-obers anrühren, einlaufen lassen, kurz aufkochen und 5 Minuten ziehen lassen. Abschmecken.

KNOBLAUCHCROÛTONS:
2 Scheiben Vollkorntoast
1 Zehe Knoblauch
10 g Butter

Vollkorntoastscheiben würfelig schneiden, Butter mit zerdrückter Knoblauchzehe erwärmen, Brotwürfel darin rösten.
Croûtons extra zur Suppe servieren.

VITAMINAUFSTRICH

250 g Quark/Topfen
1/16 l Milch
1 kleine rote Paprikaschote
1 mittelgroße Gewürzgurke
1 kleine Zwiebel
4 Radieschen
Salz, einige Tropfen Tabascosauce

Quark/Topfen mit Milch glattrühren, die Paprikaschote halbieren, putzen und klein würfeln.
Die Gurke und die Radieschen ebenfalls in kleine Würfel schneiden, die Zwiebel schälen und fein hacken.
Paprikaschotenwürfel, Gurkenwürfel, Zwiebel und Radieschen unter den Quark/Topfen rühren, mit Salz und Tabascosauce abschmecken. Zu Vollkorngebäck servieren.

GEBACKENE KÄSEKARTOFFELN

500 g Kartoffeln
2 Zwiebeln
20 g Butter oder Margarine
Salz, Pfeffer

Kartoffeln und Zwiebeln schälen, in Würfel schneiden und zusammen in Butter oder Margarine andünsten. 1/4 Liter Wasser zugießen, mit Salz und Pfeffer würzen und 15 Minuten garen.

SAUCE:
1 Eßlöffel Vollweizenmehl
1/8 l saure Sahne/Sauerrahm
50 g geriebener Käse
1 kleine Stange Lauch
1/2 Bund Schnittlauch

Mehl mit saurer Sahne/Sauerrahm und geriebenem Käse verrühren, das Gemüse damit binden. In Ringe geschnittenen Lauch zugeben und noch 5 Minuten mitgaren.
Alles in eine befettete Auflaufform füllen, obenauf gehackten Schnittlauch streuen und ca. 15 Minuten bei starker Oberhitze überbacken.

ROTKOHL-/-KRAUTSALAT

250 g Rotkohl/-kraut
1 Eßlöffel Öl
1 Apfel
1/8 l Wasser
Salz
Zitronensaft
Apfelessig
1 Eßlöffel Wein

Apfel von Blüte und Stiel befreien, in Viertel schneiden, kurz in Öl und etwas Flüssigkeit andünsten.
Rotkohl/-kraut fein hobeln, Essig und Wasser zugeben. 20 Minuten auf kleiner Flamme dünsten, eventuell noch etwas Wasser zusetzen.
Mit Salz, Wein und Zitronensaft abschmecken.

Quark-/Topfenschmarren
Rezept auf Seite 35

Truthahnbrust · Chicorée mit Tomaten · Getreidekomposition
Rezepte auf Seiten 228, 229

ROSMARINHUHN MIT BROKKOLI
PETERSILIENKARTOFFELN
ODER VOLLKORNTOAST

SÜSSER GRÜNKERNAUFLAUF
ORANGENCREME MIT NÜSSEN

ROSMARINHUHN MIT BROKKOLI

2 Hühnerkeulen
2 Eßlöffel Öl
1 kleine würfelig geschnittene Zwiebel
2 in Scheiben geschnittene Möhren/Karotten
1 in Scheiben geschnittene Petersilienwurzel
50 g in Scheiben geschnittener Stangensellerie

Die Hühnerkeulen waschen und abtrocknen.
Öl, Zwiebel, Möhren/Karotten, Petersilienwurzel und Stangensellerie in eine
Bratpfanne geben.

M A R I N A D E :
1 Eßlöffel Öl
1 Kaffeelöffel Rosmarin
1 Kaffeelöffel feingehackte Petersilie
Paprika, Salz, Pfeffer

Für die Marinade alle Zutaten gut verrühren, die Hühnerteile damit bepinseln
und zum Gemüse legen.
Die restliche Marinade mit 2 Eßlöffel
Wasser verdünnen und über das Gemüse geben.
Bratpfanne auf die unterste Schiene des
Rohres schieben und das Gericht bei
200 Grad 30 Minuten zugedeckt braten.

B R O K K O L I :
300 g Brokkoli
1/2 l Wasser
Salz
20 g Butter oder Margarine

Brokkoli in Salzwasser kochen, abtropfen lassen, in Butter oder Margarine
schwenken und zum Huhn servieren.
Als Beilage zu diesem Gericht eignen
sich Petersilienkartoffeln oder Vollkornbrot.

SÜSSER GRÜNKERNAUFLAUF

1/4 l Milch
1/4 l Wasser
100 g Grünkernschrot
20 g Butter oder Margarine
2 Eßlöffel Honig
1 Ei
2 Kaffeelöffel gehackte Walnußkerne
50 g Weinbeeren
250 g geraspelte Äpfel
Saft einer halben Zitrone
etwas abgeriebene Zitronenschale
1 Prise Salz
10 g Butter

Grünkernschrot in das kochende Milch-
Wasser-Gemisch geben und unter öfterem Rühren zu einem dicken Brei
kochen.
Fett, Eigelb und Honig schaumig
rühren, den erkalteten Brei, die gehackten Nüsse, die Weinbeeren, Zitronensaft
und -schale, das Salz und zuletzt den
Eischnee dazumischen.
Diese Masse abwechselnd mit den ge-
raspelten Äpfeln in eine befettete Auflaufform und obenauf Butterflöckchen
geben.
Im Ofen bei 180 Grad 30 Minuten überbacken.

ORANGENCREME MIT NÜSSEN

2 Orangen
1 Becher Joghurt
20 g gehackte Nüsse
1 Eßlöffel Honig

Orangen schälen, in kleine Würfel
schneiden, mit Joghurt und gehackten
Nüssen vermengen und mit Honig abschmecken.
Mit dem fertigen Auflauf servieren.

ZUCCHINI MIT APFEL-KÄSE-FÜLLE

6 mittelgroße Zucchini

Zucchini waschen und 7 Minuten in Salzwasser kochen, danach abtropfen und abkühlen lassen.

Zucchini der Länge nach halbieren, aushöhlen, das Innere fein hacken.

FÜLLE:
2 Äpfel
20 g Butter
2 Knoblauchzehen
1 Ecke Schmelzkäse
2 Eßlöffel gehackte Petersilie
Salz, Pfeffer

Äpfel schälen, vom Gehäuse befreien und raspeln. In Butter 5 Minuten mit dem Zucchinifleisch unter Rühren weichdünsten. Mit Salz und Pfeffer abschmecken, Knoblauch, Petersilie und Schmelzkäse unterrühren und weiterkochen, bis der Käse geschmolzen ist.

Zucchini nebeneinander in eine befettete Form schichten und mit der Apfel-Käse-Masse füllen.

Bei 200 Grad im vorgeheizten Ofen auf der mittleren Schiene 30 Minuten bakken, Vollkorngebäck dazu servieren.

PILZAUFLAUF

400 g Grahambrot, würfelig geschnitten
3/8 l Milch
300 g blättrig geschnittene Champignons
1 ringelig geschnittene Zwiebel
2 Eßlöffel Öl
2 Eier
Salz, Pfeffer, Muskat
1 zerdrückte Knoblauchzehe
2 Eßlöffel Haferflocken
2 Eßlöffel geriebener Käse

Grahambrot in Milch 15 Minuten einweichen, Champignons und Zwiebelringe in Öl 10 Minuten dünsten.

Eier, Salz, Pfeffer, Muskat und Knoblauch verrühren, eingeweichtes Brot und Champignons zugeben und Haferflocken untermischen.

Zum Schluß die Masse in eine befettete Auflaufform geben, geriebenen Käse darüberstreuen und bei 200 Grad 30 Minuten backen.

FENCHELSALAT MIT TOMATEN

300 g Fenchelknollen
4 Tomaten

Fenchelknollen putzen, halbieren und in hauchdünne Scheiben schneiden, so daß diese in einzelne Ringe zerfallen. Tomaten achteln.

MARINADE:
2 Eßlöffel Weinessig
2 Eßlöffel Öl
1 Teelöffel Senf
Salz, Pfeffer, gehackte Kräuter

Zutaten für die Marinade verrühren und das angerichtete Gemüse damit beträufeln.

BUCHWEIZENSUPPE
OLIVENKÄSE
VOLLKORNGEBÄCK

BUCHWEIZENSUPPE

40 g Buchweizen
1 Kaffeelöffel Fruchtzucker
20 g Butter
Salz
1/2 l Gemüsebouillon (Instant)

Fruchtzucker in Butter karamelisieren, Buchweizen darin anrösten, salzen, mit Gemüsebouillon aufgießen und 20 Minuten kochen lassen.

EINLAGE:
1 Möhre/Karotte
1 kleine Lauchstange
50 g Sellerie
Schnittlauch

Würfelig geschnittene Möhre/Karotte, Sellerie und ringelig geschnittenen Lauch in wenig Wasser knackig kochen, der Suppe beigeben, abschmecken und mit Schnittlauch bestreuen.

OLIVENKÄSE

100 g schwarze Oliven
1 Knoblauchzehe
frisches Basilikum
125 g Hüttenkäse
1 Eßlöffel Joghurt
1 Eßlöffel Gomasio
weißer Pfeffer

Oliven entsteinen und fein zerkleinern, Knoblauch hacken, Basilikum fein schneiden.
Dann den Hüttenkäse mit Joghurt glattrühren und die Oliven, den Knoblauch und das Basilikum untermischen.
Olivenkäse mit Gomasio und Pfeffer abschmecken, dazu paßt am besten Vollkorngebäck.

KARTOFFELN MIT KRÄUTERQUARK/-TOPFEN
TOMATENSALAT MIT RETTICH

KARTOFFELN MIT KRÄUTERQUARK/-TOPFEN

500 g Kartoffeln
Salz, Kümmel

Kartoffeln gründlich abbürsten, mit Salz und Kümmel zustellen und kochen. Kartoffeln geschält oder mit der Schale zu Tisch bringen.

KRÄUTERQUARK/-TOPFEN:
250 g Quark/Topfen
1/8 l Joghurt
Salz, Kümmel
1 kleingewürfelte Zwiebel
Petersilie, Dill, Schnittlauch
1 Kästchen Kresse

Quark/Topfen mit Joghurt, Zwiebel und gehackten Kräutern verrühren. Danach würzen und mit Kresse umkränzen.

TOMATENSALAT MIT RETTICH

8 Tomaten
2—3 Rettiche

Tomaten waschen und in dünne Scheiben schneiden, Rettiche ebenfalls waschen, danach schälen, hobeln oder grob raffeln. Beides zusammen mischen, mit Salatsauce vermengen und mit reichlich Schnittlauch anrichten.

MARINADE:
3 Eßlöffel Apfelessig
4 Eßlöffel Öl
Salz
gehackte Petersilie und Schnittlauch

FISCH-GEMÜSE-TOPF
MIT VOLLKORNTOASTS

1 Eßlöffel Öl
1 dünnblättrig geschnittene Zwiebel
1 blättrig geschnittene Möhre/Karotte
1 mittleres Stück Sellerie, fein geschnitten
100 g blättrig geschnittene Champignons
3 enthäutete, blättrig geschnittene Tomaten
Salz, Pfeffer, Zitronensaft

Backrohr auf 180 Grad vorheizen.
Öl in einer backfesten Kasserolle erhitzen, die Zwiebel darin andünsten. Anschließend die Möhre/Karotte und den Sellerie zufügen und ca. 2 Minuten dünsten lassen. Zuletzt die Champignons und Tomaten zufügen, mit Salz, Pfeffer und Zitronensaft würzen.

F I S C H :
300 g Fischfilet

Den Fisch in größere Stücke schneiden und vorsichtig unter das Gemüse rühren.

V O L L K O R N T O A S T S :
4 Scheiben Vollkorntoast,
in Dreiecke geschnitten

Auf die Gemüse-Fisch-Mischung die Brotstücke an der Seite in der Kasserolle um das Gericht legen und 20 Minuten im Rohr überbacken.
Dazu paßt jedes grüne Gemüse wie z. B. Brokkoli oder Spinat.

BROKKOLI

500 g Brokkoli
2 Eßlöffel Öl
1/8 l Wasser
Salz, evtl. 1 Prise Zucker

Brokkoli in Stücke zerpflücken und 2 Minuten in heißem Öl anbraten. Wasser mit Salz und Zucker dazugeben.
Dann zudecken und 3 Minuten kochen lassen, den Deckel abnehmen und unter regelmäßigem Wenden weitere 5 Minuten dünsten.

SELLERIESCHNITZEL

300 g Sellerie
Salz, Ingwerpulver
100 g Schnittkäse
1 Ei
50 g Vollkornpaniermehl/-brösel
Öl oder Kokosfett zum Braten

Sellerie im ganzen kochen, auskühlen lassen, schälen und in 1/2 cm dicke Scheiben schneiden. Danach leicht salzen und mit Ingwerpulver bestreuen.
Zwischen zwei Selleriescheiben eine passende Käsescheibe legen, den Sellerie zuerst in Ei, dann in Paniermehl/Bröseln wenden und schließlich in heißem Fett backen.

ROTKOHL-/-KRAUTSALAT MIT ÄPFELN

200 g Rotkohl/-kraut
1 Apfel

Rotkohl/-kraut grob raspeln, Apfel reiben.

M A R I N A D E :
1 Becher Joghurt
1 Eßlöffel saure Sahne/Sauerrahm
1 Eßlöffel Zitronensaft
1 Eßlöffel Öl
1 Teelöffel Honig
1 Kaffeelöffel geriebener Meerrettich/Kren
1 Kaffeelöffel grobgehackte Mandeln

Marinade locker rühren, alles vermischen und mit Mandeln bestreuen.

PFANNKUCHEN

125 g Vollweizenmehl
1 Eßlöffel Buchweizenmehl
1 Eßlöffel Sojamehl
1 Ei
3/8 l Milch
1 Prise Salz
Öl zum Backen

Alle Zutaten verrühren, Pfannkuchen herausbacken und warmstellen.

QUARK-/TOPFENFÜLLE:

125 g Quark/Topfen oder Hüttenkäse
Schale einer halben Zitrone
1 Eßlöffel Rosinen
1 Eßlöffel Honig
1 Eßlöffel gehackte Pinienkerne

Quark/Topfen oder Hüttenkäse cremig rühren, Zitronenschale, Honig, Rosinen und Pinienkerne unterrühren.
Die Pfannkuchen mit der Creme füllen, einrollen oder falten und die heiße Sauce darübergießen.

HONIG-ROSINEN-SAUCE:

2 Eßlöffel Honig
Saft einer halben Zitrone
1 Kaffeelöffel Rosinen
1 Kaffeelöffel Pinienkerne

Für die Sauce alle Zutaten in einem Topf auf kleiner Flamme erhitzen.

GURKENGULYAS

500 g Salatgurke
1 rote und 1 grüne Paprikaschote
1 Zwiebel
50 g Speck
1/8 l Gemüsebrühe (Instant)
Salz, Pfeffer, Paprikapulver
2 Eßlöffel Tomatenmark
1/8 l saure Sahne/Sauerrahm

Gurke schälen, längs halbieren und die Kerne herausschaben. Gurke in Stücke, Paprikaschoten in Streifen und Zwiebel in Würfel schneiden.
Speckwürfel anbraten, das Gemüse darin andünsten und mit Gemüsebrühe aufgießen. Das Gemüse mit Salz, Pfeffer, Paprikapulver und Tomatenmark würzen, 20 Minuten dünsten lassen.
Vor dem Servieren saure Sahne/Sauerrahm auf das Gemüse geben, dazu Petersilienkartoffeln oder Grießknödel servieren.

GRIESSKNÖDEL

40 g Butter oder Margarine
150 g grober Vollweizengrieß
15 g Vollkornpaniermehl/-brösel
1/8 l Wasser
Salz, gehackte Petersilie
evtl. Gemüsebouillon (Instant)

Die Butter oder Margarine zerlaufen lassen, mit Grieß, Petersilie und Vollkornpaniermehl/-bröseln vermengen, salzen und mit kochendem Wasser übergießen.
Knödel formen, danach 20—30 Minuten in der Gemüsebouillon oder in Salzwasser langsam kochen.

WEISSKOHL-/-KRAUTSUPPE

1 kleiner Kohl-/Krautkopf
3 kleine Kartoffeln
1 l Wasser
3 Möhren/Karotten
1 Zwiebel
20 g Butter oder Margarine
Salz, Pfeffer

Kohl/Kraut fein hacken, in Butter oder Margarine dünsten, mit Wasser aufgießen und würzen.
In dünne Scheiben geschnittene Kartoffeln, Möhren/Karotten und feingehackte Zwiebel dazugeben, weichkochen.
Nach Belieben mit in Butter gerösteten Brotschnitten servieren.

HEFEAUFSTRICH

25 g Hefe
20 g Butter oder Margarine
1 kleine Zwiebel
einige Eßlöffel Wasser
süße Sahne/Obers
Milch oder Buttermilch
30 g Getreideflocken
1 Eßlöffel gehackte Kräuter
Salz

Butter oder Margarine schmelzen. Die gehackte Zwiebel darin anrösten, mit Getreideflocken verrühren, Flüssigkeit hinzufügen und zu einem dicken Brei kochen.
Zerkrümelte Hefe und Salz zugeben, die Masse von der Kochstelle nehmen und mit Kräutern vermischen.
Den Hefeaufstrich mit Vollkorngebäck servieren.

KALBSLEBER

2 Zwiebeln
250 g Kalbsleber
Salz, Pfeffer
2 Eßlöffel Öl

Zwiebeln fein schneiden und zugedeckt in Öl langsam weich und goldbraun dünsten.
Hauchdünn geschnetzelte Kalbsleber beigeben und bei großer Hitze unter ständigem Wenden 1 Minute braten.
Vom Herd nehmen und zum Schluß salzen und pfeffern.

KARTOFFELN COLUMBINE

500 g Kartoffeln
je 1 rote und 1 grüne Paprikaschote
20 g Butter oder Margarine
Salz
1 Bund Dill

Kartoffeln schälen und in sehr dünne Scheiben schneiden, Paprikaschoten halbieren, in 1/2 cm dicke Streifen schneiden. Butter oder Margarine in einem Topf erhitzen, Kartoffeln hineingeben, salzen und in 20 Minuten bei niedriger Hitze garbraten.
10 Minuten vor Ende der Garzeit die Paprikastreifen dazugeben.
Dill abspülen, fein schneiden und unter die Kartoffeln mischen. In einer Schüssel anrichten.

LAMMKOTELETTS VOM GRILL
NATURREIS
HERBSTSALAT

LAMMKOTELETTS VOM GRILL

2 Lammkoteletts
Öl
Salz

Lammkoteletts mit Öl bepinseln und grillen. Danach leicht salzen.

CHAMPIGNONS:
200 g Champignons
20 g Butter oder Margarine
Zitronensaft
1/8 l Milch
1/8 l Weißwein
1 Eigelb
Knoblauch, Kerbel, Thymian
Lorbeerblatt, gehackte Petersilie

Champignons putzen und blättrig schneiden. Butter oder Margarine mit Milch, Zitronensaft, Kräutern und Weißwein erhitzen, abschmecken und die Champignons hinzufügen. Bei mäßiger Hitze garen, nochmals abschmecken und mit dem Eigelb verrühren — nicht mehr kochen.
Lammkoteletts auf 2 Tellern anrichten und die Champignons auf dem Fleisch verteilen, mit Petersilie bestreuen. Als Beilage dazu Naturreis reichen.

HERBSTSALAT

1/2 Kopfsalat
1/4 Salatgurke
4 Möhren/Karotten
100 g Blumenkohl/Karfiol

Kopfsalat in mundgerechte Stücke reißen, Gurke und Möhren/Karotten in feine Scheiben hobeln, Blumenkohl/Karfiol fein reiben.

MARINADE:
1 Eßlöffel Obstessig
1 Eßlöffel Zitronensaft
2 Eßlöffel Öl
2 Eßlöffel Schnittlauch
Salz
1/2 Teelöffel geriebener Meerrettich/Kren

GRAPEFRUITS
BROKKOLI, MIT KÄSE ÜBERBACKEN
VOLLKORNGEBÄCK

GRAPEFRUITS

2 Grapefruits
1 Eßlöffel Honig
etwas Zimt

1 Grapefruit schälen, quer in Hälften oder Scheiben aufteilen und in Portionsschälchen oder auf Teller legen.
1 Grapefruit auspressen, den Saft mit Honig und Zimt verrühren, die vorbereiteten Grapefruitstücke damit tränken.

BROKKOLI, MIT KÄSE ÜBERBACKEN

500 g Brokkoli
1/8 l Wasser
Salz

Brokkoli putzen, waschen, in einen Topf geben und mit Wasser übergießen. Danach leicht mit Salz bestreut zum Kochen bringen und in etwa 15 Minuten garkochen.
Das Gemüse auf ein Sieb zum Abtropfen geben.

SAUCE:
20 g Butter oder Margarine
40 g Vollweizenmehl
1/2 l Gemüsebouillon (Instant)
100 g geriebener Gouda
weißer Pfeffer, Salz, Zitronensaft

Aus Butter oder Margarine und Vollweizenmehl eine helle Mehlschwitze/Einmach bereiten, mit Gemüsebouillon aufgießen und mit geriebenem Käse und Gewürzen pikant abschmecken.
Als Beilage zum Brokkoli Vollkorngebäck reichen.

DINKELGRIESSSCHNITTEN
ZWETSCHKENMUS

HIRSEKNÖDEL
LAUCHGEMÜSE

DINKELGRIESSSCHNITTEN

1/2 l Milch
Salz
125 g Dinkelgrieß
1 Ei
Margarine, Honig und Zimt zum Bestreuen

Milch mit einer Prise Salz zum Kochen bringen. Dinkelgrieß einstreuen, kurz aufkochen und dann bei geringster Hitze unter gelegentlichem Umrühren so lange ausquellen lassen, bis ein fester Grießteig entstanden ist.

Jetzt das Ei untermischen und den Teig etwa zwei Zentimeter dick auf ein mit Wasser abgespültes Blech streichen. Abkühlen lassen, in Stücke schneiden und in wenig heißer Margarine goldgelb braten.

Dinkelgrießschnitten mit warmer Honig-Zimt-Mischung beträufeln, mit Zwetschkenmus umgießen.

HIRSEKNÖDEL

100 g Hirse
1/3 l Wasser
1 Gemüsebrühwürfel
1 Lorbeerblatt
1 Eßlöffel Sojamehl
1 Eßlöffel Hefeflocken
1 Ei
2 Eßlöffel Vollkornpaniermehl/-brösel
Majoran, Salz, Muskat

Die Hirse in das Wasser schütten und mit dem Gemüsebrühwürfel und dem Lorbeerblatt aufkochen. Bei kleinster Hitzeeinstellung etwa 15 Minuten ziehen lassen.

Wenn die Hirse ausgekühlt ist, Sojamehl, Hefeflocken, Ei, Paniermehl/Brösel und Gewürze dazumengen.

Nun den Teig 5 Minuten stehen lassen, anschließend mit feuchten Händen Knödel formen.

3/4 Liter Wasser mit etwas Salz aufkochen, die Knödel in dem leicht kochenden Wasser 20 Minuten garen und in Scheiben geschnitten zu Gemüse oder Salaten servieren.

LAUCHGEMÜSE

300 g Lauch
2 Eßlöffel Öl
20 g Butter oder Margarine
100 g Kaffeesahne/-obers
Salz, Muskat

Lauch putzen und in Ringe schneiden. Fett in einer Pfanne schmelzen, die Lauchringe darin andünsten, Sahne/ Obers zugießen und fünf Minuten schmoren. Gemüse mit Salz und Muskat abschmecken und zu den Knödeln servieren.

PERLWEIZENSUPPE MIT GEMÜSE

10 g Butter oder Margarine
1 kleine Zwiebel
Salz
1/2 l Gemüsebrühe (Instant)
1 kleines Stück geriebener Sellerie
1 geriebene Möhre/Karotte
20 g geriebener Käse
gehackter Schnittlauch

Perlweizen und feingehackte Zwiebel in heißem Fett leicht rösten, mit Bouillon oder Wasser aufgießen und 15 Minuten kochen, salzen.
Geriebenes Gemüse, Schnittlauch und Käse einrühren, nicht mehr kochen, nur erwärmen.

GURKENSCHEIBEN MIT ROQUEFORT

1 Salatgurke
50 g Roquefort
50 g Rahmschmelzkäse
einige Tropfen Sherry, trockener Weißwein
oder Cognac
Salz, Pfeffer

Die ungeschälte Gurke in 2 cm dicke Scheiben schneiden und zur Hälfte in der Mitte aushöhlen.
Zu Roquefort und Rahmkäse Sherry, Weißwein oder Cognac geben, damit der Käse genügend weich wird. Den Käse je nach Geschmack salzen, pfeffern und in die ausgehöhlten Gurkenscheiben füllen.
Mit Vollkorngebäck servieren, schmeckt auch als Vorspeise gut zu Weißwein.

KARTOFFELN MIT KNOBLAUCH UND KÜMMEL

500 g Kartoffeln
30 g Butter oder Margarine
1 Knoblauchzehe
Salz, Kümmel

Kartoffeln kochen, schälen und vierteln. Butter oder Margarine zerlaufen lassen, den zerdrückten Knoblauch und den Kümmel dazugeben, Kartoffeln darin schwenken und salzen.

ROTE BETE/ROTE RÜBE NATURELL

500 g Rote Bete/Rote Rübe
Salz
20 g Butter oder Margarine
1 Eßlöffel Orangenmarmelade
1 Eßlöffel Essig

Die Gemüseknollen ungeschält in Salzwasser garen. Danach schälen, vierteln und in einer warmen Sauce aus zerlassener Butter oder Margarine, Orangenmarmelade und Balsamessig schwenken.

FISCHRAGOUT MIT GURKE
NATURREIS ODER KARTOFFELN
TOMATENSALAT

ZUCCHINILAIBCHEN
PAPRIKAGEMÜSE

FISCHRAGOUT MIT GURKE

1 kleine Zwiebel
1/2 (200 g) Salatgurke
20 g Butter oder Margarine
1 Kaffeelöffel Zitronensaft
1/16 l Wasser
Gemüsebrühwürfel
Salz, Pfeffer
300 g Goldbarschfilet
Salz, Pfeffer
1/2 Bund Dill zum Garnieren

Die Zwiebel schälen und achteln. Die Gurke waschen, ebenfalls schälen und halbieren, die Kerne mit einem Löffel herauskratzen. Die Gurkenhälften in 1 cm breite Stücke schneiden.
Butter oder Margarine erwärmen, Gurkenstücke darin glasig braten. Den Zitronensaft und die Gemüsebrühe dazugießen, das Gemüse mit Salz und Pfeffer würzen, einmal aufkochen und dann zugedeckt bei schwacher Hitze 10 Minuten köcheln lassen.
Fischfilet kalt abspülen und in 2 cm große Würfel schneiden. Die Fischwürfel auf das Gemüse legen, wenig würzen und beides zusammen gar ziehen lassen. Nun den Dill waschen und fein zerkleinern. Das Fischragout in eine vorgewärmte Schüssel füllen und mit dem Dill bestreut sofort servieren, dazu entweder Naturreis oder Kartoffeln reichen.

TOMATENSALAT

300 g Tomaten

Tomaten waschen und in Scheiben schneiden.

MARINADE:
1 Zwiebel
Thymian, Basilikum, Salz, Pfeffer
1 Prise Fruchtzucker
1 Eßlöffel Essig, 2 Eßlöffel Öl

Eine Marinade aus Essig, Öl, Fruchtzucker, den Gewürzen und der kleingeschnittenen Zwiebel bereiten. Die Tomatenscheiben damit vorsichtig vermischen und anrichten.

ZUCCHINILAIBCHEN

400 g Zucchini
100 g Weizenvollmehl
100 g Weizenschrot oder -grieß
1 Ei
Salz, Pfeffer
Paniermehl/Brösel
Paprikapulver, Dill
2 Eßlöffel saure Sahne/Sauerrahm
Öl oder Kokosfett zum Backen

Zucchini schälen, reiben und leicht salzen. Einige Minuten stehen lassen und danach gut ausdrücken.
Zucchini mit Mehl, Schrot, Ei und Gewürzen mischen, Laibchen formen, in Paniermehl/Bröseln wenden und in heißem Fett goldbraun backen.
Mit einem Tupf saurer Sahne/Sauerrahm und mit etwas Paprikapulver bestreut servieren.

PAPRIKAGEMÜSE

1 Zwiebel
je 1 grüne und 1 gelbe Paprikaschote
250 g Tomaten
2 Eßlöffel Öl, etwas Essig
Salz
1/16 l Gemüsebouillon (Instant)
1 Kaffeelöffel Zitronensaft
1 zedrückte Knoblauchzehe
Thymian, weißer Pfeffer

Zwiebel schälen und in dünne Scheiben schneiden. Paprikaschoten halbieren, putzen, waschen und kleinschneiden. Danach die Tomaten mit kochendem Wasser überbrühen, schälen, von den Stengelansätzen befreien und vierteln.
Öl in einem Topf erhitzen, Zwiebel darin unter Rühren anbraten, Paprika hinzufügen und 10 Minuten mitbraten. Zuletzt die Tomaten zufügen, salzen und die Gemüsebouillon darübergießen.
Mit Essig, Knoblauch, Thymian, Zitronensaft und Pfeffer würzen und 20 Minuten garen.

ZWIEBELSUPPE MIT GEBRATENEN TOFUWÜRFELN

125 g Zwiebeln
20 g Butter oder Margarine
1/2 l Gemüsebouillon (Instant)
Thymian, Lorbeer, Petersilie
1 Knoblauchzehe
Salz, Pfeffer
1 Eiweiß
1 Eigelb
etwas Milch und Essig

Zwiebeln in dünne Scheiben schneiden und langsam in Butter oder Margarine dünsten, bis sie weich sind. Vom Feuer nehmen, wenn sie zu bräunen anfangen. Mit Gemüsebouillon aufgießen und ein Bukett aus Thymian, Lorbeer, Petersilie und Knoblauch hinzufügen. Salzen und pfeffern.
Das Ganze einkochen lassen, Bukett herausnehmen und einige fein zerriebene Thymianblätter sowie das Eiweiß beigeben. Jetzt kochen, bis das Eiweiß geronnen ist, und kurz vor dem Anrichten mit dem Eigelb binden, das vorher mit etwas Milch und einem Tropfen Essig verrührt wurde.

GEBRATENE TOFUWÜRFEL:

100 g Tofu
1 Eßlöffel Olivenöl
Salz
1 Kaffeelöffel Sojasauce
1 Knoblauchzehe
1 Prise Origano

Den Tofu in Würfel schneiden und in Öl 3 Minuten braten. Salz, Sojasauce, Origano und die feingehackte Knoblauchzehe dazugeben und so lange weiterbraten, bis die Tofustückchen eine leichte, knusprige Kruste bekommen.
Die fertigen Tofustückchen als Suppeneinlage servieren.

REISDESSERT

75 g Naturreis
2 Wacholderbeeren
20 g Rosinen
50 g grob gehackte Nüsse
125 g zerkleinerte frische Früchte
1 Eßlöffel Honig
evtl. Schlagsahne/-obers

Reis mit der doppelten Menge Wasser zum Kochen bringen, einige Minuten kochen lassen, dann zugedeckt auf kleiner Flamme oder im Rohr fertigdünsten.
Ausgekühlt mit Rosinen, Früchten. Nüssen und Honig vermengen. Man kann unter die überkühlte Masse auch noch 1/8 Liter geschlagene Sahne/geschlagenes Obers ziehen.

GEBRATENE POLENTA

1/4 l Wasser
1 Prise Salz
75 g Maisgrieß
20 g geriebener Käse
30 g Margarine zum Braten

Wasser mit Salz zum Kochen bringen, den Maisgrieß unter ständigem Rühren einstreuen und aufkochen lassen.
Den Topf von der Kochstelle ziehen und den Teig etwa 10 Minuten quellen lassen. Inzwischen ein Backblech mit Wasser abspülen. Danach Polenta fingerdick aufstreichen und abkühlen lassen, in 5 cm große Rechtecke schneiden.
Die Margarine in einer Pfanne heiß werden lassen. Die Polentascheiben von jeder Seite 3 Minuten hellbraun braten.
Auf einer Platte anrichten und mit geriebenem Käse bestreuen.

GURKENGEMÜSE MIT SCHINKEN

1 Salatgurke
1 Zwiebel
20 g Butter oder Margarine
125 g (1 Becher) Créme fraîche
2 Eßlöffel feingehackte Dillspitzen
Salz, Pfeffer, Worcestersauce
50 g gekochter Schinken

Die Gurke waschen, schälen und in Würfel schneiden. Die Zwiebel abziehen und in feine Würfel schneiden.
Butter oder Margarine zerlassen und die Gurken- und Zwiebelwürfel darin andünsten. Créme fraîche und Dill unterrühren, kurz aufkochen lassen und mit Salz, Pfeffer und Worcestersauce abschmecken.
Den in Würfel geschnittenen Schinken hinzufügen und kurz miterhitzen.

GRÜNKERNSUPPE

50 g Grünkernschrot
1 Kaffeelöffel Sojamehl
3/4 l Wasser
1 Gemüsebrühwürfel
20 g Champignons
1 geriebene Möhre/Karotte
10 g Butter oder Margarine
2 Eßlöffel saure Sahne/Sauerrahm
Salz, 1 Kaffeelöffel gehackte Kräuter

Grünkernschrot und Sojamehl mit 1/8 Liter Wasser glattrühren, das restliche Wasser aufkochen und den Brühwürfel darin auflösen. Den Mehlbrei mit dem Schneebesen hineinrühren und aufkochen.
Nun die feinblättrig geschnittenen Champignons zufügen und nochmals aufkochen, auf abgestellter Kochplatte 5 Minuten ziehen lassen. Zuletzt geriebene Möhre/Karotte, Butter oder Margarine und saure Sahne/Sauerrahm zufügen und vom Herd nehmen. Mit Kräutern bestreut servieren.

MEERRETTICH-/KRENSALAT MIT PUTENBRUST

100 g Magerquark/-topfen
2 Eßlöffel Magerjoghurt
1 Kaffeelöffel Öl
geriebener Meerrettich/Kren
Salz, Pfeffer
1 Messerspitze Senf
1 kleine Essiggurke
2 Tomaten
100 g geräucherte Putenbrust

Quark/Topfen, Joghurt, Öl und Meerrettich/Kren miteinander verrühren und mit den Gewürzen und sehr wenig Essig abschmecken.
Gurke, Tomaten und geräucherte Putenbrust in kleine Würfel schneiden und unter die Sauce mengen.
Vollkorngebäck dazu servieren.

KARTOFFELN MIT HARZER/QUARGEL

500 g Kartoffeln
Salz

Kartoffeln gründlich mit der Bürste waschen, dann in der Schale dämpfen.
FÜLLE:
100 g mit der Gabel zerdrückter
Harzer/Quargel
50 g Butter oder Margarine
1 Knoblauchzehe
Pfeffer
feingehackter Schnittlauch
Petersilie
3 Eßlöffel saure Sahne/Sauerrahm

Butter oder Margarine schaumig rühren, Harzer/Quargel beimischen, pikant abschmecken und jetzt Schnittlauch, Petersilie und saure Sahne/Sauerrahm unterrühren.
Die gedämpften Kartoffeln der Länge nach so tief einschneiden, daß sie gerade noch zusammenhalten, dann mit der Käsecreme füllen.

FENCHELSALAT

300 g Fenchelknollen

Fenchelknollen putzen und nudelig schneiden.
MARINADE:
1/8 l Joghurt
Dill, Salz, Pfeffer
Essig, Öl
gehackte Petersilie
Honig

Joghurt mit den restlichen Zutaten abmischen, über den Fenchel gießen und ziehen lassen.

WURZEL-KRÄUTER-SALAT

je 100 g Möhren/Karotten,
Sellerieknolle und Rote Bete/Rote Rübe

Gemüse putzen und kleinwürfelig schneiden oder raffeln.
MARINADE:
1 Becher Joghurt
1 Eßlöffel Essig
1 Eßlöffel Öl
1 Apfel
1 Teelöffel Senf
1 Teelöffel Meerrettich/Kren
1 Prise süßer Paprika
etwas Salz und Pfeffer
1 Teelöffel gehackte Kapern

Alle Zutaten bis auf den Apfel gut miteinander verrühren. Danach den Apfel reiben und unterziehen, alles über den Salat geben und einige Zeit ziehen lassen.

GEMÜSEREIS MIT RINDER- ODER SCHWEINEFILET

1 Zwiebel
1 grüne und 1 rote Paprikaschote
2 Eßlöffel Öl
4 Tomaten
1 Tasse Naturreis
2 Tassen Gemüsebrühe
Thymian

Zwiebel und Paprikaschoten in Streifen schneiden und in Öl 2 Minuten dünsten. Tomaten kurz in heißes Wasser tauchen, abziehen und in Scheiben schneiden.
Reis, Gemüsebrühe und Thymian zu den Zwiebeln geben, mit Tomatenscheiben belegen und zugedeckt weich kochen lassen.
FLEISCH:
200 g Rinder- oder Schweinefilet
schwarzer Pfeffer
1 Eßlöffel Öl
gehackte Petersilie

Fleisch in Streifen schneiden, pfeffern und in Öl kurz braten. Auf dem gegarten Reis anrichten und mit gehackter Petersilie bestreuen.

18. NOVEMBER

IRISH STEW
QUARK/TOPFEN MIT ZWETSCHKENSCHNAPS

19. NOVEMBER

GEMÜSESALAT
QUARK-/TOPFENAUFLAUF

IRISH STEW

150 g rohe Kartoffeln
100 g Sellerie
1 Stange Lauch
100 g Erbsen
1 Lorbeerblatt
Salz
150 g Weißkohl/-kraut
100 g Möhren/ Karotten
1 Petersilienwurzel
1 Zwiebel
Majoran
1 Eßlöffel Öl
1 Eßlöffel Hefeflocken (nach Belieben)
geriebener Meerrettich/Kren

Das Öl erwärmen und schichtweise nacheinander das kleingeschnittene Gemüse hineingeben. Auf jede Schicht Kräuter, wenig Salz und Hefeflocken geben. Das Ganze mit etwas Wasser auffüllen und 40 Minuten dünsten, mit geriebenem Meerrettich/Kren bestreut servieren.

QUARK/TOPFEN MIT ZWETSCHKENSCHNAPS

100 g Dörrpflaumen ohne Kern
2 Eßlöffel Zwetschkenschnaps
1 Eigelb
2 Eßlöffel Honig
250 g Quark/Topfen
3 Eßlöffel Milch
1 Eiweiß
Zitronensaft
Zitronenschale
1 Prise Zimt

Die Dörrpflaumen kleinschneiden und mit Zwetschkenschnaps übergießen.
Eigelb und Honig cremig schlagen, Quark/Topfen und nach und nach so viel Milch unterrühren, daß eine dicke Creme entsteht.
Eiweiß steif schlagen und vorsichtig unterheben. Die Quark-/Topfencreme mit Zitronensaft, Zitronenschale und Zimt abschmecken.
Die Creme abwechselnd mit den Pflaumen in zwei Schälchen oder in Gläser schichten und mit dem beim Einweichen der Pflaumen entstandenen Saft beträufeln.

GEMÜSESALAT

1 Blumenkohl/Karfiol
150 g Sellerie
50 g Erbsen
50 g in Scheiben geschnittene Möhren/Karotten
50 g grüne Bohnen/Fisolen
50 g geviertelte Champignons
grüne Salatblätter

Gemüse ohne Salatblätter kernig kochen, abkühlen, gut vermischen.

MARINADE:
3 Eßlöffel (40 g) Mayonnaise
2 Eßlöffel saure Sahne/Sauerrahm
2 Eßlöffel Zitronensaft
1 Kaffeelöffel Weinbrand
Salz, 1 Prise Zucker
gehackte Petersilie

Alle Zutaten verrühren, Marinade über das Gemüse geben, auf Salatblättern anrichten und mit Petersilie bestreuen.

QUARK-/TOPFENAUFLAUF

50 g Vollweizenmehl
30 g Butter oder Margarine
1/4 l Milch
350 g Quark/Topfen
1 Eigelb
1 Eßlöffel gequollene Rosinen
1/16 l Kaffeesahne/-obers
etwas Zimt, Zitronenschale
1 Prise Salz
1 Eiweiß
Fett für die Form

Mehl in die heiße Butter rühren, Milch dazugießen und unter ständigem Rühren 3 Minuten lang kochen lassen. Den Topf vom Feuer nehmen.
Quark/Topfen mit Eigelb, Rosinen, Sahne/Obers, Zimt, Zitronenschale, Salz und geschlagenem Eiweiß verrühren.
Die Masse in einer befetteten, feuerfesten Form 40 Minuten bei mittlerer Hitze im Ofen backen.

PIKANTER HIRSEAUFLAUF

125 g Hirse
ca. 1/4 l Wasser
Gemüsebrühwürfel
30 g Butter oder Margarine
1 Eßlöffel gehackte Kräuter (Schnittlauch,
Dill, Liebstöckel)
50 g geriebener Käse
2 Eier
1/8 l Milch
Muskatnuß

Hirse mit den Gewürzen in der Gemüsebrühe ca. 15 Minuten kochen, danach die Butter oder Margarine, Kräuter und die Hälfte des Käses untermischen.
Die Masse in befettete, feuerfeste Förmchen füllen und mit dem restlichen Käse bestreuen.
Eier, Milch und Muskatnuß verquirlen, über den Auflauf gießen und 20 Minuten bei 200 Grad backen.

UNGARISCHER PFEFFERONISALAT

150 g Weißkohl/-kraut
je 1 rote und 1 grüne Paprikaschote
1 Zwiebel
2 Pfefferoni

Kohl/Kraut, Paprikaschoten und Zwiebel in dünne Streifen, Pfefferoni in dünne Ringe schneiden und alles zusammen in eine Schüssel geben.

MARINADE:
2 Eßlöffel Essig
1 Eßlöffel Wasser
2 Eßlöffel Öl
1 Knoblauchzehe
Salz, Pfeffer, Kümmel, 1 Prise Zucker

Essig, Wasser und Öl gut verrühren, die Knoblauchzehe mit Salz zerdrücken und dazugeben, würzen.
Die Marinade über den Salat gießen und gut vermischen. Etwas durchziehen lassen und servieren.

ÜBERBACKENE KÄSESUPPE

1 Zwiebel
20 g Butter oder Margarine
1/2 Lorbeerblatt
1/2 l heiße Gemüsebouillon (Instant)
1 Kaffeelöffel Vollweizenmehl
1 Eßlöffel Butter
Salz, Pfeffer
50 g geriebener Käse

Zwiebel schälen und fein hacken. Butter oder Margarine in einem Topf erhitzen, Zwiebel darin in 5 Minuten glasig werden lassen und Lorbeerblatt zugeben. Anschließend mit heißer Gemüsebouillon übergießen.
Das Mehl mit der Butter verkneten und unter kräftigem Rühren in die Suppe geben, 5 Minuten kochen lassen.
Salz, Pfeffer und Käse einrühren, zuletzt das Lorbeerblatt herausnehmen.

EINLAGE:
2 Scheiben Vollkorntoast
2 Scheiben Toastkäse

Suppe in zwei feuerfeste Suppentassen füllen. Toastbrotscheiben toasten, auf die Suppe legen und darauf eine Scheibe Käse plazieren.
In das vorgeheizte Backrohr auf die mittlere Schiene stellen und 10 Minuten bei 250 Grad überbacken.

PUTENBRUST MIT SENFGURKE

200 g geräucherte Putenbrust
2 Teelöffel Öl
2 Teelöffel Weinessig
1 Teelöffel Estragonblätter
1 Teelöffel Petersilie
1 kleine Zwiebel
Salz, Paprika
2 Senfgurken

Öl, Essig, die feingehackten Kräuter und die feingehackte Zwiebel mit den Gewürzen mischen und auf dem Putenfleisch garnieren. Geschnittene Senfgurken darauflegen.
Zur Putenbrust Vollkorngebäck als Beilage reichen.

GEHACKTES MIT KARTOFFELN

300 g Kartoffeln
1 Eßlöffel Öl
1 gehackte Zwiebel
1 Knoblauchzehe
200 g gehacktes Rindfleisch
1 Paprikaschote
Salz
100 g Champignons
2 enthäutete, kleingeschnittene Tomaten

Kartoffeln waschen, schälen, in 1/2 cm dicke Scheiben schneiden und in Salzwasser legen.

Jetzt in Öl die Zwiebel, die Knoblauchzehe, das Fleisch, in Streifen geschnittene Paprikaschote und in Scheiben geschnittene Champignons mit Salz anbraten.

Nach 15 Minuten die Tomaten zugeben und alles einige Minuten dämpfen.

Danach die Kartoffelscheiben aus dem Wasser nehmen, gut abtrocknen und in heißem Öl braten, zum Schluß mit dem Fleisch mischen und alles zugedeckt noch 15 Minuten auf kleiner Flamme kochen lassen.

ZWIEBELSALAT

200 g Zwiebeln

Zwiebeln in sehr feine Ringe schneiden.

MARINADE:
1 Eßlöffel Öl
1 Eßlöffel Essig
Salz
1 Becher Joghurt
gehackte Kräuter,
z. B. Schnittlauch oder Petersilie

Die Zwiebelringe mit Öl, Essig sowie Salz marinieren und zugedeckt stehen lassen.

Vor dem Anrichten die Zwiebeln mit Joghurt vermischen und mit feingehackten Kräutern bestreuen.

SEELACHS MIT BROKKOLI

2 Seelachsfilets (à 150 — 200 g)
ein Zweig Dillkraut
1 Stengel Petersilie
1 Pfefferminzblatt
1 Lorbeerblatt
Salz, Zitronensaft

Wenig Wasser mit Dill, Petersilie, Lorbeer, Pfefferminze, Salz und Zitronensaft zum Kochen bringen. Die Seelachsfilets hineinlegen und gardünsten.

BROKKOLI:
300 g Brokkoli
Salz

Brokkoli in wenig Salzwasser bißfest kochen.

KARTOFFELN

300 g Kartoffeln
2 Eßlöffel saure Sahne/Sauerrahm

Die Kartoffeln in der Schale kochen, schälen und mit je einem Eßlöffel saure Sahne/Sauerrahm servieren.

LINSENGEMÜSE NATUR

300 g Linsen aus der Dose
20 g durchwachsener Speck
1 Zwiebel
1 Möhre/Karotte
1 Stange Lauch
100 g Kartoffeln
1 Eßlöffel Tomatenmark
Salz, Pfeffer
1/2 l Gemüsebrühe (Instant)
1 Sardellenfilet
einige Kapern
1 Knoblauchzehe
1 Eßlöffel Essig
etwas Senf

Würfelig geschnittenen Speck anrösten, kleingeschnittenes Gemüse dazugeben und kurz mitrösten. Tomatenmark beifügen und mit der Gemüsebrühe aufgießen. Linsen dazugeben, aufkochen lassen, würzen.
Nun eine Viertel der Linsen pürieren und das Gemüse damit binden, Kapern, Sardellenfilet und Knoblauch fein hakken und beigeben. Mit Senf und Essig abschmecken.
Dieses Linsengemüse paßt auch zu Spanferkel, gebratener Gans oder Wildschweinbraten.

APRIKOSENDESSERT

125 g Trockenaprikosen
Zitronensaft
evtl. etwas Honig

Trockenaprikosen abschwemmen und 2—3 Stunden einweichen. Dann Zitronensaft und Honig nach Geschmack beigeben.

NUDELSALAT

100 g gekochte Vollkornhörnchen
1 rote Paprikaschote
1 Apfel
1 Gewürzgurke
1 kleiner Lauch
50 g gekochter Schinken
50 g Emmentaler

Paprikaschote, Apfel, Gurke, Lauch, Schinken und Käse in Streifen schneiden, mit den gekochten Vollkornnudeln in einer Schüssel mischen.

M A R I N A D E :
1 Becher Joghurt
1 Eßlöffel Zitronensaft
Salz
1/2 Bund Schnittlauch

Joghurt mit Zitronensaft, Salz und den Salatzutaten verrühren. Mit Schnittlauch bestreut servieren.

FEINER QUARK-/TOPFENKUCHEN MIT ÄPFELN

(für eine Tortenform
mit 26 cm Durchmesser)
500 g Äpfel
100 g Butter oder Margarine
100 g Honig
Vanillearoma
2 Eier
Saft und Schale einer Zitrone
125 g Quark/Topfen
1 Likörglas Weinbrand
30 g gehackte Mandeln
200 g Vollweizen- oder Dinkelmehl
1/2 Paket Backpulver

Äpfel waschen, schälen, vierteln, auf der Oberseite einige Male längs einschneiden und zudecken.
Butter oder Margarine, Honig, Vanillearoma, Eier und Zitrone schaumig rühren, Quark/Topfen, Weinbrand und Mandeln zugeben.
Dann das Mehl mit dem Backpulver vermischen, nach und nach unterrühren.
Teig in eine befettete Springform geben, Äpfel darauf verteilen, im vorgeheizten Rohr bei 225 Grad ca. 30 Minuten auf der Mittelschiene backen.

KRÄUTER-MILCH-MIX

1 Eßlöffel gemischte frische
oder tiefgefrorene Kräuter
Paprika
Saft einer halben Zitrone
1 Prise Zucker, Salz
1 Teelöffel geriebener Meerrettich/Kren
Tabasco
1/8 l Buttermilch
1/4 l Milch
2 Zitronenscheiben

Alle Zutaten bis auf die Zitronenscheiben in einem Mixbecher verrühren und gekühlt in 2 Gläser füllen. Mit Zitronenscheiben garnieren.

VOLLKORNSPAGHETTI
MIT SCHINKEN UND BROKKOLI

250 g Vollkornspaghetti
Salz

Spaghetti in leicht gesalzenem Wasser al dente kochen, abseihen, mit heißem Wasser abspülen und abtropfen lassen. Einstweilen warmstellen.

GEMÜSESAUCE:
250 g Brokkoli-Röschen (= ca. 400 g Brokkoli)
125 g Schinken, in Stäbchen geschnitten
30 g Butter
2 Eßlöffel Öl
2 zerdrückte Knoblauchzehen
1/4 l trockener Weißwein
Salz, Pfeffer
geriebener Parmesan

Brokkoli in Salzwasser bißfest kochen, abseihen, mit kaltem Wasser abspülen und abtropfen lassen.
Knoblauch in heißem Öl-Butter-Gemisch leicht bräunen, mit Wein aufgießen und auf ein Drittel der Flüssigkeit einkochen. Dann darin Schinken und Brokkoli erwärmen, mit Salz und Pfeffer würzen.
Spaghetti anrichten, mit dem Schinken-Gemüse-Ragout übergießen und zu Tisch bringen. Dazu geriebenen Parmesan extra servieren.

GEMÜSESUPPE MIT QUARK-/TOPFENNOCKEN

1 Ei
25 g Butter oder Margarine
100 g Quark/Topfen
40 g Vollweizengrieß
je 1 Prise Salz und Muskat
50 g gekochter Schinken

Ei schaumig rühren, weiche Butter oder Margarine, Quark/Topfen und Grieß zugeben. Schinken würfelig schneiden und untermischen, abschmecken.
Die Quark-/Topfenmasse ca. 20 Minuten stehen lassen (in der Zwischenzeit Suppe bereiten).
Zum Schluß mit einem Löffel Nocken abstechen, in der leicht kochenden Suppe ziehen lassen.

SUPPE:
250 g gemischtes, frisches Gemüse
(Kohlrüben, Möhren/Karotten, Brokkoli, Lauch, Bohnen)
3/4 l Gemüsebrühe (Instant)
1 Bund Schnittlauch

Gemüse putzen, waschen und zerkleinern.
Gemüsebrühe zum Kochen bringen, das zerkleinerte Gemüse dazugeben und bei schwacher Hitze garen, bis es bißfest ist. Suppe mit Schnittlauch bestreut servieren.

AVOCADOS, GEFÜLLT

2 Avocados
2 Teelöffel Zitronensaft
100 g Blauschimmelkäse
100 g Quark/Topfen
Salz, Pfeffer
Petersilie zum Garnieren

Avocados halbieren, vom Stein befreien und so weit aushöhlen, daß eine Schale von 1 cm Dicke entsteht.
Avocado-Fruchtfleisch und Zitronensaft in eine Schüssel geben, mit einer Gabel zerdrücken und mit Käse, Quark/Topfen, Salz und Pfeffer glattrühren.
Diese Mischung in die Avocado-Schalen häufen und mit Petersilie bestreuen. Gekühlt mit Vollkorngebäck servieren.

BOUILLONKARTOFFELN
GEFÜLLTE BIRNEN

PUTENSCHNITZEL
FENCHEL, MIT SCHIMMELKÄSE ÜBERBACKEN
KARTOFFELPÜREE ODER VOLLKORNGEBÄCK

BOUILLONKARTOFFELN

600 g Kartoffeln
Salz, Pfeffer
1 Eßlöffel Selleriegrün
1 kleiner Lauch
Gemüsebouillon (Instant)
gehackte Petersilie
Majoran, Bohnenkraut

Die Kartoffeln roh schälen, in dickere Scheiben schneiden, nach Geschmack salzen, leicht pfeffern, mit Petersilien- und Selleriegrün sowie zarten Lauchringen vermengen. Das Gemüse mit Gemüsebouillon bis zum oberen Rand aufgießen, Majoran und Bohnenkraut beigeben und zugedeckt weichkochen, bis die Kartoffeln fast zerfallen, würzen. Für Tisch mit gehackter Petersilie bestreuen.

GEFÜLLTE BIRNEN

2 Birnen
10 g Butter oder Margarine
100 g Quark/Topfen
2 Orangen
20 g Haselnüsse
Zitronensaft
20 g Honig

Die Birnen halbieren, vom Kerngehäuse befreien und mit Zitronensaft beträufeln.
Danach die Margarine oder Butter schaumig rühren, Quark/Topfen, geriebene Nüsse, würfelig geschnittene Orangen und Honig zugeben.
Zum Schluß die Masse auf die Birnenhälften streichen und die zweite Hälfte daraufsetzen.

PUTENSCHNITZEL

2 Putenschnitzel
etwas Salz, Pfeffer
Mehl
20 g Butter oder Margarine

Die Putenschnitzel mit Salz und Pfeffer würzen, in Mehl wenden und in heißer Butter oder Margarine auf beiden Seiten anbraten. Zugedeckt auf kleinem Feuer ziehen lassen, bis sie gar sind.

FENCHEL, MIT SCHIMMELKÄSE ÜBERBACKEN

2 Fenchelknollen
Salz
Saft einer Zitrone
100 g Schimmelkäse
2 Eßlöffel Quark/Topfen
Pfeffer
1 zerdrückte Knoblauchzehe
feingeschnittenes Fenchelgrün
2 Tomaten

Fenchel putzen, waschen und der Länge nach durchschneiden, mit wenig Salzwasser und Zitronensaft etwa 15—20 Minuten dünsten.
Unterdessen den Schimmelkäse mit Quark/Topfen, Pfeffer, Knoblauch und Fenchelgrün vermengen.
Diese Masse nun auf die Fenchelhälften streichen und mit Tomatenecken garnieren. Etwa 10—15 Minuten bei 220 Grad überbacken.
Zu Putenschnitzel und Fenchel Kartoffelpüree oder Vollkorngebäck als Beilage servieren.

GEMÜSEGULYAS
KRÄUTERNOCKEN
OBSTSALAT

GEMÜSEGULYAS

200 g Möhren/Karotten
100 g Sellerie
100 g grüne Bohnen/Fisolen
2 feingehackte Zwiebeln
150 g Champignons
20 g Butter oder Margarine
Gemüsebrühwürfel
Estragon, Basilikum, Paprika
1 Eßlöffel Vollweizenmehl

Das Gemüse putzen, waschen und würfelig schneiden, mit den gerösteten Zwiebeln und dem Gemüsebrühwürfel in ca. 1/4 Liter Wasser mit Estragon und Basilikum dünsten, Paprika beigeben.
Zum Schluß abschmecken und mit Vollweizenmehl binden.

KRÄUTERNOCKEN

100 g Vollkornpaniermehl/-brösel
100 ml Milch
10 g Vollweizenmehl
1 Ei
Salz
1 Teelöffel feingehackter Schnittlauch
Petersilie, Basilikum

Paniermehl/Brösel mit Milch einweichen, dann Mehl, Ei, Salz und Kräuter untermischen.
Aus dieser Masse kleine Nocken formen, in sehr heißes Salzwasser einlegen und garziehen lassen.

OBSTSALAT

200 g Datteln
2 Bananen
2 Orangen
1 Apfel
Zitronensaft
Honig nach Geschmack

Früchte kleinschneiden, mit Zitronensaft und Honig marinieren.

GESUNDHEITSSALAT
VOLLKORNPFANNKUCHEN
MIT GEDÜNSTETEN APFELSCHEIBEN

KASNOCKEN AUF SPINAT
(ÖSTERREICHISCHE SPEZIALITÄT)
CALVADOS-BRATÄPFEL

GESUNDHEITSSALAT

1 Fenchelknolle
100 g Möhren/Karotten
1 Apfel
30 g Rosinen
einige Walnüsse
Salatblätter

Die Rosinen in Wasser einweichen, Fenchel in feine Streifen schneiden, Apfel würfeln, Möhren/Karotten grob raffeln und mit der Marinade vermengen.
Rosinen und grobgehackte Nüsse daruntermischen. Salat auf gewaschenen Salatblättern anrichten und mit Fenchelgrün garnieren.

MARINADE:
2 Eßlöffel Quark/Topfen
2 Eßlöffel Buttermilch
1 Eßlöffel Zitronensaft
1 Eßlöffel Sonnenblumenöl
1 Teelöffel Honig
etwas Kümmel
1 kleingehackte Zwiebel
Knoblauch oder Meerrettich/Kren
Kräuter je nach Jahreszeit

Alle Zutaten zu einer lockeren schaumigen Masse rühren.

VOLLKORNPFANNKUCHEN MIT GEDÜNSTETEN APFELSCHEIBEN

1/4 l Milch
1 Ei
1 Prise Salz
100 g Weizenvollmehl
Öl oder Kokosfett zum Backen

Milch, Ei, Salz und Vollmehl zu einem Teig rühren und einige Zeit stehen lassen. Danach in wenig Öl oder Kokosfett Pfannkuchen backen.

APFELSCHEIBEN:
2 Äpfel
2 Eßlöffel Preiselbeerkompott

Die Äpfel schälen, mit einem Apfelausstecher vom Kerngehäuse befreien und in 1/2 cm dicke Scheiben schneiden. In einem Topf mit ganz wenig Wasser dünsten. Die Äpfel in die Pfannkuchen füllen. Die Preiselbeeren dazureichen.

KASNOCKEN AUF SPINAT

250 g Magerquark/-topfen
40 g Butter oder Margarine
50 g geriebener Käse
1 Ei
20 g Vollweizenmehl
20 g Vollkornpaniermehl/-brösel
1 Eßlöffel Sojamehl
1 kleine Möhre/Karotte
Salz, Pfeffer

Möhre/Karotte schälen, kleinstwürfelig schneiden, überkochen, abseihen, abschrecken und gut abtropfen lassen.
Quark/Topfen mit Mehl, Vollkornpaniermehl/-bröseln, Ei und Sojamehl vermengen.
Nun die Butter oder die Margarine schmelzen, mit dem Käse und den Möhren-/Karottenwürfeln in die Quark-/Topfenmasse rühren. Salzen und pfeffern, alles gut vermengen und 30 Minuten kühl stellen.
In der Zwischenzeit den Spinat zubereiten.
Aus der Masse mit einem Suppenlöffel Nocken ausstechen und in Salzwasser 12—15 Minuten ziehen lassen.

SPINAT:
500 g Blattspinat
2 Knoblauchzehen
20 g Butter
Salz, Pfeffer

Blattspinat putzen, waschen, überbrühen und kalt abschrecken.
Dann die Butter erhitzen, den Spinat darin schwenken und mit Salz, Pfeffer und Knoblauch abschmecken.

ZUM SERVIEREN:
20 g Butter
40 g geriebener Käse
Schnittlauch

Nocken auf Spinat anrichten und mit Käse bestreuen. Butter erhitzen, dann über die Nocken träufeln.
Mit Schnittlauch bestreut servieren.

KASNOCKEN AUF SPINAT
(ÖSTERREICHISCHE SPEZIALITÄT)
CALVADOS-BRATÄPFEL

GURKENSUPPE
CHAMPIGNONSTRUDEL

CALVADOS-BRATÄPFEL

3 saure Äpfel
2 Eßlöffel Zitronensaft
40 g Butterflöckchen
2 Eßlöffel brauner Zucker
1 Eßlöffel Rosinen
4 Eßlöffel Calvados
200 g Walnußeis

Äpfel gut waschen, achteln und entkernen. In eine feuerfeste, befettete Form stellen und mit Zitronensaft beträufeln. Butterflöckchen, Zucker und Rosinen darüber verteilen.
Unter dem Grill etwa 10 Minuten grillen (oder auf der obersten Schiene im Backofen braten).
Mit Calvados beträufeln und zu Walnußeis heiß servieren.

GURKENSUPPE

20 g Butter oder Margarine
1 Zwiebel
1 Salatgurke
Salz, weißer Pfeffer
1/2 Bund Dill
2 Eßlöffel Apfelessig
1/2 l Wasser
1 Kaffeelöffel Mehl
2 Eßlöffel Créme fraîche

Butter oder Margarine in einem Topf zerlassen. Zwiebel schälen und sehr fein schneiden, in der Butter hellgelb andünsten.
Die Gurke schälen, in kleine Würfel schneiden und mitdünsten. Leicht salzen und pfeffern, Dill schneiden und zusammen mit dem Apfelessig, dem Wasser und dem angerührten Mehl zufügen. Kurz aufkochen lassen, anschließend pürieren.
Zum Schluß Créme fraîche mit etwas warmem Wasser mischen und unter die Suppe ziehen, mit Dill bestreut servieren.

CHAMPIGNONSTRUDEL

1 Strudelteig, getrocknet oder tiefgekühlt
1 Ei

Strudelteig nach Vorschrift vorbereiten.
FÜLLE:
250 g Champignons
1 Zwiebel
1 Knoblauchzehe
50 g durchwachsener Speck
1 Eßlöffel Öl
1/16 l Weißwein
1/2 Becher Créme fraîche
Salz, Pfeffer, Zitronensaft, Muskat
1 Eßlöffel Sonnenblumenkerne
1 Eßlöffel Sesam
10 g Maisstärke

Würfelig geschnittene Zwiebel mit Speck und zerdrückter Knoblauchzehe in Öl rösten.
Ebenfalls blättrig geschnittene Champignons dazugeben, 5 Minuten dünsten lassen, mit Weißwein aufgießen, Créme fraîche dazugeben, aufkochen lassen und würzen. Champignons auf ein Sieb geben und abtropfen lassen.

Die abgetropften Champignons auf dem Strudelteig verteilen, mit Sonnenblumenkernen und Sesam bestreuen und einrollen.

Strudel mit Eigelb bestreichen und 25 Minuten backen.

Für die Sauce die abgetropfte Champignonflüssigkeit abschmecken, mit etwas Maismehl eindicken und zum Strudel reichen.

KARTOFFELN AUF SAVOYER ART

400 g Kartoffeln
1/8 l Gemüsebouillon (Instant)
Salz, Thymian
20 g Butter oder Margarine

Die rohen Kartoffeln gut waschen, ungeschält oval halbieren, in 1/2 cm dicke Scheiben ein-, bis auf 1 cm aber nicht durchschneiden.

Kartoffeln nun in eine feuerfeste Form geben, Bouillon dazugießen, Thymian darüberstreuen und wenig salzen.

Einige Butter- oder Margarineflocken zugeben und im heißen Backofen 30—45 Minuten gardünsten.

KÜRBISGEMÜSE

500 g Kürbis
2 Zwiebeln
Salz, Pfeffer
1/8 l Apfelsaft
1/2 Bund Schnittlauch

Kürbis schälen und in mundgerechte Stücke schneiden. Die Zwiebeln ebenfalls schälen und fein würfeln. Kürbisstücke leicht salzen, pfeffern, mit Zwiebeln und Apfelsaft mischen.

Zugedeckt 15 Minuten dünsten lassen.

Schnittlauch in feine Röllchen schneiden, unter das Kürbisgemüse mischen.

SZEGEDINER FISCHGULYAS

300 g Kabeljaufilet
Zitronensaft, Salz, Paprika
1 Zwiebel
20 g Speck
300 g Sauerkraut
2 Eßlöffel Tomatenmark
1/8 l Rotwein
1/8 l saure Sahne/Sauerrahm

Fischfilet säubern, mit Zitronensaft säuern, salzen, mit Paprika bestreuen.
Den Speck und die Zwiebel würfelig schneiden und anbraten, Sauerkraut und Tomatenmark dazugeben, mit Rotwein ablöschen und alles gut durchdünsten. Den würfelig geschnittenen Fisch darauflegen und das Gericht fertiggaren.
Vor dem Servieren mit saurer Sahne/Sauerrahm pikant abschmecken und das Gulyas damit begießen.

GRÜNKERNKLÖSSE

125 g feingeschroteter Grünkern
1/4 l Wasser
1 Lorbeerblatt
1/2 Gemüsebrühwürfel
Salz
1 Ei
Senf, Pfeffer, Paprika, Majoran
1 Knoblauchzehe
Sojasauce

Grünkernschrot mit Wasser, Gemüsebrühwürfel, Lorbeerblatt und Salz aufkochen und auf der ausgeschalteten Platte 15 Minuten ziehen lassen.
Unter die ausgekühlte Masse alle anderen Zutaten rühren.
Mit nassen Händen Klöße formen und in heißem Salzwasser 10 Minuten ziehen lassen.
Die Klöße können mit geriebenem Käse und zerlassener Butter serviert werden.

IM OFEN GEBACKENE CHAMPIGNONS

250 g Champignons
1 Zwiebel
1 Eßlöffel Zitronensaft
Thymian, Salz, Pfeffer
1 Eßlöffel Öl

Das Backrohr auf 240 Grad vorheizen.
Champignons putzen und waschen, Zwiebel schälen, in dünne Scheiben schneiden.
Nun die Champignons in eine feuerfeste Form geben, Zwiebel, Zitronensaft, Thymian, Salz, Pfeffer und Öl dazugeben und alles gut vermischen. Die Pilze so verteilen, daß sie nebeneinander liegen. 20 bis 25 Minuten backen.
Die Pilze müssen weich und der größte Teil der Flüssigkeit sollte verdampft sein.

SCHINKENAUFSTRICH

125 g Quark/Topfen
2 Eßlöffel Milch
Salz
2 Eßlöffel gemischte Kräuter
(frisch oder tiefgekühlt)
50 g roher, milder Schinken

Den Quark/Topfen mit der Milch, dem Salz, den Kräutern und dem sehr fein gehackten Schinken vermischen.
Dazu Vollkorngebäck reichen.

HIRSESALAT

80 g Hirse
1/4 l Gemüsebouillon (Instant)
1 Möhre/Karotte
Salz
100 g Lauch
1 rote Paprikaschote
1 Avocado
Saft einer halben Zitrone
1/8 l saure Sahne/Sauerrahm
3 Eßlöffel Milch
gemahlener Kümmel

Hirse in der Bouillon 20 Minuten kochen, dann auf einem Sieb abtropfen lassen.

Möhre/Karotte schälen und in Salzwasser 8 Minuten kochen. Abgekühlt in Scheiben schneiden. Den Lauch putzen, waschen und in Ringe schneiden. Paprikaschote waschen, entkernen und ebenfalls in feine Ringe schneiden. Avocado halbieren, entkernen, schälen und in Stücke schneiden. Mit Zitronensaft beträufeln.

Abgekühlte Hirse, Möhre/Karotte, Paprikaringe, Avocado und Lauchzwiebeln auf 2 Tellern anrichten.

Saure Sahne/Sauerrahm mit Milch, Kümmel und Salz verrühren und über die Salatzutaten gießen. Sofort servieren.

DATTELKNÖDEL MIT HEISSER ORANGENSAUCE

125 g Magerquark/-topfen
40 g Dinkelmehl
30 g Margarine
Salz
1 Ei
40 g Dinkelgrieß

Aus allen Zutaten einen Teig herstellen. Aus dem Quark-/Topfenteig 4 Knödel formen, mit je einer gefüllten Dattel in der Mitte.

Die Knödel in reichlich kochendes Salzwasser geben und bei schwacher Hitze etwa 20 Minuten ziehen lassen.

FÜLLE:
4 große frische Datteln
20 g Orangeat

Datteln häuten, längs einseitig aufschneiden, vom Kern befreien und mit Orangeat füllen.

ORANGENSAUCE:
3 Orangen
1/8 l Apfel- oder Ananassaft
2 frische Datteln
1 Eßlöffel Honig
1 Kaffeelöffel Stärkemehl
Vanillearoma
abgeriebene Orangenschale

Orangenfleisch im Mixer pürieren, Orangensaft auffangen. Das Fruchtfleisch mit dem Saft vermischen. Datteln häuten, entkernen und fein hacken. Jetzt den Honig erwärmen, Datteln hinzufügen, mit der Hälfte des Apfel- oder Ananassaftes aufgießen und durchkochen lassen.

Stärkemehl mit etwas Saft anrühren und damit die Sauce binden, gut aufkochen lassen.

Zuletzt die Gewürze und restlichen Saft zugeben und nochmals erhitzen, aber nicht mehr kochen.

Die Sauce heiß zu den Knödeln reichen.

ZUCCHINI-TOMATEN-PAPRIKA-GEMÜSE

2 kleine Zucchini
250 g Tomaten
2 grüne Paprikaschoten
1 Zwiebel
1 Knoblauchzehe
20 g Margarine zum Dünsten
Salz, Pfeffer

Tomaten kurz in kochendes Wasser tauchen, die Haut abziehen. Zucchini schälen, Paprikaschote halbieren und von den Kernen befreien.

Alle drei Gemüsesorten grob schneiden, die Zwiebel fein hacken und den Knoblauch mit etwas Salz zu einer Paste zerdrücken.

Jetzt die Zwiebelwürfel in Fett anlaufen lassen, Zucchini und Paprikastücke einrühren und 5 Minuten im eigenen Saft garen. Tomaten und Knoblauch beifügen, salzen und pfeffern.

Alles zusammen ca. 20 Minuten dünsten, die Flüssigkeit soll danach ziemlich eingekocht sein.

HAFERFLOCKENKLÖSSE

125 g Haferflocken
100 g Magerquark/-topfen
etwas Mineralwasser
1 Eßlöffel Sonnenblumenöl
geriebene Muskatnuß, Salz

Alle Zutaten gut miteinander vermischen, Klöße formen und in schwach kochendem Salzwasser ca. 10 Minuten ziehen lassen.

WIRSINGKOHL-REIS-SUPPE

30 g Naturreis
Salz
100 g Kohlblätter
5/8 l Wasser
1/2 Bund Schnittlauch

Reis in kochendem Salzwasser weichkochen.

Feinnudelig geschnittenen Kohl zugeben, einmal aufkochen lassen und mit Schnittlauch bestreut servieren.

CAMEMBERTBROTE

2 Scheiben (je 45 g) Vollkornbrot
10 g Margarine
50 g Camembert
je 1 kleines Stück Sellerie und Apfel
2 Eßlöffel saure Sahne/Sauerrahm
Salz, Pfeffer, 1 Prise Zucker
2 Walnußkernhälften

Vollkornbrot dünn mit Margarine bestreichen und mit Camembertscheiben belegen. Sellerie und Apfel sehr fein schneiden, mit saurer Sahne/Sauerrahm vermengen, würzen und auf den Käse häufen.

Mit Walnußkernhälften garnieren.

VEGETARIERBROTE

2 Scheiben (je 45 g) Vollkornbrot
10 g Margarine
50 g Camembert
100 g frische Champignons
2 Eßlöffel milder Essig
Pfeffer, Thymian
2 Eßlöffel gehackte Petersilie

Brote dünn mit Margarine bestreichen und mit Camembert belegen.

Gewaschene Pilze blättrig schneiden, würzen und mit Petersilie auf die Brote geben oder dazuessen.

GEFÜLLTE KARTOFFELN
ROSENKOHL/KOHLSPROSSEN

GEFÜLLTE KARTOFFELN

2 große Kartoffeln (je 200 g)
200 g Magerquark/-topfen
2 Eiweiß
Salz, Pfeffer, Muskat
gehackter Schnittlauch oder Petersilie

Schöne Kartoffeln auswählen und in der Schale nicht zu weich kochen, dann halbieren und aushöhlen.

Die Kartoffeln bis auf ca. 7 mm Randstärke aushöhlen, Kartoffelfleisch zerdrücken, diese Masse mit Quark/Topfen, Kräutern und Gewürzen vermischen.

Eiweiß steifschlagen, unter die Kartoffelmasse ziehen und in die ausgehöhlten Kartoffeln füllen.

Kartoffeln auf ein befettetes Backblech setzen und 20 Minuten backen, bis die Füllmasse aufgegangen und die Oberfläche goldbraun ist.

ROSENKOHL/KOHLSPROSSEN

300 g Rosenkohl/Kohlsprossen
3/8 l Wasser
Salz
20 g Butter oder Margarine
1 Prise Muskatnuß
1 Prise Pfeffer
1 Becher Créme fraîche

Die Stengel der einzelnen Röschen abschneiden, welke Blätter entfernen. Danach Rosenkohl/Kohlsprossen gründlich waschen.

Salzwasser zum Kochen bringen, das Gemüse 15—20 Minuten gar, jedoch nicht zu weich werden lassen. Wasser abgießen.

Fett in einem anderen Topf erhitzen, Rosenkohl/Kohlsprossen darin schwenken und mit Muskat und Pfeffer würzen.

Bei Tisch mit Créme fraîche betupfen.

STEIRISCHES WURZELFLEISCH
BANANE LUKULLUS

STEIRISCHES WURZELFLEISCH

400 g Hochrippe ohne
Knochen/Hinteres ausgelöst
1 Möhre/Karotte
1 gelbe Rübe
1/2 Sellerieknolle
1 kleine Zwiebel
Thymian, 1 Lorbeerblatt
2 Knoblauchzehen
4 Kartoffeln
Salz
Essig
gehackte Petersilie
geriebener Meerrettich/Kren

Fleisch in Würfel teilen, knapp mit Wasser bedecken, zum Kochen bringen und würzen. Nun das geschnittene Gemüse beifügen und alles zusammen langsam kochen. Sobald das Fleisch halb weich ist, die Kartoffeln beifügen.

Mit gehackter Petersilie und geriebenem Meerrettich/Kren bestreut servieren.

BANANE LUKULLUS

2 Bananen
1/2 Zitrone
1 Kaffeelöffel Honig
20 g Mandeln
1/16 l Schlagsahne/-obers

Bananen schälen, der Länge nach halbieren, mit Zitronensaft-Honig-Gemisch bepinseln, auf Dessertteller legen, mit Schlagsahne/-obers verzieren, mit gehackten Mandeln bestreuen.

WIRSINGKOHLSTRUDEL

1 tiefgekühlter oder getrockneter Strudelteig

Strudelteig nach Vorschrift vorbereiten.

FÜLLE:
1 kleiner Wirsingkohl
1 Zwiebel
10 g Butter oder Margarine
Petersilie
1/4 l saure Sahne/Sauerrahm
1 Kaffeelöffel Maisstärke
Salz, Pfeffer, gemahlener Kümmel

Würfelig geschnittene Zwiebel in Fett anlaufen lassen.
Den Kohl in feine Streifen schneiden und in kochendem Wasser kurz blanchieren. Abtropfen, mit der Zwiebel und einem Gemisch aus saurer Sahne/Sauerrahm, Stärke, gehackter Petersilie und Gewürzen vermengen.
Strudelteig mit der Fülle locker bestreuen, einrollen. Kohlstrudel im vorgeheizten Backofen 30 Minuten backen.

QUARK-/TOPFEN-SPECK-SAUCE

250 g Magerquark/-topfen
100 g Blauschimmelkäse
3 Eßlöffel Créme fraîche
30 g durchzogener Speck
20 g Walnußkerne
gehackter Schnittlauch

Den Quark/Topfen und den Käse gut miteinander und mit Créme fraîche verrühren.
Den Speck in feine Würfel schneiden und in einer Pfanne resch ausbraten. Die Speckwürfel herausnehmen und auf Küchenpapier abtropfen lassen.
Zum Schluß die Walnüsse fein hacken und mit den Speckwürfeln und dem Schnittlauch unter die Quark-/Topfenmasse mischen.

LAUCH-CHICORÉE-SUPPE

100 g Lauch
100 g Chicorée
Knoblauch
20 g Butter oder Margarine
1/4 l Milch
1/4 l Gemüsebouillon (Instant)
Salz, weißer Pfeffer, Muskat, Kümmel

Lauch in Ringe schneiden, mit einem spitzen Messer Chicorée vom bitteren Kern befreien und in 1/2 cm breite Streifen schneiden.
Knoblauch fein hacken und in Butter erwärmen, Lauch und Chicorée dazugeben, anbraten und mit Milch und Gemüsebouillon aufgießen.
Mit Salz, Pfeffer, Muskat und Kümmel würzen, bei schwacher Hitze 5 Minuten kochen lassen.

EINLAGE:
1 Scheibe Roggenbrot
1 Knoblauchzehe
10 g Butter oder Margarine

Roggenbrot würfeln, Brotwürfel mit zerdrücktem Knoblauch rösten.
Die Suppe mit Knoblauchcroûtons bestreut servieren.

FEIGENHIRSE

50 g Hirse
1/4 l Wasser
40 g Feigen
10 g getrocknete Bananen
1 Prise Salz
1 Kaffeelöffel geriebene Haselnüsse
evtl. gemahlener Anis

Gewaschene Hirse, zerkleinerte Trokkenfrüchte und Salz in das kochende Wasser geben. Bei geringer Hitze im geschlossenen Topf etwa 30 Minuten quellen lassen.
Vor dem Servieren mit geriebenen Nüssen und eventuell Anis abschmecken.
Dazu paßt frisches Obst oder ein Trockenfrüchtekompott.

TROCKENFRÜCHTEKOMPOTT

250 g getrocknete Früchte — Apfelringe,
Aprikosen, Feigen, Pfirsiche,
Birnen, Dörrpflaumen
Saft und Schale einer Zitrone
Zimt
1/8 l süße Sahne/Schlagobers

Trockenfrüchte, wenn möglich über Nacht, einweichen.

Früchte mit Gewürzen im Einweichwasser weichkochen und danach wieder herausnehmen. Den Saft noch etwas einkochen lassen und über die Früchte gießen.

Man kann die Früchte noch mit süßer Sahne/Schlagobers übergießen.

KÄSE-KRÄUTER-OMELETT

2 Eier
1 Eßlöffel Sojamehl
3 Eßlöffel Wasser
1 Eßlöffel Weizenvollkornmehl
50 g geriebener Käse
Salz
1 Kaffeelöffel Schnittlauch
Öl zum Backen
Schnittlauch zum Bestreuen

Dotter, Salz, Wasser, Sojamehl und Vollkornmehl verrühren.

Das Ganze 1/4 Stunde quellen lassen, dann geriebenen Käse, Schnittlauch und den Eischnee unterheben.

In wenig Fett zwei Omeletts goldgelb backen, mit reichlich gehacktem Schnittlauch bestreut servieren.

BLUMENKOHL-/KARFIOLSALAT

1 kleine Blumenkohl-/Karfiolrose
Salz

Blumenkohl/Karfiol in kleine Röschen teilen, kalt waschen, mit kochendem Salzwasser gerade bedeckt auffüllen und langsam weich kochen.

Der Strunk kann in klein gewürfelter Form mitverkocht werden.

M A R I N A D E :
4 Eßlöffel Essig
1 Prise Zucker
weißer Pfeffer, Salz
2 Eßlöffel Öl
gehackter Schnittlauch

Essig mit etwas Blumenkohl-/Karfiolsud vermischen, würzen und über den heißen Blumenkohl/Karfiol gießen.

Zuletzt mit Öl übergießen und mit gehacktem Schnittlauch bestreut servieren.

GRÜNKERN-TOMATEN-SUPPE

80 g Grünkernschrot
1/2 l Wasser
Gemüsesuppenextrakt
1 kleine Dose geschälte Tomaten
2 Eßlöffel Tomatenmark
Majoran, Thymian, Knoblauch, Salz, Pfeffer
1 Bund Schnittlauch

Grünkernschrot ohne Fett leicht anrösten und mit Wasser aufgießen. Gemüsesuppenextrakt und die Tomaten zugeben, ca. 15 Minuten bei kleiner Flamme garen.
Tomatenmark mit den Gewürzen vermischen und unter die Suppe rühren, nochmals abschmecken und mit gehacktem Schnittlauch bestreuen.
Anstelle von Schnittlauch kann auch geriebener Käse darübergestreut werden.

MARINIERTE AUBERGINEN

300 g Auberginen
Salz

Auberginen schälen und in ca. 2 cm große Würfel schneiden. Salzen und eine Stunde ziehen lassen.
Dann leicht ausdrücken und abtrocknen.

M A R I N A D E :
1 Zwiebel
2 Eßlöffel Öl
1/8 l Weißwein
4 Tomaten (aus der Dose oder frische),
geschält und würfelig geschnitten
5 g Kapern
30 g Oliven
Basilikum, Origano, Knoblauch, Pfeffer

Fein gehackte Zwiebel in Öl anrösten, Auberginen beigeben und gut durchrösten. Mit Weißwein aufgießen und kernig garen.
Würfelig geschnittene Tomaten, gehackte Kapern sowie die kleingeschnittenen Oliven beigeben, fertiggaren.
Mit Kräutern, Knoblauch und frisch gemahlenem Pfeffer vollenden.

SCHAFKÄSE MIT VOLLKORNGEBÄCK

200 g Schafkäse
1 kleine Zwiebel
2 Tomaten
2 Teelöffel Kapern
Salz, Kümmel
Salatblätter

Den Schafkäse mit der gehackten Zwiebel, den zerkleinerten Tomaten und den Kapern vermischen, würzen und auf Salatblättern anrichten.

KARTOFFELN AUF NORMANNISCHE ART

500 g Kartoffeln
20 g Butter oder Margarine für die Form
Salz, Pfeffer, Muskat
gehackte Petersilie
1 zerdrückte Knoblauchzehe
1/8 l Milch
1/8 l Kaffeesahne/-obers

Kartoffeln ungeschält in Salzwasser weichkochen, heiß schälen und in große Scheiben schneiden.
In eine ausgebutterte Kasserolle legen, Milch und Sahne darübergießen und leise kochen lassen.
Zum Schluß würzen und mit Petersilie bestreuen.

ROTE BETE/ROTE RÜBE MIT MEERRETTICH/KREN

300 g Rote Bete/Rote Rübe

Rote Bete/Rote Rübe kochen, schälen und in Scheiben schneiden.

MARINADE:
4 Eßlöffel Essig
Salz, 1 Prise Zucker, Kümmel
3 Eßlöffel Öl
Meerrettich/Kren

Essig mit Wasser, Salz, Zucker und Kümmel aufkochen und über die Rote Bete/Rote Rübe gießen.
Öl beigeben, mit frisch geriebenem Meerrettich/Kren bestreut servieren.

DORSCHFILETS IN HASELNUSSSAUCE

400 g Dorschfilets
Zitronensaft, Salz, Pfeffer
20 g Butter
Paniermehl/Brösel

Dorschfilets mit einer Mischung aus Zitronensaft, Salz und Pfeffer einreiben, marinieren lassen, dann in eine befettete feuerfeste Form legen und mit Haselnußsauce bedecken.
Paniermehl/Brösel und einige Flocken Butter darüberstreuen.
In den heißen Ofen schieben und etwa 30 Minuten lang backen.

SAUCE:
150 g geriebene Haselnüsse
1/4 l Milch
50 g geriebener Käse
2 Eßlöffel Sherry
Salz, Pfeffer, Muskat

Aus allen Zutaten eine Sauce rühren, abschmecken.

BROKKOLISALAT

400 g Brokkoli
Salz

Die Brokkoliröschen zugedeckt etwa vier Minuten in einem Topf mit Dämpfeinsatz bzw. in wenig Salzwasser bißfest garen.

MARINADE:
1 Kaffeelöffel Senf
2 Eßlöffel Rotweinessig, mit
1 Teelöffel Honig vermischt
gehackte Petersilie
Origano, Pfeffer
1 Eßlöffel Öl

Senf, Essig, Petersilie, Origano und Pfeffer vermischen. Dann unter kräftigem Rühren das Öl dazugeben.
Die Marinade über die Brokkoliröschen gießen.
Zu den Fischfilets und zum Salat Vollkorntoasts servieren.

MÖHREN-/KAROTTENFRISCHKOST
ÜBERBACKENER STANGENSELLERIE
VOLLKORNGEBÄCK

PETERSILIENSUPPE
ÜBERBACKENE APFEL- UND BANANENSCHEIBEN

MÖHREN-/KAROTTENFRISCHKOST

130 g Apfel
150 g Möhren/Karotten
130 g Stangensellerie
bunte Salatblätter

Gemüse und Obst gut waschen, den Apfel entkernen und den Stangensellerie, falls nötig, schälen.
Diese Zutaten fein raffeln, marinieren und gut vermischt auf bunten Salatblättern anrichten.

MARINADE:
Saft einer Zitrone
einige feingehackte Nüsse
Salz

ÜBERBACKENER STANGENSELLERIE

400 g Stangensellerie
100 g Blattspinat
1 gehackte Zwiebel
20 g Butter oder Margarine
Salz, Pfeffer, Knoblauch

Stangensellerie waschen und putzen. Blattrippen halbieren, in ca. 15 cm lange Stücke schneiden und 10 Minuten in Salzwasser blanchieren.
Blattspinat putzen, waschen, ebenfalls kurz in Salzwasser blanchieren.
Zwiebel hell anrösten, unter den Spinat mengen, würzen.
In der Zwischenzeit die Sauce herstellen, danach Stangensellerie portionieren, Spinat darauf geben, mit Sauce übergießen und mit Käse bestreut gratinieren.

SAUCE:
1 Kaffeelöffel Vollweizenmehl
1/8 l Milch
1/8 l Weißwein
1 Ei
Salz
20 g geriebener Käse zum Bestreuen

Alle Zutaten ohne den Käse verrühren, kurz aufkochen lassen und auf dem Gemüse verteilen, dazu Vollkorngebäck reichen.

PETERSILIENSUPPE

1 kleine Zwiebel
150 g mehlige Kartoffeln
20 g Butter oder Margarine
1/2 l Gemüsebrühe (Instant)
2 Bund Petersilie
3 Eßlöffel süße Sahne/Schlagobers
Salz, weißer Pfeffer, Muskatnuß, Zitronensaft

Die Zwiebel schälen und fein hacken, Kartoffeln schälen und in zentimetergroße Würfel schneiden.
Die Butter oder Margarine erhitzen. Zwiebel und Kartoffelwürfel unter Rühren darin anbraten und mit der Gemüsebrühe aufgießen. Zugedeckt 20 Minuten leicht kochen lassen.
Inzwischen die Petersilie waschen, abtrocknen, fein hacken und in die Suppe rühren (einen Teelöffel davon übriglassen).
Dann die Suppe pürieren, Sahne/Obers unterrühren und noch einmal aufwallen lassen.
Die Petersiliensuppe würzen, in zwei vorgewärmte Suppenteller füllen und mit der restlichen Petersilie bestreuen.

Tip: Je nach Jahreszeit und Angebot kann diese Suppe auch mit anderen Kräutern zubereitet werden, zum Beispiel mit Dill, Kerbel, Sauerampfer, Kresse — oder auch mit Spinatblättern.

ÜBERBACKENE APFEL- UND BANANENSCHEIBEN

2 reife Bananen
2 Eßlöffel Preiselbeerkompott
2 Teelöffel brauner Zucker oder Fruchtzucker
1/8 l saure Sahne/Sauerrahm
1 Kaffeelöffel Zitronensaft
1 Ei
2 Äpfel
2 Eßlöffel gehackte Mandeln
20 g Butter oder Margarine

Die Bananen schälen, die Hälfte in einer Schüssel mit einer Gabel zerdrükken, Preiselbeerkompott, Zucker, saure Sahne/Sauerrahm, Zitronensaft und Ei zugeben und alles gut verrühren. Die restliche Banane in Scheiben schneiden. Die geschälten Äpfel vom Kerngehäuse befreien und in dünne Scheiben schneiden.

Eine feuerfeste Form mit etwas Butter oder Margarine ausstreichen, Apfel- und Bananenscheiben einfüllen, mit Mandeln bestreuen und mit der Sauce übergießen.

Im vorgeheizten Backofen auf mittlerer Schiene bei 220 Grad 15 Minuten backen, heiß servieren.

WEIZENBEEFSTEAK

150 g feiner Weizenschrot
1 Zwiebel
30 g Champignons
gehackte Petersilie
1 Kaffeelöffel Honig
Salz, Pfeffer
Öl zum Backen

Zwiebel und Pilze sehr fein hacken. Salz, Pfeffer, Petersilie und Honig dazugeben, nach und nach den feinen Weizenschrot einarbeiten.

Steaks formen, in Öl knusprig backen.

BLUMENKOHL-/KARFIOLSALAT MIT NÜSSEN

1 Blumenkohl/Karfiol

Blumenkohl/Karfiol in kleinste Röschen teilen oder grob raffeln.

MARINADE:
250 g Quark/Topfen
1 Becher Joghurt
Salz
Saft einer Zitrone
Knoblauch
Schnittlauch
50 g gehackte Nüsse

Quark/Topfen mit Joghurt, Salz, Zitronensaft, Knoblauch, Nüssen und Schnittlauch verrühren.

Blumenkohl/Karfiol einrühren, eventuell nachwürzen.

4

21. DEZEMBER

APPENZELLER SUPPE
PERLWEIZENSALAT

22. DEZEMBER

KARTOFFEL-LAUCH-AUFLAUF
TOMATENSAUCE AUS DOSENTOMATEN

APPENZELLER SUPPE

20 g Butter oder Margarine
2 Eßlöffel Haferflocken
1 kleine Stange Lauch
gehackte Petersilie
1/2 l Gemüsebrühe (Instant)
1/16 l Kaffeesahne/-obers
2 Eßlöffel geriebener Käse
gehackter Schnittlauch

Butter oder Margarine in einem Topf erhitzen, Haferflocken einstreuen und leicht rösten.

Lauch putzen, waschen und in sehr feine Streifen schneiden, in den Topf geben, mit Gemüsebrühe aufgießen und ca. 20 Minuten kochen lassen.

Topf vom Herd nehmen, Sahne/Obers, Käse und Petersilie einrühren.

Suppe mit gehacktem Schnittlauch bestreut servieren.

PERLWEIZENSALAT

100 g Perlweizen
Salz
1 kleine Zucchini
1 Eßlöffel Öl
250 g Tomaten
1 Zwiebel
1 Knoblauchzehe
1 kleine rote Paprikaschote oder
eine rote Pfefferschote

Perlweizen in 1/2 Liter Salzwasser 15 Minuten weichkochen.

Zucchini in 1 cm lange Stifte schneiden, in Öl anbraten, bis sie leicht gebräunt und halbweich ist, abtropfen und abkühlen lassen.

Tomaten würfeln, Zwiebel und Knoblauch fein hacken, Paprika- oder Pfefferschote in feine Streifen schneiden.

MARINADE:
2 Eßlöffel Kräuteressig
2 Eßlöffel gehackte, gemischte Kräuter
Salz
2 Eßlöffel Öl

Salatzutaten mit dem Perlweizen, dem Essig, Salz, Kräutern und Öl mischen.

Vor dem Servieren mit einer Gabel noch einmal durchrühren.

KARTOFFEL-LAUCH-AUFLAUF

300 g Kartoffeln
Wasser
Salz

Die Kartoffeln schälen, in Scheiben schneiden und in wenig Salzwasser 10 Minuten kochen. Aus dem Wasser nehmen und in eine feuerfeste Form legen.

FÜLLE:
150 g Rinderhackfleisch
1 Zwiebel
1 Knoblauchzehe
1 kleine Stange Lauch
1 Eßlöffel Öl
3/8 l Gemüsebouillon (Instant)
Pfeffer, Majoran
1 Ei

Lauch putzen, waschen und in feine Streifen schneiden.

Das Hackfleisch mit der gehackten Zwiebel, dem Knoblauch und den Lauchstreifen in Öl anrösten lassen.

Mit 1/4 Liter Bouillon aufgießen, würzen und 10 Minuten dämpfen lassen.

Diese Masse über die Kartoffeln verteilen, das Ei mit der restlichen Bouillon verrühren und über das Ganze gießen.

Auflauf bei 200 Grad im Ofen 20 Minuten backen.

TOMATENSAUCE AUS DOSENTOMATEN

1 Eßlöffel Öl
2 Knoblauchzehen
1 Dose (400 g) geschälte Tomaten
3 Eßlöffel Tomatenmark
je 1 Prise Zucker und Zimt
Salz, Pfeffer

Öl in einem Topf erhitzen, Knoblauch schälen, zerdrücken und zum Öl geben.

Tomaten und Tomatenmark ebenfalls dazugeben und durchkochen lassen.

Mit Zucker, Zimt, Salz und Pfeffer abschmecken.

Zum Schluß Topf zudecken, 5 Minuten leise kochen lassen.

BUCHWEIZENCREMESUPPE

40 g Buchweizenmehl
1 kleine Zwiebel
1 Möhre/Karotte
1/2 Petersilienwurzel
20 g Butter
1/2 l Gemüsebrühe (Instant)
Salz, Majoran, Muskat, Basilikum
1 Eßlöffel saure Sahne/Sauerrahm

Gemüse grob reißen, in wenig Wasser ca. 10 Minuten dünsten, mit Gemüsebrühe aufgießen und aufkochen.
Mehl mit wenig Wasser verrühren, Suppe damit binden, würzen, kurz durchkochen.
Kurz vor dem Anrichten Butter und saure Sahne/Sauerrahm einrühren.

ZUM GARNIEREN:
20 g geröstete Mandelsplitter

Zum Servieren mit den Mandeln bestreuen.

KALTER MÖHREN-/KAROTTENKUCHEN

300 g fein geriebene Möhren/Karotten
Saft zweier Zitronen
Saft einer Orange
40 g geriebene Mandeln
70 g Müslimischung ohne Zucker
80 g Weizenvollkornflocken
50 g kleingeschnittene,
ungeschwefelte Rosinen
15 g kleingeschnittene, entsteinte Datteln
Mark einer Vanilleschote
2 Teelöffel Honig
1 Teelöffel Zimt
Klarsichtfolie

Alle Zutaten in eine Schüssel geben, zu einem Teig verkneten und in eine Springform von 24 cm Durchmesser füllen, fest andrücken.
Mit Klarsichtfolie abdecken, beschweren und 3—4 Stunden kaltstellen.
Den Möhrenkuchen in 10 Stücke schneiden, er ist gekühlt 3—4 Tage haltbar.

GEGRILLTE FORELLEN IN FOLIE

2 Forellen
Salz, Pfeffer
Saft einer halben Zitrone
je 1/2 Bund Petersilie und Dill
20 g Butter
1/16 l Weißwein
Alufolie

Frische, zurechtgemachte oder tiefgefrorene Forellen mit etwas Weißwein, Salz, Pfeffer, Butter, Zitronensaft, Petersilie und Dill einzeln in bebutterte Alufolie geben.
Die Päckchen gut verschließen. Die Forellen im Päckchen können in einer Pfanne mit etwas Wasser auf dem Herd, im Backofen oder unter dem Grill in 15 Minuten gegart werden. Anschließend die Päckchen oben wieder aufreißen.
Die Forellen nun entweder in der Folie oder auf eine Platte gestürzt servieren.

GEMÜSESTRUDEL AUF KRÄUTERMOUSSELINE

1 Paket Strudelteig
20 g Butter oder Margarine

FÜLLE:
100 g Kohlrüben
60 g Möhre/Karotte
100 g Blattspinat
60 g Erbsen

Kohlrübe und Möhre/Karotte schälen, würfelig schneiden, kochen. Die Garflüssigkeit für die Kräutermousseline aufheben.
Blattspinat und Erbsen blanchieren, abschmecken.

BÉCHAMEL:
10 g Margarine
30 g Mehl
Salz, Pfeffer, Muskat
Margarine zum Bestreichen

Aus Margarine, Mehl und Gewürzen eine Béchamel bereiten.
Den Strudelteig aufbreiten, das Gemüse gefällig auflegen, mit der Béchamel bestreichen und einrollen.
Strudel mit Margarine bestreichen und im vorgeheizten Backrohr bei 180 Grad ca. 25 Minuten backen.

GEGRILLTE FORELLEN IN FOLIE
GEMÜSESTRUDEL AUF KRÄUTERMOUSSELINE
HIMBEER-JOGHURT-SORBET

ZUCCHINICOCKTAIL · TRUTHAHNBRUST
CHICORÉE MIT TOMATEN · GETREIDEKOMPOSITION
JOGHURT-NUSS-DESSERT MIT ERDBEERSAUCE

KRÄUTERMOUSSELINE:

1/8 l Gemüsebrühe (Instant)
1/8 l Schlagsahne/-obers
30 g Butter oder Margarine
Petersilie, Kerbel, Schnittlauch
Salz, weißer Pfeffer, Zitronensaft

Gemüsebrühe, Schlagsahne/-obers und Butter oder Margarine zu cremiger Konsistenz einkochen lassen.
Mit Kräutern, Salz, Pfeffer und Zitronensaft abschmecken.

HIMBEER-JOGHURT-SORBET

125 g tiefgefrorene Himbeeren
40 g Fruchtzucker
2 Becher Joghurt
Saft einer halben Zitrone
2 Blatt Gelatine
1 Eiweiß

Beeren, Fruchtzucker, Joghurt und Zitronensaft im Mixer pürieren, Gelatineblätter in kaltem Wasser einweichen, ausdrücken, mit 4 Eßlöffel Wasser auf kleiner Flamme schmelzen lassen und nach und nach in die Beerenmasse einrühren. Eiweiß steifschlagen und vorsichtig unterheben.
Die Mischung in eine Form füllen und in den Gefrierschrank stellen.
Ist das Sorbet nahezu gefroren, herausnehmen und kräftig durchrühren. Dann zurück in den Gefrierschrank stellen, bis es fest gefroren ist.

ZUCCHINICOCKTAIL

200 g Zucchini

Zucchini waschen, in kleine Würfel schneiden und in Cocktailgläsern anrichten.

MARINADE:

1 Becher Joghurt
1 Eßlöffel Öl
1 Kaffeelöffel gehackte Mandeln
1 Kaffeelöffel Zitronensaft
1 Kaffeelöffel Mandarinensaft
1 Mandarine
Anis, Muskat, Koriander, Salz

Alle Zutaten mit der Schneerute gut verrühren, über die Zucchini gießen und mit Mandarinenspalten verzieren.

TRUTHAHNBRUST

Photo auf Seite 192
1 Truthahnbrust samt Haut
1 kleine Zwiebel
1 Bund Wurzelwerk
1/2 l Gemüsebouillon (Instant)
Salz, Pfeffer, Öl

Wurzelwerk waschen, Zwiebel schälen, beides kleinwürfelig schneiden. Truthahnbrust salzen und pfeffern.
Danach Öl in einer Pfanne erhitzen, Truthahnbrust zuerst auf der Hautseite anbraten, dann wenden und auf der anderen Seite anbraten. Herausnehmen und warmstellen.
Im Bratenrückstand Wurzelwerk und Zwiebel anrösten, mit Gemüsebrühe aufgießen.
Zum Schluß Truthahnbrust mit der Hautseite nach oben darauflegen und im Backofen bei 180 Grad 40 Minuten braten. Währenddessen mehrmals mit dem eigenen Saft und Gemüsebrühe begießen.
Das Wurzelwerk kann vor dem Servieren noch passiert werden.

CHICORÉE MIT TOMATEN

3 Chicoréestauden
2 Tomaten
1/16 l Gemüsebrühe (Instant)
1 kleine Zwiebel
Lorbeerblatt, Pfefferkörner
1 Petersilienwurzel
Essig, Salz
20 g Butter

Bittere Kerne der Chicoréestauden entfernen. Tomaten waschen, blanchieren, häuten, vierteln und entkernen.

Danach die Zwiebel schälen, grob würfeln und zusammen mit der Petersilienwurzel, den Pfefferkörnern, einem Spritzer Essig und dem Lorbeerblatt in Gemüsebrühe aufkochen.

Chicorée in den Sud einlegen, wenig salzen und zugedeckt ca. 10 Minuten dünsten, abseihen.

Chicoréeblätter und geviertelte Tomaten vor dem Servieren mit zerlassener Butter beträufeln.

GETREIDEKOMPOSITION

100 g Naturreis
30 g Dinkel
40 g Grünkern
ca. 1 l Wasser

Reis, Dinkel und Grünkern in ungesalzenem Wasser zugedeckt 1/2 Stunde auf mittlerer Flamme kochen, anschließend 1/4 Stunde quellen lassen. Nicht umrühren!

GEMÜSE:

20 g Margarine
1 kleine Zwiebel
2 geschälte Tomaten
je 20 g Sellerie,
Lauch und Möhren/Karotten,
in Streifen geschnitten
Estragon, Petersilie, Salz
1/16 l Schlagsahne/-obers

Gehackte Zwiebel, Tomaten, Gemüsestreifen, Gewürze und Kräuter in zerlassener Margarine anrösten, mit etwas Wasser löschen und ca. 2 Minuten dämpfen.

Getreide beifügen, salzen, fertig dämpfen und Schlagsahne/-obers unterziehen.

JOGHURT-NUSS-DESSERT MIT ERDBEERSAUCE

2 Becher Joghurt
90 g Quark/Topfen
30 g Fruchtzucker
2 Blatt Gelatine
1/16 l Schlagsahne/-obers
1/2 Zitrone
40 g geriebene Walnüsse
100 g tiefgefrorene Erdbeeren
20 g Fruchtzucker
wenig Zitronensaft
einige geriebene Nüsse

Erdbeeren auftauen lassen. Quark/Topfen, Joghurt, Zitronenschale und -saft sowie Fruchtzucker gut verrühren. Gelatine in kaltem Wasser einweichen, gut ausdrücken und in wenig Wasser leicht erwärmen, aufgelöste Gelatine unter ständigem Rühren in die Joghurtmasse einmengen.

Sobald die Creme etwas fester wird, Sahne/Obers schlagen, unterziehen und kaltstellen.

Einen Löffel in heißes Wasser tauchen und aus der Joghurtmasse Nocken ausstechen, in geriebenen Nüssen wälzen und mit Erdbeermark servieren.

ERDBEERSAUCE:

Erdbeeren mit Fruchtzucker mixen, mit Zitronensaft und geriebenen Nüssen abschmecken.

BUCHWEIZENAUFLAUF

200 g Buchweizen
3/8 l Milchwasser (1 : 1)
Salz, Gemüsebrühwürfel
50 g Butter oder Margarine
1 Eidotter
1 Eiweiß
150 g geriebener Emmentaler
2 Eßlöffel feingehackte Kräuter
(Petersilie, Dill, Schittlauch...)

Buchweizen dreimal sehr heiß waschen, mit kaltem Milchwasser, Salz und Gemüsebrühwürfel zustellen, 7 Minuten kochen und 10 Minuten auf ausgeschalteter Platte oder kleinster Flamme nachquellen lassen, auskühlen.
Butter oder Margarine und Dotter schaumig rühren, Käse, Kräuter und erkalteten Buchweizen einmengen, zum Schluß steifen Eischnee unterheben.
Masse in eine befettete Auflaufform füllen, bei 180 Grad 45 Minuten backen.

WEISSKOHL-/-SALAT

200 g Weißkohl/-kraut
30 g Radicchio
1 kleiner Apfel
1 Mandarine

Kohl/Kraut fein hobeln, mit zerteilten Radicchioblättern, in Würfel geschnittenem Apfel und der Mandarine vermischen.

MARINADE:
2 Eßlöffel Öl
2 Eßlöffel Apfelessig
Salz, Knoblauch
gehackte Petersilie
20 g gehackte Walnüsse
1/2 Becher Joghurt

In einer Salatschüssel Öl, Apfelessig, Salz und Knoblauch verrühren, Salat gut durchmischen, mit gehackter Petersilie und Walnüssen nochmals mischen.
Auf Salattellern anrichten, mit einem Löffel Joghurt garnieren.

KARTOFFELLAIBCHEN

400 g Kartoffeln
Salz
1 Eigelb
Pfeffer
1 Eßlöffel geriebener Käse
1 Teelöffel Vollweizenmehl
1 Ei
Fett für das Backblech

Kartoffeln kochen, schälen, noch heiß passieren und mit Eigelb, Pfeffer, Salz, Reibkäse und Mehl zu einem zähen Teig verarbeiten.
Aus dieser Masse gleich große Kugeln formen und auf einem mit Mehl bestaubten Brett mit einer Messerklinge 1 cm dick flachdrücken.
Mit verschlagenem Ei bestreichen, mit einer Gabel rillen und auf einem befetteten Blech im Backofen ca. 20—30 Minuten backen.

KOHLRÜBEN MIT VINAIGRETTE

200 g Kohlrüben
Salz

Kohlrüben in 1 cm dicke Scheiben schneiden und in Salzwasser nicht zu weich kochen. Anschließend noch warm mit Vinaigrette begießen.

VINAIGRETTE:
30 g frische oder tiefgekühlte Kräuter (z. B. Kerbel, Estragon, Petersilie, Schnittlauch)
1 Teelöffel Kapern
3 Eßlöffel Öl
2 Eßlöffel Weinessig
Salz, weißer Pfeffer, 1 Prise Zucker

Kräuter putzen, abspülen, trockentupfen und zusammen mit den Kapern sehr fein hacken.
Öl mit Essig, Salz, Pfeffer und Zucker in einer Schüssel verrühren. Kräuter und Kapern untermischen.

MÖHREN-/KAROTTENSUPPE MIT PETERSILIENWURZEL

20 g Butter oder Margarine
400 g Möhren/Karotten
400 g Petersilienwurzel
2 kleine Zwiebeln
4 Eßlöffel gerösteter Sesamsamen
Gemüsebrühwürfel
Saft einer Zitrone
Salz, Pfeffer
gehackte Petersilie

Möhren/Karotten und Petersilienwurzel in Scheiben, Zwiebeln in Würfel schneiden.
Gehackte Zwiebeln in Butter oder Margarine glasig dünsten, den Sesamsamen, die Gemüsescheiben und den Gemüsebrühwürfel zugeben. Mit 1/2 Liter Wasser aufgießen, einmal aufkochen lassen und auf kleiner Flamme 15 Minuten garen.
Die Suppe mit Zitronensaft und Pfeffer würzen, mit gehackter Petersilie bestreut servieren.

QUARK-/TOPFENPUDDING

50 g Butter oder Margarine
1 Ei
1 Eßlöffel Fruchtzucker
Schale einer Zitrone
90 g Hirseflocken
125 g Magerquark/-topfen
40 g Rosinen
1/2 Päckchen Backpulver

Butter oder Margarine, Ei und Zucker schaumig rühren, Zitronenschale und Hirseflocken untermischen und alles 15 Minuten quellen lassen.
Quark/Topfen, Rosinen und Backpulver unterheben.
Die Masse in 2 kleine, befettete Portionsförmchen geben, in ein Gargeschirr mit kochendem Wasser stellen und zugedeckt 20 Minuten garziehen lassen.
Stürzen und warm mit Kompott servieren.

HIRSESUPPE MIT GEMÜSE

50 g Hirse
1 Zwiebel
1 Knoblauchzehe
10 g Butter
1 Kaffeelöffel Öl
1/2 l Gemüsebrühe (Instant)
1 kleine Stange Lauch (50 g)
125 g Weißkohl/-kraut
Salz, gehackte Petersilie, weißer Pfeffer
Kümmelpulver

Hirse sehr heiß abspülen, abtropfen lassen.
Butter und Öl erhitzen, feingehackte Zwiebel und Knoblauchzehe darin glasig braten, Hirse zugeben und anrösten.
Das Ganze mit Gemüsebrühe aufgießen, aufkochen und 15 Minuten leicht kochen lassen.
Danach Lauch in 1 cm breite Stücke, Weißkohl/-kraut in Streifen schneiden. Das Gemüse zur Hirse geben und etwa 10 Minuten garen.
Zum Schluß die Suppe würzen, abschmecken und mit Petersilie bestreut servieren.

SPINAT-GERVAIS-AUFSTRICH

50 g Butter oder Margarine
40 g geriebener Emmentaler
30 g Gervais
1 Kaffeelöffel tiefgekühlte Kräutermischung
1 Eßlöffel blanchierter, gehackter Spinat
Salz, Pfeffer
30 g gehackte Pistazien zum Garnieren

Butter oder Margarine schaumig rühren. Den geriebenen Käse, den Gervais, die Kräuter und den Spinat daruntermischen, mit Salz und Pfeffer würzen.
Danach Aufstrich mit gehackten Pistazien bestreuen, mit Vollkorngebäck servieren.

GEFÜLLTE ZWIEBELN

2 Zwiebeln à 180 g
40 g Naturreis
1 grüne und 1 rote Paprikaschote
Salz, Gemüsebrühwürfel
10 g Butter oder Margarine

Zwiebel schälen, in Salzwasser blanchieren, halbieren und aushöhlen. Reis in Gemüsebrühe dünsten.
Paprikaschoten würfelig schneiden, kurz in Butter oder Margarine anrösten, dann zum Reis geben und fertig dünsten.
Reis-Paprika-Masse in die Zwiebeln füllen, in ein feuerfestes Geschirr stellen, mit etwas Gemüsebrühe aufgießen und 20 Minuten dämpfen.

SAUCE:
ausgehöhltes Zwiebelfleisch
1/4 l Gemüsebrühe (Instant)
1/16 l süße Sahne/Schlagobers

Zwiebelfleisch mit Gemüsebrühe einkochen, mit Sahne verfeinern, abschmecken und im Mixer pürieren.

FRISCHES MISCHGEMÜSE

1 Möhre/Karotte
50 g tiefgekühlte grüne Bohnen/Fisolen
1 gelbe Rübe
50 g Blumenkohl/Karfiol
Salz, Pfeffer
20 g Butter oder Margarine

Gemüse waschen, schneiden und nicht zu weich kochen, würzen, in Butter oder Margarine schwenken.
Zu gefüllten Zwiebeln und dem Gemüse Vollkorngebäck reichen.

Alle Mengenangaben sind für 4—6 Personen berechnet!

LINSENSUPPE MIT WIRSINGKOHL

400 g gelbe oder braune Linsen, über Nacht eingeweicht
800 g Wirsingkohl, grob geschnitten
3 würfelig geschnittene Zwiebeln
4 Knoblauchzehen, zerdrückt
4 Zweige Rosmarin, 3 Nelken, 1 Lorbeerblatt
1 kleiner Lauch
8 Eßlöffel Rotweinessig
Pfeffer aus der Mühle
2 Eßlöffel Öl

Die Zwiebelwürfel mit dem Knoblauch und dem Rosmarin bei mittlerer Hitze in Öl glasig dünsten. Die Linsen mit ihrem Einweichwasser, dem Wirsingkohl und den Gewürzen in ca. 45 Minuten auf niedrigster Stufe garen.
10 Minuten vor Ende der Garzeit den ringelig geschnittenen Lauch zugeben.
Die Linsensuppe mit Essig und Pfeffer abschmecken.

TOFUGEMÜSE IM BROTTEIGMANTEL

500 g Dinkel- oder Vollweizenmehl
Wasser
Salz
1/32 l Öl

Aus Mehl, Wasser, wenig Salz und Öl einen Teig bereiten, mit Öl bestreichen und rasten lassen.

GEMÜSEFÜLLE:
250 g Möhren/Karotten
250 g Zucchini
250 g Champignons
2 Zwiebeln
250 g Tofu
Salz, Pfeffer, Muskat
Knoblauch
Sojasauce
40 g Butter oder Margarine

Gemüse in kleine Würfel schneiden, in Butter oder Margarine andünsten.
Tofu in Würfel schneiden, beigeben und mit Salz, Pfeffer, Muskat, Knoblauch und Sojasauce würzen, kaltstellen.

BÉCHAMEL:
60 g Butter oder Margarine
100 g Mehl
Salz, weißer Pfeffer, Muskat
1/4 l Milch
2 Eidotter
2 Eiweiß
1/8 l saure Sahne/Sauerrahm
gehackte Petersilie

Aus Butter oder Margarine, Mehl, Salz, Pfeffer und Muskat eine Béchamel herstellen, Eidotter einrühren.
Einen Teil der Béchamel mit dem Tofugemüse vermischen. Danach aus dem Eiweiß einen Schnee schlagen und diesen unterziehen.
Die Masse auf den ausgerollten Teig (ca. 3 mm) streichen, zusammenrollen, mit Wasser beträufeln und bei 180 Grad im Rohr backen.
Restliche Béchamel aufkochen, mit 1/8 Liter saurer Sahne/Sauerrahm glatt rühren und gehackte Petersilie dazugeben. Abschmecken. Gefällig anrichten.

BUCHWEIZENRAVIOLI

215 g Buchweizenmehl
2 Eier
Salz
1 Eßlöffel Öl
1 Dotter zum Bestreichen

Aus allen Zutaten einen Buchweizennudelteig herstellen.

FÜLLE:
50 g Lauch
50 g Möhren/Karotten
20 g Sellerie
Schnittlauch
20 g Butter
Salz, Pfeffer, Muskat
1/8 l Schlagsahne/-obers
50 g Butter
gehackte frische Kräuter oder
tiefgekühlte Kräuter

Sämtliche Gemüsesorten putzen, waschen und in sehr kleine Würfel schneiden. Gemüse in Butter anrösten, würzen, mit Schlagsahne/-obers aufgießen, einkochen lassen, Schnittlauch zugeben und auskühlen lassen.

Den Nudelteig dünn ausrollen, mit Ei bepinseln.
Danach Gemüsefülle mit einem Dressiersack auf den Teig spritzen, mit Teig abdecken und zusammendrücken, mit einem Zackenrad Raviolirand formen.
Danach in Salzwasser ca. 4 Minuten knackig kochen, abseihen.
Ravioli mit warmer Butter übergießen, mit Kräutern bestreut servieren.

CHICORÉESALAT

500 g Chicorée
3 Blutorangen
10 Oliven

Chicorée gut waschen und in Streifen, Blutorangen in dünne Scheiben schneiden, entsteinte Oliven dazugeben.

MARINADE:
2 Eßlöffel Öl
2 Eßlöffel Zitronensaft
1 zerdrückte Knoblauchzehe
Salz, weißer Pfeffer, 1 Prise Zucker

APFEL-HIRSE-KUCHEN

150 g Hirse
1/2 l Wasser
100 g Margarine
100 g Quark/Topfen
200 g Honig
4 Eidotter
4 Eiweiß
Zitronenschale, Vanillearoma
1 Eßlöffel Rum
100 g Weizenvollkornmehl
1 Päckchen Backpulver
4 — 5 große Äpfel
Rosinen, Zimt
gehackte Mandeln zum Bestreuen

Hirse zweimal heiß waschen, in das kochende Wasser geben und 5—8 Minuten kochen lassen, bis das Wasser fast verdunstet ist. Danach zudecken und 1 Stunde quellen lassen (kann auch über Nacht sein).
Margarine gut abrühren, Quark/Topfen und Honig dazugeben, dann die Dotter einzeln dazurühren.

Nun Vanillearoma, Zitronenschale, Rum
und die ausgekühlte Hirse dazugeben,
Mehl mit Backpulver vermischen und
abwechselnd mit dem festen Eischnee
leicht darunterrühren.

Zuletzt die kleingeschnittenen Äpfel,
Zimt und Rosinen dazugeben. In eine
große befettete, mit Mehl bestaubte
Pfanne geben, glattstreichen, mit den
gehackten Mandeln bestreuen und 1
Stunde bei 160 Grad langsam backen.

NÄHRWERTANALYSE

Sämtliche Werte beziehen sich auf *eine Portion* und beinhalten *nicht* die Beilagen wie Brot, Reis …

Speise	kcal/kJ	Eiw. g	Fett g	KH g,	Chol. mg	BE	Seite
Aniscreme	245/1028	7.3	6.8	31.3	24	2	43
Apfel-Brot-Auflauf	1020/4282	23.9	45.1	122.7	361	10	64
Apfel-Endivien-Salat	202/850	3.0	10.9	23.1	0	2	36
Apfel-Hirse-Kuchen	1540/6471	35.5	65.1	198.3	568	16	233
Apfel-Kohlrabi-Frischkost	196/822	7.6	6.1	27.2	8	2	116
Apfel-Lauch-Salat	167/701	3.8	3.3	30.0	8	2	91
Apfel-Meerrettich-/-Kren-Creme	159/668	7.9	5.4	15.8	18	1	67
Apfel-Möhren-/-Karotten-Sellerie-Salat	199/835	6.8	8.6	23.2	8	1	73
Apfel-Orangen-Salat	213/893	2.4	7.0	34.6	0	3	16
Apfel-Rosinen-Kompott	300/1262	1.9	1.8	69.3	0	6	188
Apfel-Spinat-Pfannkuchen	249/1046	9.0	14.1	21.6	140	2	57
Apfel-Wein-Creme	163/686	0.6	0.9	34.3	0	3	98
Apfel-Zwetschken-Kompott	490/2059	3.3	1.5	97.3	0	8	25
Apfelcocktail	665/2791	22.2	54.3	19.8	57	1	176
Apfelcreme mit Agar-Agar	269/1130	12.2	4.3	44.6	14	4	152
Apfelessigelixier	32/136	0.0	0.0	8.1	0	1	36
Apfelfrischkost	243/1021	2.8	7.3	41.7	0	3	105
Apfeljoghurt	148/623	2.5	2.2	29.0	8	2	94
Apfelkaltschale	320/1346	1.9	0.9	50.0	0	4	136
Apfelknödel	1009/4236	20.8	40.7	140.1	309	12	43
Apfelpfannkuchen	445/1870	16.7	6.0	81.4	140	7	90
Apfelsaft mit Obstessig	91/382	0.2	0.0	22.7	0	2	63
Appenzeller Suppe	304/1278	8.6	23.9	12.6	61	1	226
Aprikosendessert	202/850	3.3	0.3	46.6	0	4	209
Aprikosenjoghurt	311/1306	8.1	11.3	43.5	16	3	24
Aprikosenpudding	414/1740	6.8	0.5	79.5	0	6	123
Aprikosenquark/-topfen	442/1857	18.6	22.2	38.6	64	3	139
Aprikosensauce	203/852	1.6	0.3	47.0	0	4	129
Aprikosenschaum	165/691	1.9	0.3	30.9	0	2	134
Aprikosenschnee	96/405	1.3	0.2	22.5	0	2	145
Auberginen à la niçoise	242/1017	11.6	14.8	15.0	9	0	188
Auberginen auf französische Art	283/1188	5.0	20.7	19.3	0	1	100
Auberginen-Lauch-Gulyas	377/1584	41.6	19.3	9.7	140	0	168
Avocadoaufstrich	254/1067	4.0	25.9	1.3	12	0	62
Avocadococktail	314/1318	3.1	31.6	4.1	10	0	184
Avocadodrink	371/1559	6.4	28.0	22.2	16	2	147
Avocados, gefüllt	464/1949	18.3	40.7	4.0	43	0	210
Avocadosuppe	492/2068	5.6	45.4	6.6	30	0	80
Avocadotoasts	725/3047	25.9	44.5	48.7	21	4	91
Banane Lukullus	341/1433	4.4	18.3	39.1	37	3	219
Bananen-Getreideflocken-Auflauf	794/3335	19.3	24.1	125.3	10	10	105
Bananen-Nuß-Creme	216/908	3.4	9.5	29.5	0	2	29
Bananen-Rhabarber-Creme	193/809	2.2	1.1	43.7	0	3	69
Bananen-Sanddorn-Creme	214/899	7.5	7.2	28.0	26	2	187
Bananencreme	316/1329	2.0	18.4	31.8	53	2	25
Bananenmix	193/809	3.7	2.4	38.6	8	3	76
Bircher Kartoffeln	217/910	4.1	8.5	30.9	24	3	86

Speise	kcal/kJ	Eiw. g	Fett g	KH g	Chol. mg	BE	Seite
Birnen in Rotwein	197/827	1.1	0.6	38.1	0	3	58
Birnenfrischkost mit Nüssen	365/1534	3.6	24.8	30.7	53	3	183
Birnenmus	202/850	1.9	1.2	46.2	0	4	35
Birnenpfannkuchen	369/1549	10.6	15.5	46.9	304	4	163
Blanchierter Gemüsesalat	157/659	3.5	10.6	12.1	0	0	134
Blattspinat	311/1308	8.2	26.8	7.9	53	0	90
Blumenkohl-/Karfiolauflauf	331/1390	17.6	20.1	19.2	160	1	54
Blumenkohl-/Karfiolsalat	157/660	5.0	10.6	10.6	0	0	221
Blumenkohl-/Karfiolsalat mit Nüssen	367/1541	25.4	20.7	17.8	17	0	225
Blumenkohl/Karfiol mit Käsesauce	394/1655	29.8	18.4	25.7	52	1	20
Blumenkohl/Karfiol mit Radieschen	140/586	9.5	5.9	11.2	17	0	139
Blumenkohl/Karfiol Vinaigrette	289/1215	7.7	21.0	17.6	0	0	79
Bohnen-Lamm-Eintopf	752/3157	52.0	45.5	34.1	175	2	89
Borschtsch	392/1648	9.9	10.9	52.1	25	3	49
Bouillonkartoffeln	248/1041	8.2	1.7	49.7	0	4	211
Bratäpfel	283/1190	2.1	15.4	34.1	24	3	166
Bratkartoffeln aus rohen Kartoffeln	273/1147	5.3	10.3	39.7	0	3	35
Bratkartoffeln mit Schinken	473/1987	21.6	25.6	38.5	52	3	68
Bratkartoffeln mit Zucchini	302/1267	7.7	10.8	43.2	0	3	150
Brokkoli	169/711	8.8	10.5	10.0	0	0	196
Brokkoli à la provençale	224/939	19.7	11.2	10.6	9	0	115
Brokkoli und Kartoffeln	445/1870	19.9	26.7	29.3	72	2	118
Brokkoli, mit Käse überbacken	388/1630	24.0	23.0	19.6	54	1	199
Brokkolisalat	154/645	7.0	10.4	8.1	0	0	223
Brokkolisuppe	166/697	8.4	10.5	8.2	30	0	117
Brot-Käse-Auflauf	790/3317	45.5	21.2	99.8	315	8	167
Bruschetta	598/2510	10.2	37.5	49.3	0	4	53
Buchweizen	279/1170	6.1	9.3	42.9	24	4	121
Buchweizen „Gärtnerin"	215/901	7.2	2.1	41.8	0	3	97
Buchweizenauflauf	923/3877	38.1	51.0	75.7	259	6	230
Buchweizencremesuppe	337/1417	8.2	22.8	24.6	46	1	227
Buchweizenpfannkuchen	532/2233	25.3	20.4	61.3	31	5	79
Buchweizenravioli	933/3917	19.7	58.1	82.6	396	6	233
Buchweizensterz	359/1506	7.9	16.3	44.9	1	4	152
Buchweizensuppe	224/942	4.3	10.0	29.2	24	2	195
Bunte Fruchtschale	404/1698	4.5	28.1	31.3	63	2	37
Bunter Blattsalat	179/753	2.6	15.2	8.3	0	0	32
Bunter Blattsalat mit Radieschen	179/753	2.6	15.2	8.3	0	0	165
Bunter Champignonsalat	218/917	8.3	16.4	9.9	0	0	186
Bunter Radieschensalat	184/771	8.9	14.1	4.7	9	0	53
Bunter Reiseintopf	592/2487	28.1	32.8	46.6	65	3.	63
Bunter Salat mit Käsecreme	108/455	8.2	3.7	10.0	11	0	104
Buntes Gemüse	140/589	3.4	10.8	7.4	0	0	148
Butter-Zimt-Sauce	108/452	0.1	8.3	8.2	24	1	14
Buttermilch mit Apfelessig	80/336	2.9	0.5	15.3	2	1	30
Buttermilch mit Kräutern	87/366	8.0	1.3	8.8	5	1	12
Buttermilchschale	225/944	9.6	1.9	40.3	5	3	136

Speise	kcal/kJ	Eiw. g	Fett g	KH g	Chol. mg	BE	Seite
Calvados-Bratäpfel	586/2462	4.8	27.8	65.8	86	6	214
Camembert in Weizenteig	569/2389	32.1	35.4	24.6	35	2	21
Camembertbrote	325/1363	11.6	16.7	31.5	15	3	218
Camembertquark/-topfen	107/450	10.6	5.3	3.1	16	0	51
Champignongeschnetzeltes	291/1223	10.6	23.8	8.0	25	0	96
Champignons à la Grecque	122/513	4.3	5.4	6.2	0	0	177
Champignons auf sizilianische Art	299/1255	10.7	21.9	14.4	58	1	64
Champignonsalat	133/558	3.8	10.4	6.0	0	0	61
Champignonsalat mit Krabben	267/1122	25.4	14.1	8.8	132	0	45
Champignonsauce	218/916	7.5	12.9	17.5	10	1	28
Champignonstrudel	632/2656	12.2	51.7	25.4	224	2	214
Chicorée auf italienische Art	211/890	7.0	15.9	10.5	0	0	82
Chicorée mit Apfelfüllung	259/1089	7.3	19.4	13.6	11	1	145
Chicorée mit Käsesauce	205/859	11.2	10.9	14.8	32	1	59
Chicorée mit Knoblauch	136/573	2.6	10.4	3.1	0	0	17
Chicorée mit Tomaten	136/573	2.6	10.4	3.1	0	0	229
Chicoréesalat	280/1174	5.9	17.4	25.2	0	2	233
Chicoréesalat mit Champignons	141/592	4.5	10.6	7.0	0	1	47
Chicoréesalat mit Möhren/Karotten	203/852	8.4	13.4	11.8	8	0	12
Chicoréesalat mit Tomaten	84/354	5.5	2.7	9.2	8	0	26
Chinakohlsalat mit Champignons	147/617	3.6	10.6	9.1	0	0	68
Chinakohlsalat mit Meerrettich/Kren	127/535	4.3	3.2	19.7	8	1	31
Chinakohlsuppe	274/1152	5.3	21.0	14.8	42	1	186
Cocktail-Dip	190/781	2.4	10.0	10.5	16	1	128
Crouns	406/1706	22.0	16.5	41.0	35	4	154
Dattelknödel mit heißer Orangensauce	643/2702	18.2	16.4	105.3	141	9	217
Dauphinekartoffeln	339/1423	14.8	11.1	43.7	20	3	53
Dillgemüse	308/1292	6.9	11.7	43.4	0	3	57
Dillsauce	158/664	2.6	12.6	8.1	34	1	18
Dinkel mit Paprikagemüse	330/1384	10.8	7.1	51.9	0	4	142
Dinkelbällchen	498/2093	22.1	29.4	36.1	173	2	116
Dinkelflockenauflauf	298/1250	13.9	17.9	20.2	296	1	70
Dinkelflockenlaibchen	401/1684	19.7	19.7	36.3	280	3	73
Dinkelgrießauflauf	610/2564	25.3	22.7	74.9	300	6	19
Dinkelgrießauflauf mit Früchten	807/3389	22.7	40.9	86.2	385	7	129
Dinkelgrießknödel	820/3446	28.5	53.1	56.1	348	4	69
Dinkelgrießschnitten	539/2265	18.2	20.7	69.2	173	5	200
Dinkelgrießsuppe	477/2002	13.8	13.6	72.4	8	6	16
Dinkelratatouille	381/1602	17.3	10.3	50.7	18	3	122
Dinkelschmarren	522/2192	16.5	17.9	74.0	311	6	188
Dinkelspätzle mit Käse	432/1815	23.5	10.4	60.8	153	5	29
Dorschfilets in Haselnußsauce	878/3689	55.0	61.5	17.6	141	1	223
Einfache Haferflockenlaibchen	580/2437	13.9	37.7	46.5	140	4	29
Einfache Kräuterkartoffeln vom Grill	201/843	4.1	8.5	26.9	24	2	92
Eisbergsalat mit Früchten und Nüssen	407/1709	7.0	31.3	25.0	0	2	189
Eisbergsalat mit geriebenem Sellerie	189/795	3.3	15.5	9.5	0	0	85

Speise	kcal/kJ	Eiw. g	Fett g	KH g	Chol. mg	BE	Seite
Eisbergsalat „Romana"	221/927	7.3	20.4	1.4	12	0	108
Endiviengemüse mit Apfelsauce	141/594	6.6	3.2	17.7	8	1	51
Endiviensalat	220/922	6.3	18.6	6.3	8	0	40
Endiviensalat mit Camembert	153/644	5.1	12.1	5.9	5	0	55
Endiviensalat mit Roter Bete	126/529	3.4	10.4	5.0	0	0	11
Erbsen	72/303	5.9	0.4	11.2	0	1	182
Erbsen auf französische Art	171/719	8.3	9.2	14.1	24	1	95
Erbsenpüree	369/1500	15.4	20.1	28.1	56	3	97
Erbsensalat mit Créme fraîche	714/2998	25.6	42.1	56.4	95	5	127
Erbsensalat mit Tomaten	325/1364	14.4	12.2	39.4	0	3	104
Erdbeer-Kirschen-Salat	156/654	2.2	1.2	34.1	0	3	96
Erdbeercreme	220/924	12.8	3.7	33.8	140	3	94
Erdbeergelee	233/978	13.3	6.7	28.1	23	2	107
Erdbeerjoghurt	222/931	7.0	10.4	23.8	16	2	87
Erdbeermix	210/884	4.7	10.1	23.6	32	2	103
Erdbeerschnee	179/750	8.0	9.0	15.5	14	1	115
Falsches Moussaka	664/2790	37.0	33.5	40.9	235	3	42
Feigen mit Honig	247/1039	2.9	1.0	49.1	0	4	34
Feigenhirse	281/1181	6.3	7.5	46.5	0	4	220
Feigenkompott mit Ingwer	370/1556	5.0	1.6	79.4	0	7	14
Feiner Quark-/Topfkuchen mit Äpfeln	210/881	4.8	10.3	23.3	68	2	209
Feines Gemüse	169/708	5.2	9.3	16.2	24	0	146
Fenchel mit Weißwein	267/1122	7.4	9.3	21.9	24	0	132
Fenchel, mit Schimmelkäse überbacken	280/1177	18.5	16.1	13.2	37	0	211
Fenchelcremesuppe	299/1256	9.3	15.1	22.3	42	0	153
Fenchelfrischkost	217/911	4.8	10.8	25.1	0	1	16
Fenchelgemüse	155/651	5.5	5.7	12.4	0	0	124
Fenchelsalat	113/473	5.6	2.6	16.1	8	1	205
Fenchelsalat mit Tomaten	150/631	4.0	10.5	9.9	0	0	194
Feuertopf mit Hühnerkeulen	375/1575	36.1	15.4	16.9	111	0	184
Filetsteaks	424/1779	48.0	26.0	0.0	175	0	95
Fisch in Champignonsauce	338/1418	38.5	18.3	3.9	154	0	99
Fisch in Dill-Champignon-Creme	453/1904	39.6	27.2	4.8	153	0	51
Fisch in Lauch-Champignon-Gemüse	430/1807	50.4	19.5	6.3	113	0	26
Fisch mit Schalotten und Knoblauch	281/1182	28.8	10.9	13.5	75	1	135
Fisch vom Rost	278/1169	39.2	11.5	4.9	64	0	187
Fisch-Gemüse-Topf	400/1678	38.9	7.9	43.3	48	3	196
Fischfilet auf Spinat	498/2092	52.0	24.7	16.2	165	1	21
Fischragout	343/1441	39.1	11.5	15.8	100	0	171
Fischragout mit Gurke	234/982	30.4	10.7	4.0	72	0	202
Fischsuppe	544/2286	36.9	30.1	26.3	148	2	45
Fitnesskefir	382/1603	14.0	17.6	42.6	16	3	96
Fleisch-Sellerie-Kroketten	248/1041	30.8	9.6	6.4	76	0	56
Fondantkartoffeln	309/1296	4.9	17.9	31.6	48	3	95
Försterinnenauflauf	581/2440	27.3	37.5	33.7	333	3	98
Frische Gurkensuppe	198/830	5.3	12.6	12.2	34	0	114
Frisches Mischgemüse	131/551	3.0	8.7	10.2	24	0	232

Speise	kcal/kJ	Eiw. g	Fett g	KH g	Chol. mg	BE	Seite
Frischkostbirnen	144/605	1.7	1.1	32.1	0	3	131
Frischkostcocktail	199/834	4.5	11.3	19.8	0	1	158
Frischkostplatte	215/902	9.3	6.5	29.3	148	2	44
Frischkostquark/-topfen	195/821	17.1	7.9	11.9	28	0	109
Frischkostsalat	182/764	1.3	15.2	10.1	0	0	74
Frischkostvariation	199/835	6.8	8.6	23.2	8	1	118
Friséesalat mit Avocado	218/916	5.2	14.9	15.4	10	1	111
Fruchtcocktail	96/405	3.6	2.4	14.4	8	1	82
Fruchtcreme	391/1644	10.1	13.4	53.3	26	4	19
Früchte in Gelee	172/723	9.5	0.5	32.6	0	3	49
Früchtebecher	330/1388	4.8	16.0	41.0	30	3	18
Früchtequark/-topfen	324/1362	17.1	13.4	32.0	24	2	41
Früchteteller auf Himbeermousse	116/489	1.8	0.6	26.2	0	2	131
Fruchtsalat	354/1488	4.3	6.0	65.8	0	5	22
Fruchtsauce	95/401	2.2	1.9	17.1	5	1	34
Frühlingsrollen	377/1583	8.4	26.5	26.9	163	2	27
Frühlingssalat	233/977	7.5	16.8	12.6	17	0	71
Frühlingssuppe	220/927	5.5	12.7	20.8	8	2	71
Frühlingszwiebelsuppe	88/371	2.8	6.5	4.6	0	0	111
Gazpacho	328/1378	5.2	23.9	23.4	0	1	158
Gebackene Apfelscheiben	367/1540	14.6	6.7	61.9	145	5	185
Gebackene Kartoffelfächer	318/1335	11.9	12.6	38.6	33	3	140
Gebackene Käsekartoffeln	449/1887	15.6	20.5	49.2	58	4	190
Gebackener Camembert	395/1658	19.1	16.3	42.2	39	4	158
Gebackener Fisch mit Kräutersauce	620/2604	55.3	21.1	51.5	118	3	36
Gebratene Apfelscheiben	343/1442	1.0	9.3	53.4	24	5	89
Gebratene Hühnerbrust	364/1529	34.3	25.4	0.1	90	0	40
Gebratene Kartoffeln Tessiner Art	550/2312	9.0	42.7	32.8	45	3	176
Gebratene Polenta	217/910	5.8	10.0	25.8	4	2	204
Gebratene Zanderkoteletts	275/1157	39.0	11.4	4.4	64	0	181
Gebratener Mozzarella	675/2837	25.9	49.4	29.2	200	2	114
Gebratener Reis mit Geflügel	506/2124	25.5	25.1	44.8	45	4	72
Gedämpfter Kabeljau mit Gemüse	192/806	36.8	1.2	8.7	100	0	86
Gedünsteter Fenchel	229/960	7.5	13.9	17.7	37	0	139
Gedünsteter Spinatsalat	182/766	7.0	13.7	7.1	8	0	73
Gef. Buttermilch-Hafermark-Pfannkuchen	537/2254	19.3	30.6	45.3	283	4	52
Gefüllte Ananas	264/1107	2.4	1.2	61.3	0	5	99
Gefüllte Avocado	353/1482	7.0	34.2	3.7	15	0	44
Gefüllte Birnen	276/1161	8.3	13.1	30.0	20	3	211
Gefüllte Bratäpfel	370/1552	2.9	22.5	28.4	36	2	27
Gefüllte Hühnerschnitzel	316/1328	42.7	13.9	5.5	108	0	78
Gefüllte Kartoffeln	218/916	16.7	0.4	35.1	1	3	219
Gefüllte Melone	350/1471	5.1	2.3	77.5	0	6	118
Gefüllte Paprikaringe	167/701	15.6	6.0	10.8	20	0	127
Gefüllte Paprikaschoten	481/2021	25.9	29.9	25.7	155	1	166
Gefüllte Zucchini	265/1115	16.7	12.3	20.9	162	1	151
Gefüllte Zuckermelone	705/2961	11.7	37.8	78.5	193	7	185

Speise	kcal/kJ	Eiw. g	Fett g	KH g	Chol. mg	BE	Seite
Gefüllte Zwiebeln	297/1246	6.2	18.2	25.9	44	1	232
Gefüllte, gebackene Schrotbrötchen	293/1231	4.3	18.6	24.3	48	2	15
Gegrillte Forellen in Folie	352/1480	48.9	15.1	1.8	162	0	227
Gehacktes mit Kartoffeln	326/1369	25.8	11.6	26.7	70	2	208
Gemischter Salat	287/1204	13.2	21.2	10.0	25	0	157
Gemischter Sommersalat	220/923	3.0	15.7	16.6	0	1	122
Gemüse mit Quark-/Topfencreme	225/946	12.3	7.7	25.3	25	0	171
Gemüse-Fisch-Pfanne	630/2647	40.2	41.9	11.0	173	0	68
Gemüse-Getreideflocken-Laibchen	509/2138	25.0	22.1	52.3	147	4	106
Gemüse-Kartoffel-Puffer	537/2256	11.8	25.8	64.7	148	4	17
Gemüse-Milch-Drink	89/373	4.8	2.7	11.2	8	0	39
Gemüseauflauf mit Quark-/Topfenhaube	402/1687	37.2	19.0	19.3	343	0	110
Gemüsecremesuppe	165/691	5.8	5.4	22.6	13	1	176
Gemüseeintopf mit Tofu	299/1254	17.3	14.1	24.3	7	0	24
Gemüsegulyas	195/821	7.0	10.3	18.7	24	1	212
Gemüsehirse	344/1443	12.9	14.0	41.2	6	3	85
Gemüsekartoffeln	240/1006	6.3	11.9	26.8	0	2	19
Gemüsekartoffeln mit Meerrettich/Kren	330/1384	9.1	9.9	50.7	0	3	131
Gemüseplatte	89/375	6.1	1.2	13.7	0	0	128
Gemüsereis mit Rinder- oder Schweinefilet	475/1994	25.8	22.0	43.7	70	3	205
Gemüsesaft mit Obstessig	43/180	2.2	1.9	4.2	0	0	48
Gemüsesalat	251/1055	8.1	13.6	18.9	18	1	206
Gemüsestrudel auf Kräutermousseline	765/3214	15.1	60.1	40.1	272	3	227
Gemüsesuppe	72/302	5.1	1.8	8.5	0	0	26
Gemüsesuppe aus Gemüseresten	140/586	4.0	6.0	13.6	15	1	43
Gemüsesuppe mit Quark-/Topfennocken	348/1463	18.2	20.0	23.1	198	1	210
Gemüsesuppe mit Schollenstreifen	133/559	16.7	2.2	11.3	41	0	134
Gemüsetoasts	310/1304	11.0	4.5	52.0	0	3	88
Gemüsetopf	182/764	5.2	10.9	15.6	0	0	178
Gerösteter Hafer	319/1338	8.6	9.8	45.2	24	4	132
Gerstencremesuppe mit Croûtons	312/1310	8.8	12.9	37.7	5	2	38
Gerstenlaibchen	341/1433	12.2	2.6	67.5	0	5	126
Gerstenschrotsuppe	139/585	5.8	2.9	22.2	4	1	74
Gerstensteak	689/2895	26.1	29.4	80.1	147	6	41
Gesundheitsbecher	524/2201	9.4	8.9	96.2	6	8	23
Gesundheitssalat	345/1448	8.5	17.6	37.8	2	2	213
Getreideflocken-Gemüse-Laibchen	412/1729	19.6	18.8	40.7	7	3	23
Getreidekomposition	479/2011	8.6	20.7	64.1	32	5	229
Glacierte Kalbsleber	284/1192	28.8	16.1	6.0	540	0	144
Grapefruit Cardinale	248/1041	4.1	15.9	22.5	0	1	27
Grapefruitcreme	262/1100	14.7	5.8	36.3	20	2	180
Grapefruits	134/564	1.2	0.4	31.8	0	2	199
Gratinierte Fischfilets	214/900	23.0	9.0	10.4	84	1	151
Gratinierte Forellen	443/1859	52.7	16.8	4.0	165	0	17
Gratinierte Grießschnitten	504/2118	16.3	39.0	20.9	237	2	149
Griechischer Salat	296/1245	12.1	23.4	7.9	31	0	172
Griechisches Tomatenmus	238/999	3.3	20.5	10.5	0	0	172
Grieß-Quark-/-Topfen-Auflauf	704/2956	23.4	32.9	77.3	300	6	82

Speise	kcal/kJ	Eiw. g	Fett g	KH g	Chol. mg	BE	Seite
Grießflammeri	514/2157	19.4	25.9	49.8	173	4	34
Grießknödel	423/1778	9.5	17.5	57.4	48	5	197
Grießplätzchen	440/1850	15.1	18.2	53.8	156	4	85
Grießschmarren	415/1744	13.9	13.7	58.8	16	5	31
Grießsuppe	114/479	3.6	5.7	11.8	12	1	46
Grillierter Tofu	155/653	12.8	5.2	10.1	1	0	164
Grüne Bohnen/Fisolen mit Kartoffeln	279/1170	10.1	9.2	39.2	24	2	81
Grüne Bohnen/Fisolen mit Mandeln	317/1332	10.0	22.5	18.5	20	1	124
Grüne-Bohnen-/Fisolensalat mit Tomaten	140/586	3.2	10.3	8.7	0	0	132
Grüne-Pfeffer-Toasts	791/3321	36.1	41.5	44.2	94	3	139
Grüner Käse-Dip	438/1840	20.0	38.0	2.0	103	0	183
Grünkern	333/1398	7.6	9.8	54.0	24	4	139
Grünkern-Tomaten-Suppe	198/833	7.0	2.3	37.6	0	3	222
Grünkernaufstrich	284/1192	12.2	6.5	43.4	18	3	183
Grünkernklöße	299/1254	11.2	5.5	51.2	140	4	216
Grünkernlaibchen	662/2779	25.0	16.5	103.6	6	9	67
Grünkernschrot	278/1167	6.3	10.5	39.7	24	3	48
Grünkernsuppe	217/912	7.2	10.0	24.3	25	2	204
Gurken mit Pilzfüllung	132/554	4.4	10.0	5.8	5	0	125
Gurken-Roquefort-Toasts	544/2285	19.1	27.1	48.6	35	4	38
Gurkenaufstrich	167/703	15.3	6.5	10.2	23	0	72
Gurkenfrischkost	226/950	6.1	16.7	12.7	13	0	154
Gurkengemüse mit Käse	333/1399	16.2	23.8	11.8	61	0	163
Gurkengemüse mit saurer Sahne	234/981	3.9	19.6	9.5	30	0	106
Gurkengemüse mit Schinken	333/1399	16.2	23.8	11.8	61	0	204
Gurkengulyas	332/1394	7.9	27.2	12.7	53	0	197
Gurkenjoghurt	171/718	5.7	11.6	10.3	8	0	135
Gurkensalat	119/501	2.7	9.3	5.2	30	0	143
Gurkenscheiben mit Roquefort	206/867	8.8	15.2	4.8	35	0	201
Gurkenschlemmerei	109/456	8.9	1.5	12.7	5	1	100
Gurkensuppe	201/846	2.9	16.1	10.7	47	1	214
Haferflocken-Leinsamen-Pfannkuchen	440/1850	14.8	21.6	46.6	150	4	152
Haferflocken-Quark-/-Topfen-Laibchen	410/1723	20.9	18.7	38.0	24	3	61
Haferflockenauflauf	370/1555	9.8	15.2	48.5	145	4	182
Haferflockenklöße	400/1678	14.9	19.5	40.6	1	3	218
Hagebuttensauce	194/815	0.6	3.6	34.5	11	3	110
Harzer-/Quargelaufstrich	717/3013	46.8	53.7	7.6	162	0	117
Harzer-/Quargelsalat	495/2079	34.4	31.5	17.3	3	2	146
Haselnußomeletts	612/2572	18.7	40.8	41.4	296	3	76
Hefeaufstrich	167/702	4.9	10.5	13.1	28	1	198
Hefesuppe mit Vollkornbrotwürfeln	272/1144	6.0	18.6	18.7	24	1	150
Herbstsalat	221/929	4.7	15.8	15.3	0	0	199
Himbeer- oder Brombeercreme	347/1456	8.0	18.3	36.8	182	3	140
Himbeer-Joghurt-Sorbet	206/867	7.5	5.5	30.3	20	2	228
Hirse	193/811	6.1	3.1	35.2	0	3	178
Hirse mit Schmorgemüse	321/1350	15.9	8.8	43.9	1	3	170
Hirseauflauf	667/2800	25.9	23.3	87.4	163	7	61

Speise	kcal/kJ	Eiw. g	Fett g	KH g	Chol. mg	BE	Seite
Hirsecreme	648/2723	17.6	33.6	66.0	54	5	168
Hirsecreme mit Quark/Topfen	559/2348	25.3	17.3	74.5	147	6	145
Hirseflammeri	525/2203	17.9	12.0	85.7	160	7	16
Hirseflockenauflauf	613/2573	23.3	30.4	60.0	24	5	79
Hirseknödel	323/1355	14.3	7.3	49.9	140	4	200
Hirselaibchen	539/2264	22.1	25.6	54.6	147	4	30
Hirsenudelauflauf	422/1773	18.4	12.6	58.7	162	5	33
Hirsenudeln mit Salbei	648/2720	33.1	20.1	82.8	43	7	91
Hirsesalat	471/1979	10.3	30.5	37.9	33	2	217
Hirsesuppe mit Gemüse	217/913	5.2	11.5	23.3	12	1	231
Hirsotto	322/1352	12.8	10.8	42.8	19	3	109
Holundercreme	201/846	2.7	1.5	44.2	4	4	170
Hühnchen im Gemüsebeet	335/1405	38.2	12.1	7.7	90	0	148
Hühnerbrust à la Fedelinaro	293/1232	34.8	11.4	5.4	90	0	177
Hühnerbrüstchen auf levantinische Art	335/1406	35.3	20.4	2.5	90	0	104
Hühnerbrüstchen „China-Art"	421/1769	51.1	18.5	8.1	120	0	47
Hühnerfrikassee	310/1303	10.5	22.4	15.1	70	1	154
Hühnerspieße	158/665	27.2	2.7	6.3	60	0	124
Hühnersuppentopf	286/1201	37.0	6.8	19.4	111	1	54
Im Ofen gebackene Champignons	115/483	3.5	10.4	1.8	0	0	216
Indisches Fladenbrot	1223/5137	35.0	48.1	161.4	130	13	129
Irish Stew	252/1057	9.4	11.2	28.6	0	2	206
Joghurt mit Obst-Gemüse-Saft	145/611	2.7	5.8	19.7	18	2	175
Joghurt-Knoblauch-Sauce	228/959	10.5	14.2	12.3	33	1	39
Joghurt-Nuß-Dessert mit Erdbeersauce	549/2307	17.3	33.8	41.3	58	3	229
Joghurt-Quark-/-Topfen-Sauce	126/531	17.4	1.2	9.3	4	0	126
Joghurtdessert	290/1218	7.0	8.6	44.8	20	3	179
Julienne-Suppe	106/447	7.5	2.1	14.2	0	0	170
Junge Kümmelkartoffeln	186/783	4.0	5.2	30.8	0	3	171
Kaffeecreme	210/884	7.3	7.1	27.4	26	2	13
Kaiserschmarren	646/2714	17.5	30.0	78.8	287	6	25
Kalbsleber	258/1084	24.3	15.2	6.2	450	0	198
Kalte Gemüsesuppe	233/977	12.4	9.5	21.9	33	1	140
Kalte Gurkencremesuppe	410/1721	9.3	33.5	14.8	83	0	130
Kalter Möhren-/Karottenkuchen	621/2609	17.1	16.7	101.1	0	8	227
Kartoffel-Champignon-Auflauf	306/1285	14.5	16.0	25.6	30	2	77
Kartoffel-Gurken-Eintopf	288/1208	8.5	10.1	40.6	0	3	40
Kartoffel-Kohl-Eintopf	649/2724	17.9	39.9	54.5	45	3	114
Kartoffel-Kräuter-Auflauf	419/1760	23.4	12.2	51.8	168	4	74
Kartoffel-Kräuter-Laibchen	215/901	5.0	4.4	38.5	12	3	153
Kartoffel-Kümmel-Stangen	343/1442	7.3	23.8	25.2	140	2	59
Kartoffel-Lauch-Auflauf	394/1654	24.4	19.3	28.3	193	2	226
Kartoffel-Spinat-Suppe	177/744	6.3	4.6	27.1	10	2	163
Kartoffelgratin	283/1188	13.8	6.4	41.4	17	3	26
Kartoffelgulyas mit Tofu	362/1520	17.9	13.7	36.8	7	2	63

Speise	kcal/kJ	Eiw. g	Fett g	KH g	Chol. mg	BE	Seite
Kartoffellaibchen	375/1573	14.6	18.0	38.2	284	3	230
Kartoffelletscho	339/1425	9.4	11.2	50.4	0	3	180
Kartoffeln	140/586	3.6	3.2	23.7	10	2	208
Kartoffeln auf normannische Art	406/1704	8.0	21.5	43.7	63	3	223
Kartoffeln auf Savoyer Art	233/980	4.9	9.6	31.6	24	3	215
Kartoffeln Columbine	272/1143	6.3	8.9	41.7	24	3	198
Kartoffeln im Silbermantel	177/743	5.0	0.3	38.5	0	3	158
Kartoffeln Lyoner Art	327/1375	5.3	16.3	39.8	0	3	50
Kartoffeln mit Champignons	215/903	4.6	10.3	25.9	0	2	32
Kartoffeln mit Harzer/Quargel	471/1979	21.1	24.4	40.7	72	3	205
Kartoffeln mit Knoblauch und Kümmel	296/1245	5.4	12.7	40.0	36	3	201
Kartoffeln mit Kräuterbutter	482/2024	12.6	28.9	42.2	57	3	147
Kartoffeln mit Kräuterquark/-topfen	357/1498	21.2	8.0	47.6	28	3	195
Kartoffeln mit Paprikaringen	286/1203	6.2	10.5	41.6	0	3	143
Kartoffeln, mit Frischkäse überbacken	421/1768	21.1	16.7	43.6	54	3	46
Kartoffeln, mit Spinat gefüllt	303/1272	9.7	11.8	39.3	164	3	183
Kartoffelnocken	330/1387	15.5	4.2	57.5	140	5	124
Kartoffelpuffer auf polnische Art	492/2066	13.5	28.0	46.0	156	4	71
Kartoffelsandwiches	389/1635	15.9	15.3	45.5	18	3	162
Kartoffelschnee	142/595	4.0	0.2	30.8	0	3	21
Kartoffelsuppe	240/1009	5.1	12.8	25.7	34	2	53
Kartoffelsuppe mit saurer Sahne/Rahm	180/754	5.0	7.9	21.3	25	1	11
Käse-Kräuter-Omelett	291/1224	17.0	20.7	8.9	289	1	221
Käse-Semmelknödel	651/2734	31.9	23.8	74.5	190	6	167
Käsehörnchen	1165/4894	39.3	74.3	76.1	411	6	115
Käsesalat	340/1430	37.7	15.3	7.7	33	0	150
Käsesauce	260/1094	9.0	18.2	14.1	52	1	70
Käsesauce mit saurer Sahne/Rahm	157/659	9.5	9.0	8.2	22	1	141
Käsesauce mit Sherry	260/1094	9.0	18.2	14.1	52	1	179
Käsesuppe	266/1117	12.0	9.1	25.0	18	2	88
Kasnocken auf Spinat	704/2956	43.3	45.2	27.7	254	1	213
Kerbelsuppe	427/1792	11.8	20.7	43.9	164	4	106
Kirschenauflauf aus Grahambrötchen	640/2691	19.3	27.2	78.4	338	6	112
Kirschenkompott	145/610	1.2	0.4	26.4	0	2	82
Klare Sojakeimlingsuppe	30/124	2.7	1.4	0.7	0	0	85
Knoblauchbrot	221/930	4.4	10.3	24.9	24	2	59
Knoblauchsuppe mit Perlweizen	125/527	5.2	1.5	22.3	0	1	143
Kochsalat mit Schinkencreme	363/1523	10.5	30.2	11.3	98	1	181
Kohlrüben auf Feinschmecker-Art	458/1922	21.7	33.8	16.0	146	0	115
Kohlrüben mit Champignons	213/893	5.1	17.6	7.7	54	0	121
Kohlrüben mit Vinaigrette	189/794	1.1	15.2	12.2	0	0	230
Kohlrüben mit Walnüssen	284/1193	5.6	20.6	18.2	30	0	107
Kohlrüben-Radieschen-Frischkost	120/502	5.1	2.9	18.8	8	1	151
Kohlrübensalat mit Blattspinat	204/857	2.8	15.4	13.8	0	0	77
Kopf-Radicchio-Salat	185/777	3.0	15.4	9.0	0	0	130
Kraftsuppe	152/638	5.0	6.2	19.2	12	1	136
Kräuter-Dip	387/1625	10.5	30.8	14.0	79	1	129
Kräuter-Milch-Mix	120/505	5.8	4.0	14.3	14	1	210

Speise	kcal/kJ	Eiw. g	Fett g	KH g	Chol. mg	BE	Seite
Kräutercreme	101/425	3.1	5.1	10.2	13	1	37
Kräuterfisch in Folie	245/1027	35.3	10.8	1.8	100	0	162
Kräuterhirse	266/1117	5.3	11.9	34.5	0	3	64
Kräutermilch	96/404	8.7	1.3	10.2	5	1	146
Kräuternocken	268/1124	12.3	5.5	42.1	147	3	212
Kräuterquark/-topfen	117/492	13.3	3.8	5.8	14	0	25
Kräutersalat mit Frischkäse	272/1143	10.4	19.2	14.0	12	1	86
Kräutersauce	178/746	1.9	14.5	8.8	42	0	182
Kräuterspätzle	345/1447	15.1	15.3	36.4	172	3	108
Kräutersuppe	217/912	4.2	15.9	12.0	30	1	103
Kressemix	108/453	10.2	2.1	9.5	8	1	52
Kressesuppe	226/951	4.2	14.5	10.9	42	0	56
Kümmelsauce	74/311	1.5	5.4	4.7	12	0,5	57
Kümmelsuppe	274/1152	8.0	13.2	29.7	34	2	62
Kürbisgemüse	99/415	3.0	0.3	21.0	0	1	215
Kürbissuppe	108/455	3.1	5.6	11.3	12	0	180
Lammkoteletts mit Knoblauch	1049/4406	26.1	103.0	4.1	170	0	81
Lammkoteletts vom Grill	846/3552	26.5	75.6	5.9	266	0	199
Lauch-Chicorée-Suppe	341/1431	10.6	19.1	30.9	52	2	220
Lauch-Möhren-/-Karotten-Suppe	255/1069	6.5	19.2	13.0	54	0	67
Lauchcremesuppe	350/1469	8.6	20.2	25.9	30	1	22
Lauchgemüse	284/1192	4.3	26.4	6.8	49	0	200
Lauchkartoffeln	229/960	6.1	7.6	33.9	0	3	56
Lauchrollen	239/1003	13.4	17.4	6.9	57	0	105
Lauchsalat mit Kohlrüben	95/400	5.6	2.7	11.6	8	0	113
Lauchtoasts	395/1660	16.4	17.4	38.2	50	3	32
Linsengemüse natur	672/2824	40.9	14.3	95.3	9	8	209
Linsensuppe mit Wirsingkohl	874/3670	61.0	14.7	124.9	0	10	232
Liwanzen	645/2709	17.0	30.2	75.9	173	6	48
Löwenzahnsalat mit Kresse	153/642	3.2	12.3	3.4	8	0	72
Mais-Gemüse-Topf	260/1092	7.3	13.0	28.5	0	1	160
Maisflockenauflauf	780/3276	23.0	43.8	72.7	361	6	133
Mandarinensalat	240/1010	3.1	6.7	36.3	0	3	31
Marinierte Auberginen	239/1002	3.3	17.1	10.2	0	0	222
Marinierte kalte Zucchini	125/523	6.6	8.9	4.6	140	0	164
Marinierter Camembert	345/1450	30.9	21.5	5.3	38	0	153
Matjes mit Roter Bete/Roter Rübe	418/1757	24.8	28.7	14.3	80	1	44
Matjescocktail mit Dörrpflaumen	645/2711	22.0	53.7	18.5	73	1	45
Meerrettich-/Krenaufstrich	179/753	16.0	7.7	9.2	28	0	13
Meerrettich-/Krenkartoffeln	431/1811	14.0	17.6	52.8	57	4	165
Meerrettich-/Krensalat	173/725	20.7	6.2	7.4	32	0	204
Meerrettich-/Krensauce	268/1125	9.1	16.4	20.3	180	1	159
Melanzani Istanbul	337/1416	10.2	26.8	13.1	14	1	162
Melonensalat	448/1882	9.6	12.9	72.1	20	6	188
Möhren-/Karotten-Apfel-Knäckebrot	372/1562	9.7	11.6	55.6	13	4	18
Möhren-/Karotten-Bananen-Cocktail	122/512	3.4	2.4	21.2	8	1	24

Speise	kcal/kJ	Eiw. g	Fett g	KH g	Chol. mg	BE	Seite
Möhren-/Karotten-Chicorée-Salat	72/302	2.8	1.4	11.8	3	1	33
Möhren-/Karotten-Sellerie-Salat	290/1217	6.4	23.7	11.4	3	0	15
Möhren-/Karotten-Zucchini-Suppe	130/547	4.8	7.8	9.8	20	0	146
Möhren-/Karottenfrischkost	176/738	4.3	10.1	16.8	0	1	224
Möhren-/Karottengemüse	204/858	5.2	12.6	17.0	8	0	29
Möhren-/Karottengemüse/saure Sahne	298/1251	5.5	23.0	16.1	66	1	48
Möhren-/Karottenjoghurt	182/763	6.2	4.8	27.2	16	1	32
Möhren-/Karottenmilch	222/934	9.9	9.1	22.8	33	1	124
Möhren-/Karottensaft mit Apfelessig	86/362	2.2	0.4	18.5	0	1	40
Möhren-/Karottensalat mit Meerrettich	210/883	5.2	12.7	18.3	8	0	38
Möhren-/Karottensalat mit Rosinen	155/650	4.3	2.5	28.2	7	2	23
Möhren-/Karottensalat mit Stangensellerie	344/1445	4.4	23.6	27.4	53	2	159
Möhren-/Karottensuppe	252/1058	5.7	14.6	23.3	42	1	125
Möhren-/Karottensuppe mit Petersilie	214/900	9.0	10.8	19.8	24	0	231
Möhren-/Karottensuppe mit Schnittlauch	242/1017	4.6	17.2	16.6	45	0	167
Möhren/Karotten mit Geschnetzeltem	404/1698	29.3	20.3	14.3	124	0	141
Naturreis	352/1480	3.7	21.1	37.3	0	3	24
Nudelsalat	409/1717	23.2	15.0	44.1	47	3	209
Nußnocken	810/3401	28.9	30.3	106.3	164	9	121
Obstknödel	845/3549	31.0	40.2	89.9	173	7	116
Obstmus	156/656	2.1	0.8	35.2	0	3	121
Obstsalat	433/1818	3.6	0.8	103.3	0	8	212
Ofenkartoffeln	266/1119	5.0	10.2	38.5	0	3	135
Ofenschlupfer (Zwiebackauflauf)	896/3763	29.8	24.3	129.4	296	11	125
Olivenkäse	150/629	7.8	10.5	4.9	14	0	195
Orange, mit Quark-/Topfencreme gefüllt	280/1175	15.7	6.5	37.8	23	3	63
Orangen-Möhren-/-Karotten-Saft	181/762	4.3	5.8	28.1	0	2	50
Orangencreme	193/810	8.4	0.9	36.5	3	3	28
Orangencreme mit Nüssen	216/908	6.0	9.9	24.7	13	2	193
Orangenfrischkost mit Meerrettich/Kren	116/489	1.4	0.2	20.7	0	2	77
Orientalischer Salat	57/238	2.9	0.7	9.8	0	0	161
Paprikagemüse	161/675	3.8	11.7	10.1	0	0	202
Paprikasalat	138/578	1.5	10.3	9.7	0	0	126
Paprikasauce	195/821	9.1	14.4	6.8	9	0	69
Passierte Gemüsesuppe	201/844	8.1	12.6	13.4	32	0	59
Peperonata	134/564	2.7	10.6	7.2	0	0	187
Perlweizen	236/992	8.4	5.0	38.9	0	3	163
Perlweizen mit Gemüse	366/1536	15.0	7.5	58.4	0	4	179
Perlweizen mit Gemüse und Schafkäse	394/1655	21.4	18.1	34.7	19	2	52
Perlweizen mit Möhren/Karotten	119/499	4.7	0.6	23.3	0	1	13
Perlweizen mit Sugo	586/2463	35.8	20.3	61.5	62	4	159
Perlweizensalat	427/1792	11.5	21.7	45.9	0	3	226
Perlweizensuppe mit Gemüse	68/284	11.3	8.7	38.5	18	3	201
Petersiliensuppe	229/961	3.4	16.7	15.3	45	1	224
Pfannkuchen, mit Apfelmus gefüllt	706/2964	9.3	36.7	84.3	141	7	39

Speise	kcal/kJ	Eiw. g	Fett g	KH g	Chol. mg	BE	Seite
Pfannkuchen mit süßer Quark-/Topfenfülle	752/3160	25.9	26.5	101.2	160	8	197
Pfirsichcreme	275/1153	2.2	22.6	13.9	63	1	141
Pfirsiche mit Heidelbeeren	112/469	1.1	0.3	26.1	0	2	133
Pflaumenmus/Powidlsauce	192/806	0.8	0.2	36.4	0	3	19
Pichelsteiner Gemüse	430/1804	14.3	18.9	50.5	0	2	87
Pikant gefüllte Gurke	327/1372	17.3	24.5	7.2	45	0	56
Pikante Brotsuppe	301/1265	7.8	14.8	30.8	5	2	94
Pikante Buchweizenlaibchen	380/1595	17.6	4.5	67.0	5	5	37
Pikante Camembertschnitten	358/1503	14.7	31.3	3.3	20	0	71
Pikante Quark-/Topfenlaibchen	441/1851	24.2	23.1	32.2	167	2	134
Pikante Selleriescheiben	119/499	5.7	5.9	10.6	0	0	168
Pikanter Camembert	230/967	18.3	14.3	3.0	24	0	180
Pikanter Frischkostsalat	134/566	4.5	2.9	22.1	8	1	88
Pikanter Hirseauflauf	548/2303	23.3	28.4	48.8	333	4	207
Pikanter Möhren-/Karottensalat	237/994	7.9	13.0	21.4	8	0	67
Pilzauflauf	740/3111	37.5	25.4	87.5	298	7	194
Pilzlaibchen	331/1391	12.9	15.0	35.7	144	3	42
Pilzsauce	297/1248	12	17	16.0	0	1	88
Pizza San Vito	1124/4720	44.3	58.8	102.7	14	7	157
Pizzatoasts	437/1834	23.9	17.9	39.9	64	3	103
Polenta mit Äpfeln	912/3831	17.1	36.8	128.0	361	11	178
Polenta-Pizza	385/1619	6.2	18.8	47.7	6	4	161
Preiselbeer-Grieß-Flammeri	375/1575	11.6	14.3	49.6	156	4	129
Preiselbeer-Nuß-Creme	572/2403	9.4	49.6	21.1	53	2	181
Putenbrust mit Quark-/Topfenremoulade	119/498	18.2	2.9	4.4	38	0	108
Putenbrust mit Senfgurke	166/696	24.8	6.2	2.8	60	0	207
Putenschnitzel	249/1046	36.8	9.9	3.6	114	0	211
Quark-/Topfen-Apfel-Auflauf	639/2685	40.0	16.4	68.4	283	5	172
Quark-/Topfen-Champignon-Auflauf	705/2962	43.7	40.2	39.8	220	3	40
Quark-/Topfen-Dinkelgrieß-Laibchen	409/1717	17.2	20.0	39.1	163	3	186
Quark-/Topfen-Haferflocken-Scheiben	648/2723	30.5	38.0	44.4	308	3	11
Quark-/Topfen-Schinken-Toasts	510/2144	27.4	22.7	42.9	201	3	67
Quark-/Topfen-Speck-Sauce	545/2287	27.7	43.7	6.5	90	0	220
Quark-/Topfen-Zwetschken-Auflauf	693/2910	24.9	35.7	66.7	353	5	160
Quark-/Topfenauflauf	650/2730	30.6	40.8	36.9	235	2	206
Quark-/Topfenauflauf mit Aprikosen	484/2032	40.0	16.0	40.9	286	2	142
Quark-/Topfenbraten	437/1836	17.0	28.3	27.8	152	2	18
Quark-/Topfenbrötchen	710/2981	44.9	16.4	92.9	180	7	49
Quark-/Topfenknödel	794/3333	37.9	18.2	111.7	176	9	110
Quark-/Topfenküchlein	610/2561	29.2	25.7	63.8	332	5	58
Quark-/Topfennocken	472/1983	30.9	26.0	26.1	337	2	96
Quark-/Topfenpudding	541/2271	18.4	27.3	54.6	201	4	231
Quark-/Topfenschmarren	603/2534	22.3	29.8	61.0	433	5	35
Quark-/Topfenwaffeln	978/4108	34.2	56.4	82.5	440	6	87
Quark/Topfen mit Äpfeln und Nüssen	323/1357	17.4	21.1	13.3	50	1	46
Quark/Topfen mit Zwetschkenschnaps	419/1760	18.8	9.6	50.3	163	4	206

Speise	kcal/kJ	Eiw. g	Fett g	KH g	Chol. mg	BE	Seite
Radicchio-Endivien-Salat mit Mandarinen	135/568	6.0	5.9	14.2	8	1	21
Radicchio-Endivien-Salat mit Nüssen	168/705	3.2	16.4	2.1	0	0	75
Radicchiosalat	114/480	2.9	10.3	2.7	0	0	29
Radieschen-Käse-Creme	351/1475	15.9	29.4	3.4	81	0	85
Radieschen-Spinat-Salat	111/467	1.8	10.1	3.3	0	0	98
Radieschen-Tomaten-Salat	126/528	2.5	10.3	6.0	0	0	89
Radieschenfrischkost	62/260	3.7	2.3	6.2	8	0	92
Radieschenfrischkost mit Apfel	65/271	1.3	0.7	13.3	0	1	165
Rapunzel-/Vogerlsalat	102/430	1.1	10.2	1.8	0	0	42
Rapunzel-/Vogerlsalat mit Radicchio	105/441	1.8	10.3	1.6	0	0	52
Rapunzel-/Vogerlsalat mit Radieschen	158/663	4.0	12.4	7.2	8	0	109
Rapunzel-/Vogerlsalat mit Roter Bete	94/394	5.6	2.7	11.5	8	0	33
Ratatouille	294/1235	9.4	8.1	45.6	0	2	144
Reineclaudensauce	166/699	1.3	0.2	40.0	0	3	182
Reisdessert	304/1678	7.1	16.6	55.7	0	5	203
Rhabarber mit Birnen	197/826	2.4	1.1	44.4	0	4	133
Rhabarberauflauf	425/1786	24.5	13.1	50.5	304	3	73
Rhabarbercreme	129/543	1.2	0.2	30.9	0	2	93
Rhabarberschnee	206/867	14.7	5.6	22.6	20	1	87
Rindfleisch, geschnetzelt	363/1523	32.7	19.9	11	150	0	24
Rindfleisch-Gemüse-Topf	452/1898	29.5	21.2	36.1	120	2	27
Rindfleischtopf mit Gemüse	452/1898	29.5	21.2	36.1	120	2	60
Roastbeef mit Champignons	352/1477	24.9	22.6	6.9	128	0	33
Roggenschrotpfannkuchen	435/1825	19.2	26.7	27.9	304	2	182
Roher Gemüsesalat	203/854	5.1	11.0	21.3	0	0	116
Roher Rote-Bete-/Rote-Rüben-Cocktail	203/852	2.8	11.4	22.2	3	1	42
Roher Rotkohl-/-krautsalat	231/969	3.7	15.4	18.7	15	1	30
Roquefort-Dip	306/1287	11.2	26.4	4.3	205	0	128
Roquefort-Snack	367/1540	9.8	20.6	34.9	42	3	148
Roquefortsauce	175/733	13.3	10.8	3.9	30	0	12
Rosenkohl-/Kohlsprossensalat	151/636	4.9	10.3	9.8	0	0	46
Rosenkohl/Kohlsprossen	239/1003	8.1	19.6	6.7	56	0	219
Rosenkohl/Kohlsprossen, überbacken	399/1678	42.6	14.4	23.0	195	1	18
Rosmarinhuhn mit Brokkoli	470/1972	40.0	28.9	12.7	135	0	193
Rote Bete/Rote Rübe mit Meerrettich	198/830	1.9	15.2	13.7	0	0	223
Rote Bete/Rote Rübe naturell	140/856	4.1	8.6	27.9	24	1	201
Rote Linsen	542/2277	29.0	19.3	62.3	54	5	60
Rote-Bete-/Rote-Rüben-Apfel-Cocktail	62/262	1.8	0.5	13.0	0	1	16
Rote-Bete-/Rote-Rüben-Cocktail	145/608	4.1	2.2	26.6	8	1	100
Rote-Bete-/Rote-Rüben-Gemüse	341/1433	6.8	16.7	37.6	0	1	35
Rotkohl-/-krautsalat	157/660	2.0	10.5	10.9	0	1	190
Rotkohl-/-krautsalat mit Äpfeln	318/1335	7.0	21.9	22.1	20	1	196
Rumpsteaks	352/1480	28.8	26.6	0.0	105	0	19
Salatmousse	328/1376	6.5	24.7	19.8	47	2	160
Savoyer Brotauflauf	1306/5485	44.5	63.0	122.5	386	10	127
Schafkäse in Folie	251/1053	10.2	20.3	5.1	31	0	106
Schafkäse in Kräutercreme	262/1102	12.7	19.1	7.7	39	0	143

Speise	kcal/kJ	Eiw. g	Fett g	KH g	Chol. mg	BE	Seite
Schafkäse mit Vollkorngebäck	289/1212	15.1	11.4	29.7	31	2	222
Schinkenaufstrich	203/853	13.1	13.6	6.0	39	0	216
Schmelzkäse auf Knäckebrot	267/1121	8.3	10.5	30	24	2	80
Schnittlauchcremesuppe	210/884	4.7	15.4	12.2	30	1	108
Scholle mit Champignons	244/1024	38.1	4.1	12.8	118	1	118
Scholle mit Fenchel	330/1388	38.0	12.1	10.8	110	0	109
Schollenfilets in Folie	245/1027	34.2	11.6	0.8	110	0	57
Schollenfilets in Petersiliensauce	450/1889	36.2	31.3	4.2	173	0	75
Schollenfilets mit Lauch	419/1760	40.2	10.4	41.1	134	3	144
Schollenfilets mit Tomaten	337/1414	35.3	20.1	3.7	134	0	92
Schwarzweiße Würfel	526/2211	15.1	31.1	46.1	18	3	111
Schweizer Kartoffeln	283/1189	5.7	10.4	41.5	0	3	12
Seelachs mit Brokkoli	163/685	36.6	1.6	0.8	66	0	208
Seelachsfilets in Apfel-Wein-Sauce	379/1591	29.6	18.8	15.4	104	1	165
Seelachsfilets mit Kartoffeln in Folie	349/1464	32.1	10.9	30.1	65	2	31
Sellerie auf Wiener Art	153/644	4.4	9.1	13.6	24	1	69
Sellerie-Melonen-Salat	236/993	11.6	11.2	20.8	17	1	151
Sellerie-Schinken-Salat	165/693	11.7	11.7	3.5	43	0	147
Sellerieauflauf	87/366	5.2	2.7	9.9	8	0	72
Selleriecocktail	450/1891	22.2	36.5	5.4	109	0	152
Selleriecremesuppe	185/776	6.7	10.5	15.4	10	1	123
Sellerieschnitzel	382/1606	22.9	21.7	22.8	159	2	196
Selleriesuppe	305/1284	8.2	22.7	15.7	70	1	32
Semmelschmarren	1102/4627	35.8	34.0	160.0	361	13	23
Serbischer Fischtopf	384/1614	28.4	11.4	41.9	50	2	128
Sesamkartoffeln	226/1119	5.0	10.2	38.5	0	3	109
Sojasprossensalat	135/566	3.8	10.7	5.1	0	0	78
Sommersalat	131/552	8.4	3.4	16.4	8	0	93
Spaghetti mit Gorgonzolasauce	731/3071	25.0	43.3	57.4	110	4	36
Spaghetti mit Knoblauch	492/2068	15.8	18.0	67.3	0	5	58
Spanische Tomatensuppe	142/598	5.2	3.4	22.3	0	1	161
Spargelcremesuppe	170/701	5.0	12.0	6.1	35	0	91
Spinat-Avocado-Salat	317/1333	5.3	31.5	2.6	21	0	153
Spinat-Gervais-Aufstrich	377/1582	9.7	36.2	2.2	84	0	231
Spinat-Radieschen-Salat	168/705	6.2	12.6	6.9	8	0	76
Spinatauflauf	342/1437	14.2	17.5	31.1	179	2	12
Spinatklöße	420/1764	15.4	23.7	35.5	197	3	164
Spinatpfannkuchen	655/2749	24.4	35.9	58.4	171	4	20
Spinatquark/-topfen auf Gurkenscheiben	209/880	18.1	7.2	16.2	24	0	74
Spinatsalat	190/799	4.5	15.5	8.2	0	0	70
Spinatsalat mit Möhren/Karotten	216/906	6.0	12.6	18.9	8	1	50
Spinatspätzle mit Schinken	888/3731	43.2	39.6	89.6	260	7	93
Spinatstrudel	413/1734	17.9	29.1	18.7	47	1	39
Spinatsuppe	298/1251	10.4	13.4	30.8	8	2	55
Spinatsuppe mit Knoblauchcroûtons	309/1297	8.2	18.3	27.4	47	2	190
Spinattaschen	251/1055	9.0	16.0	18.2	160	2	141
Stachelbeerauflauf	876/3680	17.4	40.4	110.5	356	8	157
Stangenselleriesalat	205/861	5.8	15.7	9.5	15	0	58

Speise	kcal/kJ	Eiw. g	Fett g	KH g	Chol. mg	BE	Seite
Stangenselleriesuppe	207/870	7.3	15.9	7.3	47	0	183
Steirisches Wurzelfleisch	502/2107	49.5	15.0	42.3	240	3	219
Stosuppe	250/1037	8.1	8.8	33.1	16	3	77
Suppe mit geröstetem Grünkern	208/875	4.8	9.9	25.0	0	2	97
Suppe „Crécy"	143/599	6.3	5.0	18.0	10	1	34
Süße Polenta	720/3025	15.9	32.2	91.5	296	7	107
Süßer Getreidebrei	594/2493	22.1	16.0	89.4	33	7	166
Süßer Grünkernauflauf	616/2589	14.8	28.1	75.9	192	6	193
Süßer Hirseauflauf	586/2463	17.2	21.6	80.9	148	6	100
Süßer Hirsebrei	340/1428	9.8	6.5	60.1	16	5	55
Szegediner Fischgulyas	337/1414	31.3	15.2	7.4	109	0	216
Tatarenaufstrich	256/1077	24.9	11.1	12.0	53	0	97
Tessiner Polenta	534/2241	14.9	11.9	91.9	29	8	146
Thunfischsalat	393/1650	25.4	31.2	3.2	32	0	161
Toasts mit Birnen	481/2020	20.1	19.2	56.5	39	4	150
Toasts mit Geflügel- oder Kalbsleber	637/2674	34.2	19.0	71.3	364	5	132
Tofu mit Kapern	218/917	13.0	15.2	5.9	1	0	186
Tofugemüse im Brotteigmantel	1835/7708	64.7	75.8	222.3	278	17	232
Tofulaibchen	220/926	16.0	12.7	9.1	9	0	14
Tofuwürfel im Salatbeet	174/731	13.2	8.6	9.9	1	0	112
Tomaten mit Zwiebel	203/851	7.7	11.4	18.1	0	0	154
Tomaten-Champignon-Salat	399/1671	13.8	36.5	3.9	51	0	164
Tomaten-Gemüse-Sauce	132/556	6.5	1.3	24.3	0	0	105
Tomaten-Knoblauch-Suppe	137/574	2.3	11.3	6.6	0	0	127
Tomaten-Orangen-Mix	91/384	2.5	0.4	19.2	0	2	20
Tomaten-Sellerie-Suppe	101/423	4.1	3.8	12.0	8	0	185
Tomaten-Zwiebel-Beet	265/1114	3.5	21.3	14.4	32	0	181
Tomatenaperitif	87/367	1.2	7.3	3.6	21	0	15
Tomatenauflauf	524/2202	17.5	30.3	45.2	78	3	184
Tomatensalat	135/566	1.5	10.3	9.4	0	0	202
Tomatensalat mit Basilikum	149/624	3.2	10.5	10.6	0	0	162
Tomatensalat mit Meerrettich/Kren	165/693	3.3	10.6	14.4	0	0	135
Tomatensalat mit Mozzarella	179/750	8.4	12.9	5.9	23	0	142
Tomatensalat mit Rettich	208/875	2.0	20.3	4.9	0	0	195
Tomatensalat mit Stangensellerie	156/655	6.2	9.4	11.3	10	0	144
Tomatensauce	303/1271	6.3	20.8	21.6	30	1	41
Tomatensauce aus Dosentomaten	160/672	2.8	10.5	14.0	0	0	226
Tomatensauce mit süßer Sahne	303/1271	6.3	20.8	21.6	30	1	125
Topfenknödel	374/1569	25.6	12.2	38.8	300	3	14
Topfenpalatschinken	478/2009	24.8	29.3	27.2	304	2	93
Traubendessert	320/1345	3.0	9.4	44.5	30	4	149
Trockenfrüchtekompott	592/2486	6.5	19.0	97.8	53	8	221
Truthahnbrust	383/1610	50.3	17.5	6.6	132	0	228
Türkische Teigtaschen	399/1674	19.6	27.0	18.0	200	1	47
Türkischer Salat	112/469	3.3	7.5	7.3	8	0	149

Speise	kcal/kJ	Eiw. g	Fett g	KH g	Chol. mg	BE	Seite
Überbackene Apfel- u. Bananenscheiben	513/2155	8.8	26.8	58.4	194	5	225
Überbackene Champignontoasts	383/1607	14.9	15.1	46.6	7	4	11
Überbackene Grünkernspätzle	789/3312	19.5	52.9	58.6	296	5	130
Überbackene Kartoffeln mit Mozzarella	541/2274	13.1	41.0	28.8	157	2	104
Überbackene Kartoffelscheiben	437/1834	20.6	20.4	40.1	51	3	89
Überbackene Käsesuppe	362/1519	14.2	24.0	21.2	61	2	207
Überbackene Käsetoasts	595/2500	24.1	34.0	43.4	69	4	22
Überbackene Knoblauchbrötchen	374/1569	6.5	19.8	37.7	48	3	20
Überbackene Nudeln mit Gemüse	534/2242	22.6	21.3	62.3	21	4	175
Überbackene Paprikaringe auf Toastbrot	412/1732	15.4	12.7	52.9	7	4	123
Überbackene Tomaten	172/723	7.8	14.2	2.9	9	0	176
Überbackene Zucchini	465/1953	17.0	29.5	25.7	189	1	172
Überbackener Blumenkohl/Karfiol	310/1300	18.9	19.0	15.4	53	1	75
Überbackener Radicchio	411/1726	17.5	33.0	7.8	80	1	13
Überbackener Stangensellerie	296/1245	13.6	16.0	16.0	176	0	224
Überbackenes Lauchgemüse	332/1394	32.2	16.6	11.5	191	0	15
Ungarische Lauchkartoffeln	375/1576	10.2	9.3	62.6	24	5	187
Ungarischer Pfefferonisalat	152/640	2.4	10.5	12.2	0	0	207
Vegetarierbrote	193/810	10.7	8.0	19.1	8	2	218
Vegetarierschnitzel	474/1991	19.9	27.2	36.0	156	3	55
Vegetarischer „Falscher Hase"	355/1491	13.6	14.1	43.2	164	3	189
Vitamin-Frucht-Drink	188/790	2.3	1.3	41.8	0	3	97
Vitaminaufstrich	172/722	15.9	6.9	9.8	24	0	190
Vitaminshake	54/227	4.6	0.8	6.1	3	0	90
Vogelheu	1015/4264	31.0	37.3	123.9	344	10	149
Vollkorn-Apfel-Scheiterhaufen	795/3341	16.2	36.6	98.8	186	8	169
Vollkornbandnudeln mit Kräutern	673/2825	21.4	29.0	81.1	30	7	113
Vollkornbandnudeln mit Spinat	687/2887	31.2	34.8	60.1	77	5	103
Vollkornbrote mit gebratenem Tofu	302/1268	9.3	20.4	19.8	1	1	170
Vollkornbrote mit Putenbrust	206/866	20.0	3.3	23.7	37	2	54
Vollkornnudeln mit Käsecreme	574/2412	23.2	24.8	64.4	31	5	15
Vollkornnudeln mit Schinkensauce	601/2525	31.3	21.3	70.9	60	5	76
Vollkornpfannkuchen	465/1955	13.6	19.1	59.4	156	5	213
Vollkornschnitten mit Weichkäse	315/1325	17.4	9.4	35.3	15	3	16
Vollkornspaghetti mit Gemüsesauce	683/2867	27.1	21.6	94.4	54	7	43
Vollkornspaghetti mit Mischgemüse	683/2867	27.1	21.6	94.4	54	7	94
Vollkornspaghetti mit Schinken u. Brokkoli	879/3692	36.6	34.8	89.1	91	7	210
Waldorfsalat	406/1704	10.1	25.8	32.3	29	2	121
Warme Käse-Nuß-Laibchen	964/4047	33.7	62.6	62.6	298	5	111
Warmer Möhren-/Karottensalat	165/659	2.8	10.5	13.0	0	0	20
Weingelee	143/599	1.1	0.3	24.9	0	2	12
Weißkohl-/-krautsalat	285/1199	6.4	19.6	20.3	10	1	230
Weißkohl-/-krautsalat mit Möhren	182/764	1.3	15.2	10.1	0	0	17
Weißkohl-/-krautsuppe	222/934	5.8	9.0	29.6	24	1	198
Weizenbeefsteak	355/1493	9.3	11.5	54.1	0	4	225

Speise	kcal/kJ	Eiw. g	Fett g	KH g	Chol. mg	BE	Seite
Weizenschrotbrötchen/Grahamweckerln	706/2966	60.8	38.1	23.3	360	0	45
Welsh Rarebit	561/2355	26.4	23.1	47.0	44	4	90
Wiener Semmelknödel	436/1830	16.8	16.6	53.8	148	4	28
Wirsingkohl-Reis-Suppe	70/293	2.8	0.6	13.5	0	1	218
Wirsingkohlgemüse	276/1158	9.6	20.0	13.4	30	0	95
Wirsingkohlstrudel	539/2262	11.0	40.2	31.6	106	2	220
Wurzel-Kräuter-Salat	160/670	4.6	7.7	17.4	8	1	205
Wurzelsauce	485/2037	12.0	30.2	39.6	63	2	14
Zucchini mit Apfel-Käse-Fülle	250/1052	7.1	15.9	19.2	38	1	194
Zucchini, mit Quark/Topfen gefüllt	523/2198	29.7	33.1	23.9	245	1	169
Zucchini-Paprika-Gemüse	193/811	8.4	10.3	16.5	24	0	167
Zucchini-Quark-/-Topfen-Puffer	423/1778	14.3	26.4	31.9	142	2	25
Zucchini-Tomaten-Gratin	400/1680	14.8	26.2	17.7	26	1	78
Zucchini-Tomaten-Papika-Gemüse	151/636	5.3	9.2	12.1	0	0	218
Zucchiniauflauf	238/998	14.5	15.6	9.5	9	0	136
Zucchinicocktail	255/1073	6.1	18.1	16.5	8	1	228
Zucchinigemüse	305/1282	7.2	23.4	10.0	0	0	13
Zucchinilaibchen	581/2441	19.6	23.7	72.5	150	6	202
Zucchinisalat	196/823	2.7	15.6	11.4	0	0	157
Zuckermelone	228/957	3.5	2.2	48.3	7	4	154
Zwiebelsalat	150/630	3.5	10.9	8.9	2	0	208
Zwiebelsuppe	233/980	5.6	10.9	20.2	26	1	178
Zwiebelsuppe mit gebratenen Tofuwürfeln	304/1275	12.3	23.5	9.7	167	0	203

72 homöopathische Arzneien, die rasch und nebenwirkungsfrei helfen

DR. WALTER GLÜCK

Homöopathische Notfallapotheke

Selbsthilfe in Akutfällen

176 Seiten, 20 Abbildungen im Text

Format 16 x 24 cm

DM 29,80, sfr 27,80, öS 221,–

ISBN 3-7015-0371-0

Dieses übersichtlich gestaltete Nachschlagewerk ermöglicht es, im Falle einer plötzlichen Erkrankung oder Verletzung rasch und wirkungsvoll homöopathisch zu helfen.